广西旅游产业转型与升级研究

杨主泉 著

北京·旅游教育出版社

本书获得以下基金项目资助出版：

广西高校重点建设学科：旅游管理（桂教科研〔2010〕6 号）

广西高等学校特色专业及课程一体化建设项目：旅游管理（桂教高教〔2011〕66 号）

广西高校人才小高地创新团队：旅游管理学科创新团队（桂教人〔2011〕47 号）

广西科学研究与技术开发计划项目（桂科攻 1140002－1－4）

桂林理工大学专著出版基金

前　言

　　旅游产业转型升级是一个带有普遍现实意义的问题。广西旅游资源丰富，旅游业正处在黄金发展期，各种矛盾集中突现，产业素质急需提高，如何转型升级已经成为突出的现实问题。广西旅游产业发展的真正优势决定了产业发展的前景和方向，广西旅游业发展自身的特殊规律决定了转型升级基本路径。选择适宜的转型升级路径是保障广西旅游产业健康和可持续发展的关键。因此，紧扣"加快发展以旅游业为龙头的现代服务业，把旅游业培育成为国民经济的战略性支柱产业和人民群众更加满意的现代服务业"总体目标，针对广西旅游产业转型升级的研究，不仅有利于丰富和深化旅游可持续发展的理论和方法，也有利于确保旅游产业转型升级，努力实现旅游产业的"三大转变"和"三个提升"，解决转型期间的矛盾问题具有一定的理论价值和实践意义。在学术上为发展目标提供理论支撑，在实践上为发展政策提供实证支持。

　　本研究通过对广西典型旅游地实地考察、问卷调查、深入访谈等研究，以旅游产业发展障碍作为切入点，以典型旅游目的地桂林为研究对象，以旅游产业转型升级为研究主题，针对转型升级的目标，分析广西旅游产业发展现状，找出可持续发展的障碍因子，并从经济学视角进行解析，在对典型区域的优化升级评判基础上，有针对性地提出产业转型升级的路径和保障对策，以促进可持续发展目标的实现。从而为国内外相关的研究与实践奠定一定的基础。

（一）广西旅游产业发展历程

　　广西旅游业起步较早，并随着我国改革开放政策的实施和全区经济社会的发展而得到迅速发展。概括起来，广西旅游业大致经历了初创阶段（1954—1978年）、产业奠基阶段（1979—1990年）、新兴产业形成阶段（1991—2006年）和旅游强省阶段（始于2006年）

四个发展历程。同时,选取了上海、云南、陕西、安徽四个省市进行横向对比分析,发现广西旅游业的发展具有典型性,桂林旅游已经被公认为中国旅游的"风向标"和"晴雨表"。

(二)广西旅游发展障碍诊断

(1)从旅游行为特征出发,综合考察城市居民对休闲旅游因素的响应情况,对旅游设施和服务的要求和看法,以及他们的出游距离、意愿等方面情况,人们越来越注重自我身心的修养,参与休闲旅游的热情度很高。休闲旅游已成为现代人的一种修身养性的旅游方式,休闲旅游是未来不可逆转的旅游发展趋势。同时我们也要注重休闲意识与休闲旅游质量的提高,让休闲旅游真正走进人们的日常生活中。

(2)从体验旅游视角出发,科学构建了心理—行为模型、体验购买过程、体验消费类型、顾客满意度模型等四个方面的基本购买模式。分析表明,体验旅游在桂林已经具备了一定的规模,对游客的购买行为也产生了一定的影响,对于桂林旅游经济发展也起到了一定的推动作用,基于不同心理需求、精神需求和物质需求,游客会产生特定的物质购买需求,从桂林游客的购买行为总体趋势来看,在桂林现有旅游资源和旅游环境的基础上,桂林游客在旅游市场的购买行为已经形成了一定的模式。因此,体验旅游产品的开发必须注意:个性与创新结合,突出时代性;互动与参与结合,突出文化性;细分与整体结合,突出主题性;人才与技术结合,突出科技性;宣传与反馈结合,突出品牌性。

(3)从营销管理体系框架出发,系统分析出4C与4P在心理—行为模式、购买过程、消费类型、顾客满意行为上的差异,对旅游发展障碍因子进行解析。在目前旅游业新竞争态势的背景下,旅游目的地营销应该从营销观念、营销方式、营销策略、营销机制等方面采取相应的措施,科学规划旅游资源、提升旅游服务水平、发挥旅游营销力量,从而促进旅游业的可持续发展。

(三)广西旅游产业转型研究

在广西旅游产业发展障碍诊断的基础上,提出了旅游产业转型的模式:在产品方面,从比较单一的观光型旅游产业转向复合型旅游产业;在功能方面,从经济产业转向社会产业;组织形式上从单体企业组织向链条上的竞争;旅游方式从点线或板块旅游向统筹区域发展旅游转变;发展模式上从数量增长型转向质量发展型。

（四）广西旅游产业结构优化升级路径选择

根据广西旅游产业的发展历程和发展障碍,综合考虑政府、企业、旅游者、社区等多层面因素,从旅游产品升级、旅游产业管理模式升级、旅游产品营销模式升级、旅游产业政策与制度升级、旅游产业结构升级优化的风险防范等多个维度,研究出广西旅游产业结构优化升级的具体实现路径。

（五）促进广西旅游产业转型升级的措施

（1）旅游产业的转型升级,对加强组织领导提出了更高的要求,必须以全新的思路、强有力的措施,健全组织领导,强化目标考核,为旅游产业跨越式发展提供组织保障。旅游主管部门要切实承担起旅游规划布局、市场促进、行业监管、队伍建设等行业发展职责。发展改革部门要把旅游业纳入国民经济和社会发展计划,推动落实旅游业发展改革、重点项目建设、重大旅游区域规划编制等重要任务。

（2）旅游业要实现跨越式发展,离不开政府的大力扶持。加大政府导向性投入,通过市场手段和政府优惠政策的激励,吸引更多的外来资金和社会资金,投入旅游产业的转型升级。

（3）旅游业要转变发展方式,最终要依靠旅游人才支撑。建立旅游业职称评定和职业技能鉴定机制和体系,完善旅游人才教育和培训机制,逐步形成与经济社会发展相适应的旅游人才激励和约束的社会机制。因此要大力推进广西旅游人力资源开发,实施"人才强旅,科教兴旅"战略,确立人才优先发展地位,建立新型的旅游人才培养与发展机制,人才培养和人才引进相结合,打造旅游人才培训基地,全面提升旅游教育质量,建立起与旅游强省（区）建设相适应的高素质旅游人才队伍。

（六）实证研究

选择广西典型的旅游目的地,对旅游产业进行实证研究,包括微博时代的官方旅游营销创新研究、酒店服务质量提升研究、大学生旅游心理及行为特征分析、《印象·刘三姐》成功典范分析、桂林旅游纪念品市场的调查研究等。通过对旅游地的经营管理者、社区居民和游客的调查研究,揭示旅游产业的运营情况及存在问题,找出问题根源,提出转型和升级措施,实现旅游地的健康和可持续发展。

在完成本书的过程中,参考和引用了国内外同行专家和学者的部分研究成果与观点。桂林理工大学旅游学院白鹭、张志明参加了相关研究工作,在此一并表示感谢。

桂林理工大学专著出版基金、旅游管理重点学科的资助使得作者的研究成果得以出版,在此表示感谢。

鉴于作者水平有限,书中难免存在不妥之处,敬请读者不吝赐教。

作者

2013 年 5 月 2 日于桂林

目　录

第一章　前　言 1
　　第一节　研究背景 1
　　第二节　国内外研究进展 13
　　第三节　国外旅游业发展模式 17

第二章　广西旅游产业现状评述 19
　　第一节　广西旅游产业发展历程 19
　　第二节　横向比较分析 23

第三章　广西旅游产业发展障碍诊断 35
　　第一节　基于休闲视角的旅游产业发展分析 35
　　第二节　基于体验视角的旅游产业发展分析 48
　　第三节　基于营销视角的旅游产业发展分析 60

第四章　广西旅游产业转型研究 82
　　第一节　广西旅游产业转型模式 82
　　第二节　广西旅游产业转型路径 86

第五章　广西旅游产业结构优化升级路径选择 93
　　第一节　旅游产品升级路径 93
　　第二节　旅游产业管理模式升级路径 94

第三节　旅游营销模式升级路径 …………………………………… 96
　　第四节　旅游产业政策与制度升级路径 …………………………… 99
　　第五节　旅游产业结构升级优化的风险防范路径 ………………… 101

第六章　广西旅游产业转型升级的措施 ………………………………… 107
　　第一节　政府政策保障措施 ………………………………………… 107
　　第二节　资金保障措施 ……………………………………………… 110
　　第三节　人才保障措施 ……………………………………………… 112

第七章　实证研究 ………………………………………………………… 116
　　第一节　微博时代的官方旅游营销创新研究 ……………………… 116
　　第二节　酒店服务质量提升研究 …………………………………… 123
　　第三节　大学生旅游心理及行为特征分析 ………………………… 135
　　第四节　《印象·刘三姐》成功典范分析 …………………………… 147
　　第五节　关于桂林旅游纪念品市场的调查研究 …………………… 156
　　第六节　星级酒店"80后"员工管理对策研究 …………………… 159
　　第七节　旅行社网络营销探讨 ……………………………………… 172
　　第八节　西江经济带背景下昭平县生态旅游产业链结构分析 …… 185
　　第九节　乡村旅游的体验营销探讨 ………………………………… 199
　　第十节　广西猫儿山自然保护区生态旅游民营化发展研究 ……… 205
　　第十一节　广西融水苗族芦笙文化旅游开发研究 ………………… 221
　　第十二节　民族旅游背景下旅游学科建设与人才培养研究 ……… 237

参考文献 …………………………………………………………………… 249

第一章 前　言

第一节　研究背景

一、世界旅游业发展趋势

世界旅游业从形成到发展，现在已经进入了全速发展的时期，早在20世纪90年代初旅游业就已发展成为超过石油工业、汽车工业的世界第一大产业，被认为是世界经济中持续高速稳定增长的重要战略性、支柱性、综合性产业之一。根据世界旅游及旅行理事会发布《2013旅游业经济影响》报告显示，2012年旅游业对世界GDP总量的直接贡献为2.1万亿美元，全部贡献（包括直接、间接和引致贡献）为6.6万亿美元，约占全球经济总量的9.3%，上升3%，高于全球经济增速。此外，2012年，旅游业还直接创造了1.01亿个工作岗位，而与旅游业相关的岗位更高达2.6亿个，相关投资达7600亿美元。世界旅游业也一直保持着又快又好的发展态势，逐渐成为当今世界增长最快速的产业之一，并且成为推动世界经济增长和就业增加的主要力量。当今，随着经济全球化和世界经济一体化的深入发展，世界旅游业更是进入了快速发展的黄金时代。旅游业是一个对国家繁荣、民族兴旺、社会进步有着重大作用的产业，发展旅游产业前景广阔、大有可为。据预测，未来世界旅游业的发展将呈现以下的发展趋势：

1. 旅游业将成为世界上最大的产业

近年来，旅游业已成为世界上发展最迅猛的产业之一，旅游业依靠强大的发展规模、强劲的发展势头已经成为世界经济的引擎,至今没有哪一个行业可与之相提并论。2012年全球旅游业以4%的增幅实现强劲增长,全球旅游人数首次突破10亿大关,再创新高,世界旅游组织的报告表明,国际旅游业已经成为全球最大的经济部门之一,旅游产业每收入1元,可带动相关产业增加4.3元收入。旅游产业能够影响、带动和促进与之相关联的110个行业发展,在全球每12个人中就有1人从事旅游业,其产出占全球服务出口的30%,并且该组织预测,2010年至2020年的十年,全球游客数量平均每年将增长3.8%,2010年的国际旅游人数为1066百万人次,至2020年将比2010年增长近一半,并且每年将于不低于4%的增长幅度迅速增加,旅游者人数的增加带来的不仅是经济的联动,据日本野村综合研究所的测算,在发达国家,旅游消费支出每增加一个单位,工业产值可扩大2.71倍,国民收入扩大1.36倍,投资扩大0.25倍,并且旅游消费在发展中国家所起的作用更加显著,相关数据可分别扩大到3.7倍、2.7倍、0.9倍。旅游产业的相关性必然带来多种相关产业的繁荣发展。2012年旅游业在全世界创造了逾2.6亿个就业岗位,大力推动了全球经济发展,约占全球经济的9%,到2020年,旅游业预计在全球创造约3.28亿个就业岗位。这一切迅猛的发展态势都表明,旅游业作为世界上的最大产业的地位是毋庸置疑的。

表1-1 国际旅游人数及增长率统计

	基期年	预测年	
	1995年	2010年	2020年
国际旅游人数(百万次)	565	1006	1561
1995-2020年均增长率(%)		4.1	

2."三足鼎力"新格局逐渐形成

近年来,国际社会发生了一系列变化,也为世界旅游格局的调整提供了历史性机会。早在上世纪八九十年代,欧洲和北美长期占据全球旅游的注意力的中心,但是随着经济全球化和区域经济一体化的发展进程的不断加快,"老秩序"和"旧感觉"的格局已经不复存在。随着经济的发展、人们生活水准的不断提高,现代旅游者对于旅游目的地的选择呈现出多样化的趋势,在倡导个性的时代背景下,更多的旅游者偏好亦是影响世界旅游新格局的重要因素之一。通过近十年的发展,东亚及太平洋地区的旅游业迅速发展起来,据太平洋亚洲旅行协会(PATA)预测,亚太地区旅游业的发展速度在未来的10年里将高出世界旅游业平均速度的一倍,据最新研究数据表明,目前东亚太平洋地区取得了快速的发展,势必将超过北美成为世界第二的旅游目的地,从而形成欧洲、北美、东亚及太平洋地区"三足鼎立"的新格局。据有关统计数据显示,到2020年,东亚及太平洋地区接待国际旅游人数占全球份额将上升为25.4%,而且年增长率将以远远超过欧洲、北美的态势发展,高达6.5%,并且将超过北美(届时为18.1%),位居世界第二,从而进一步巩固"三足鼎立"新格局。

表1-2 三大旅游目的地市场情况统计

	基期年	预测年		占市场份额(%)		年均增长率(%)
	1995	2010	2020			1995-2020
	国际旅游人数(百万人次)			1995	2020	
欧洲	336	527	717	59.8	45.9	3.1
美洲	110	190	282	19.3	18.1	3.8
东亚及太平洋地区	81	195	397	14.4	25.4	6.5

3. 旅游市场进一步细化分化

现代旅游市场发展过程中,市场细分化的趋势不断增强。市场细分有利于识别和发掘旅游市场,开发旅游新产品,开拓旅游新市场;有利于针对性地制定和调整旅游市场营销组合策略;有利于旅游企业优化资源配置和取得良好的经济效益。显然旅游市场细分在旅游目标市场的选择中也占有重要的地位和作用,是旅游企业长期发展的关键,也是决定旅游企业营销成败的关键。现代旅游市场的市场细分化趋势愈加的明显而深刻,而且每一种细分市场都具有其独特之点,能够满足某一类型旅游者的特殊需求。从旅游组织者的角度来看,他们也更加的注重从更深层次来开发人们的旅游需求,根据人们的年龄、职业、爱好等不同情况组织各具特色的旅游产品来面向不同的细分市场,其中特殊旅游、专题旅游也越加盛行,除了传统的观光旅游、度假旅游和商务旅游外,目前比较盛行的旅游方式有:宗教旅游,探险旅游,考古旅游,修学旅游,蜜月旅游,购物旅游,奖励旅游,民族风俗旅游等等。每一种旅游方式又可以进一步细分,以满足旅游者不同的旅游需求。在全球旅游时代带来的背景之下,国际旅游市场的细分化势在必行,旅游业将朝着更加细致更加全面的走向发展。

4. 追求更为灵活多变的旅游方式

在大众旅游时代,人们的出游诉求更多地停留在"表面经历"阶段,这一阶段的旅游者追求的是"到此一游"的效果,大多数人的旅游往往是"上车睡觉、下车拍照",但随着旅游者收入水平和需求层次的提高,也随着旅游者出国旅游次数的增加,人们已经不能满足传统的观光游,而是更加的倾向于追求能够满足其特殊需求的且富于刺激性的旅游方式,从而出游选择日趋个性化,旅游消费也呈现出多元化的拓展趋势,如今,那种可看、好看,却人挤人,"花钱买罪受"的旅游方式显然已经不能满足人们的需要,当他们更多地追求高品质的服务和"花钱买享受"的时候,旅游已然开始成为人们改善生活质量、提升生活品质的重要方式。只有那些富有情趣、参与性的、体验性的旅游活动才能更加的吸引他们的眼球,那些富有情趣活力、具有鲜明特点的旅游场所,那些轻松活泼、丰富多彩、寓游于乐、游娱结合的旅游方式,将受到越来越多旅游者的追捧。

5. "银色市场"旅游市场不断扩大

按照联合国的传统标准是一个地区60岁以上老人达到总人口的10%,或者是65岁老人占总人口的7%,即该地区视为进入老龄化社会。据联合国预测,1990－2020年世界老龄人口平均年增速度为2.5%,世界老龄人口占总人口的比重从1995年的6.6%上升至2020年9.3%,全球老龄化世界正在悄然而至。在国际上现代的老人是一个有钱、有时间、健康、活跃的阶层,而且有较高的文化素养,很多老年人都有强烈的旅游欲望,而休息和求知的需要又是人类旅游动机中最为主要的内容,这在现代生活中表现的异常的明显,在银发一族的旅游者中更是得到了充分的体验。老年旅游者真正的脱离了工作的羁绊,拥有更多的闲暇时间和闲暇心态,甚至可以说他们的旅游才是真正的自我的完全的放松的旅游。以英国为例,45岁以上年龄组的旅游者目前占英国全部出境度假旅游市场的40%,以城市为旅游目的地的旅游者中45岁以上占60%,海滨度假胜地占45%。而我们中国传统文化浓厚,一直是国外老年人市场的偏好市场,长期以来到中国旅游者中,50岁以上的占30%左右。由此可见,"银色市场"的发展潜力不可小觑,势必在未来的旅游市场中占据一席之地。

6. 旅游安全日益受到重视

现代旅游生活中,在具备闲暇时间和支付能力的条件之下,能使旅游者放弃出行计划的很大程度上取决于人们对安全的考虑。虽然在世界经济大发展的背景之下,全球毁灭性的世界战争的发生已经成为不可能,但是旅游目的地局部战争、地区冲突、民族冲突、政局动荡、社会不安定和自然灾害、重大事故等不确定性事件时有发生,这些都会成为人们出行的极大顾虑,对世界旅游业的发展造成了深刻的影响。毫无疑问,未来的旅游安全和旅游目的地的社会稳定和谐,将越来越被旅游机构和旅游者所重视。

7. "绿色旅游"日渐风行

21世纪,"绿色"被视为一种文明的标志,受到全球人类的崇敬、爱戴和保护,也是在这样一种普遍的"绿色崇拜"氛围下,绿色经济、绿色消费、绿色营销、绿色GDP等在全球范围内掀起一股"绿色革命风暴",绿色旅游也在其中。旅游业以其巨大的发展潜力被誉为"永远的朝阳产业",21世纪的旅游业"返朴归真,回归大自然"已成旅游新潮。现今,随着全球化进程的进一步发展、信息技术的应用更加广泛、人们价值观的转变、人口老龄化日趋凸现、加之生态环境的严重恶化,世界旅游业发展面临着严峻的挑战,人们也更加的认识到了旅游可持续发展的重要意义。特别是现今在世界经济转型升级的背景之下,旅游产业的转型升级亦是迫在眉睫,人们的环境意识显著地提高,对旅游的要求也发生了根本的变化,从以前的低级旅游逐渐向文明的、生态的旅游形式发展,"绿色旅游"已经成为现今旅游的风向标,旅游的可持续发展必然要求我们走绿色的环保的文明的旅游发展道路。

8. 全球"旅游时代"的全面到来

据统计,在世界旅游市场构成中,休闲旅游占62%,这说明发达国家已基本进入休闲时代。专家预测,21世纪观光旅游将让位休闲度假旅游,观光旅游是有限的,休闲度假旅游是无限的。休闲旅游的长足发展预示着世界范围内全面迎来"旅游时代",旅游已经成为人们普遍的一种生活方式和基本权利。多年来,随着各国带薪休假制度的不断完善,人们有了更有的闲暇时间出游,经济的发展带来了现代化的人类生活,人们的生活水平与日俱增,全民恩格尔系数剧减,人们拥有了更多的可自由支配收入,这都直接促成了世界旅游业的全面繁荣。1970年联合国劳工组织通过《休闲宪章》,认为"休闲与娱乐为补偿当代生活方式中人们的许多要求创造了条件,更为重要的是,它通过身体放松、竞技、欣赏艺术/科学和大自然,为丰富生活提供了可能性……闲暇时间是一种自由的时间,在这个时间里,人们能掌握人作为社会的有意义的成员的价值"。随着二战后的法国率先实行了每周35个小时的工作制,西欧北美绝大多数国家普遍实行了5天工作制与带薪休假制,法国、西班牙30天/年,比利时24天/年,英国20－27天/年,德国、意大利5－6周/年,由此可见,带薪休假作为现代文明社会的职工休假制度,已经成为一种国际普遍认可的制度,这就为人们的休闲度假提供了充足的时间保证。在西方社会,恩格尔系数逐年的降低,现在更是已经低到了20%－30%,人们取得了更多的可自由支配收入,休闲度假已经成为现代人生活中很重要的一部分。全球已经全面迎来"旅游时代"。

二、中国旅游业发展趋势

我国目前已处于一个全民大众化出游、爆发式增长阶段,2012年全年国内出游人数近30亿人次,直接就业人员1300万,关联就业人员5000多万,国内旅游收入超过2万亿元,已成为全球最大的国内旅游市场规模和第一出境旅游购买力国家,也将成为国际上第一旅游目的地国。中国旅游研究院院长戴斌近日表示,2012年,中国以8318万人次的海外游客、1020亿美元的旅游消费成为世界最大的旅游消费国,为世界旅游业的增长作出了13%的贡献,中国已成为世界旅游业持续繁荣的新引擎。特别是2013年10月1日"新旅游法"的出台,更是从国家政策的高度对旅游相关内容作了部署,全面、科学、指导性强的新旅游法规对促进我国旅游业全面协调可持续发展意义非常的重大,现今旅游越来越成为国计民生的一部分,随着我国社会经济的不断发展和人民生活水平的日益提高,旅游日益成为我国人民的重要需求和生活的组成部分。国家"十二五"规划中,就在纲要里明确定位了我国旅游业在国民经济生活中的地位,中国旅游业的发展受到从来没有过的重视,成为"十二五"期间重点发展的产业之一。根据规划,"十二五"时期,中国政府将多策并举,把旅游业培育成国民经济的战略性支柱产业,国内旅游行业政策环境持续改善,行业也将迎来一个崭新的发展阶段,中国旅游经济正在由"旅游大国"向"旅游强国"大步迈进。

1. 旅游主题的演变

现今中国的经济正面临转型升级的阶段,于此带来的是旅游产业的转型升级,随着经济的发展和社会的进步以及科技的提升,居民可支配收入的提高,旅游消费的比重进一步提升,传统的观光游已经不能满足人们日益现代化的生活,中国旅游市场的旅游主题正发生着渐进的变化,越来越多的人正在从"观光游"向"休闲游"升级。据中国社科院估算,2009年我国休闲行业的核心消费大约达到1.7万亿元,这一数字相当于同年社会消费品零售总额的13.56%,GDP的5.07%。一位旅游业内人士也表示"休闲游不仅提高了民众出游的深度和范围,还拉长了产业链,目前我国已经具备了休闲消费快速发展的基础",按全球休闲发展的一般规律,当一个国家人均GDP达到3000至5000美元时,就将进入休闲旅游消费爆发性增长阶段。而根据国家统计局发布的2012年GDP初步核算数据和第六次人口普查数据,2012年我国人均GDP已经达到6094美元左右,"休闲游"已具备条件,据统计,中国休闲游的市场规模到2020年将翻两番以上,国内休闲游的住宿需求将翻一番。

2. 旅游业的法制化将进一步加强

随着2013年10月《旅游法》的施行,旅游业的法制化将进一步的加强,《旅游法》以综合法的形式全面梳理并明确规定了旅游产业发展中的主要关系,对各相关主体的权利责任都做出了系统规范。《旅游法》以详尽的法律条文直指旅游发展中的各种顽疾和难题,例如针对旅游发展中存在的旅游部门协调力度小、旅游市场恶性竞争、旅游资源屡遭破坏、随意圈地设立景区收费、景区景点超载运营、门票涨价不规范、导游无薪无酬收取回扣、旅游者投诉处理困难、旅游安全救援欠缺乃至游客的不文明旅游行为,《旅游法》可谓是面面俱到、刀刀见血,从旅游运行机制到旅游合同执行,从政府职责分解到企业行为规范,从旅游规划编制到游客权益维护,从环境资源保护到游客文明行为,《旅游法》试图用法律的利剑,解决长期困扰旅游发展的各种顽疾和难题。在理顺关系同时根治流弊的基础上,《旅游法》还将国务院41号文件、"十二五"规划等提出的有关要求上升为法律,使其制度化、规范化。与此同时,在立法原则、思路、条款上,与现行法律和国际通行做法保持一致和有效衔接,力图整合旅游产业各要素和旅游活动全链条,构建政府统筹、部门负责、有分有合的综合协调、市场监督、投诉处理等机制,从而引导我国旅游业实现产业升级。

3. 带薪休假制度的普及,国内旅游将升级

2013年中国国务院出台了《国民休闲纲要(2013-2020)》,其目标是进一步满足人民群众日益增长的旅游休闲需求,以促进旅游休闲产业的健康发展,推进具有中国特色的国民旅游休闲体系建设,《纲要》指出,到2020年,职工带薪年休假制度基本得到落实,城乡居民旅游休闲消费水平大幅增长,健康、文明、环保的旅游休闲理念成为全社会的共识,国民旅游休闲质量显著提高,与小康社会相适应的现代国民旅游休闲体系基本建成。国家法定节假日调整和带薪休假制度施行,不仅有利于长假期、长周末形成的大小旅游高峰的次数增多,而且进一步的增加了短途旅游者的数量,这些变化,有利于民众自主选择旅游时间和方式,有利于缓解结构性的供需矛盾和对环境的影响,有利于全国不同地区旅游市场的协调发展。随着中国带薪休假制度的全面普及,将会有越来越多的人有更加充足的时间加入旅游大军的潮流中,国内旅游的转型升级势在必行。

4. 出游方式呈现多样化

根据《中国铁路中长期发展规划》,到2012年,中国铁路营业里程将增加到11万公里,其中高速铁路客运专线建成1.8万公里。交通网络的通达、信息技术的不断更新,为人们出游方式的多样化提供了可能,加之现代人个性张扬、性格鲜明、思想进一步的开放,对于传统的组团旅游已经不能满足,趋向于个性化的出游方式,比如目前比较火热的"背包客"、"驴友"等,都是趋向于徒步旅行以及团体自助游,随着私家车的普及,自驾游如今已成为比较热门的旅游方式,很多崇尚自由的人都会排除参团旅游的方式选择自驾游的方式和大自然亲密接触,但是自驾游并不局限于一

种形式,根据组织的方式不同,自驾游也被分为多种方式,将自驾游的优点从原先的自由扩展出来现在的多样化,选择性十分强,并不逊色于参团旅游。未来的中国旅游市场的出游方式将更进一步分化发展,出游方式多样化的出现也表明中国旅游业的发展进步。

5. 出国旅游逐渐兴旺

"十二五"期间,我国将实施互利共赢的开发战略,进一步提高对外开放水平,随着我国国际关系的稳定和对外开放的扩大,为我国旅游业的国际化发展创造了良好的宏观环境。从行业自身来说,我国旅游业的开放水平也不断提高,我国与其他国家和地区、国际组织的旅游交流合作蓬勃发展,我国已提前兑现"入世"关于旅游业的各项承诺,目前国际上著名旅游集团几乎全部进入中国,外资进入中国旅游业呈加速态势,并向二三线城市纵深发展。与此同时,我国出境旅游持续快速增长,也将推动我国旅游企业更快地"走出去",使得中国旅游业越来越融入全球化发展的大格局当中。据预测,"十二五"期间,中国的出境游人数将进一步的增加,由2012年的6921万人次激增至2015年的8300万人次,年增长率高达10%,由下表可知,虽然这一时期国内游仍是主流,是中国旅游业的大方向,但是出国游已初具规模,出国旅游人数也每年以高于国内游的增长率激增。

表1-3 国内游和出境游年均增长率统计(%)

	"十五"期间	"十一五"期间	2000~2010年	"十二五"期间
国内旅游人数	10.25	12.2	11.20	9
出境旅游人数	24.26	12.16	17.83	10

表1-4 国内游和出境游人数统计

		2010年基期	"十二五"时期				
			2011年	2012年	2013年	2014年	2015年
国内旅游人数	亿人次	21.5	23.4	25.5	27.8	30.3	33.0
出境旅游人数	万人次	5200	5720	6292	6921	7613	8300
出游率	%	1.4	1.54	1.69	1.86	2.05	2.25

6. "生态旅游"掀起了一股热潮

现代人生态旅游的追求来源于人们对求知、康体、保健、休闲的进一步的认识，我们在享受现代物质文明的同时，也遭受着环境的污染与恶化、城市生活的紧张与压抑，这甚至应经成为全球范围里的通病。人们渴望离开喧嚣的城市，呼吸清新自由的空气，享受安静美好的生活，来松弛平日里紧张的神经，增强体魄，人们纷纷的涌向自然界寻求那份纯静，那些自然生态环境保护良好，风景优美的地方，自然而然的就激起了人们回归自然、返璞归真的愿景。在生态环境中体验自然、感知生命，渐渐成为令人身心愉悦的新的旅游方式。随着近年来"生态之旅、绿色之旅、环保之旅"的快速发展，生态旅游在中国已经很有市场，2013年十一黄金周期间，杭州"AAAAA"级国家湿地公园西溪景区的游客接待量创新高达到28.37万人，比2012年增长了15.58%，游客人均逗留时间从3小时延长至5小时，游客满意率也从97.33%上升为98.72%。西安浐灞生态区也在西安及周边掀起了不小的生态游热潮，仅开园几天便吸引了37.36万人前来观赏。广东高台县依托丰富的生态资源开发生态旅游以祁连葡萄庄园建成国家"AAA"级生态园区，2013年1-8月份就接待境内外游客75.3万人，实现旅游综合收入3.2亿元。这一切都表明了生态旅游在中国逐渐的抓住人们的眼球，正一步步的占领中国旅游市场。

7. 旅游业与高科技产业的融合

科技创新技术的应用使得现代旅游也呈现出日新月异的发展前景，近日一著名的旅游机构在WORLD TRAVEL MARKET发布了一项报告，评选了改变旅游业的十大科技创新，其中影响最大的是在线调查与搜索数据，他们在旅游领域的应用有效的解决了旅游供应商与旅游者之间的时间与空间的障碍，通过在线交流和调查，旅游供应商可以有针对性的向旅游者发送更精准的信息，不仅如此，网络信息技术的亦改变了旅游业的形态，中国最大的在线旅行社是携程和艺龙，这一模式采用了网络分销系统，更有利于产品的销售和增加旅游者的熟知度，网上预订、付款、更改日期、退票都已经成为现代化旅游生活的一部分，网络信息的应用不仅丰富了旅游的内容和种类，而且开拓了旅游的客源，网络的发展甚至造就了"背包客"，延伸了旅游的范围。2013年度很火爆的一个词叫"智慧旅游"，百度百科是这样定义"智慧旅游":智慧旅游,也被称为智能旅游,就是利用云计算、物联网等新技术,通过互联网/移动互联网,借助便携的终端上网设备,主动感知旅游资源、旅游经济、旅游活动、旅游者等方面的信息,及时发布,让人们能够及时了解这些信息,及时安排和调整工作与旅游计划,从而达到对各类旅游信息的智能感知、方便利用的效果。目前中国有18个城市入选首批"国家智慧旅游试点城市",这18个城市分别是:北京、武汉、成都、南京、福州、大连、厦门、洛阳、苏州、黄山、温州、烟台、无锡、常州、南通、扬州、镇江和武夷山,根据国家旅游局公布,2014年国内市场宣传主题和口号分别是"美丽中国之旅—2014智慧旅游年","美丽中国,智慧旅游"、"智慧旅游,让生活更精彩"、"新科技,旅游新体验",可见现代科技已经深刻的影响着我们的旅游产业。

8."旅游强国"的构建

国家"十二五"规划指出,未来的五年是我国建设旅游强国的关键五年,也是实现国务院提出的"国民经济的战略性支柱产业和人民群众更加满意的现代服务业"两大战略目标的关键时机,我们要抓住机遇把我国从旅游大国建设成为旅游强国的。在未来的五年中,中国的旅游业要以科学发展为主题、以转变发展方式为主线,寻求一条由中国特色的旅游产业发展道路,在世界旅游业大发展的背景之下,我们在立足自身,充分利用中国广袤的地形、大好的山河、优势的旅游资源大力发展旅游业,要把旅游业定位于满足国民精神文化生活的高度来开展,培养旅游业为现代支柱产业,进一步增强旅游业在国民经济生活中的地位和作用,尤其是是在扩大内需、增加就业岗位以及旅游扶贫方面发挥旅游业独特的优势,打造"旅游强国",未来中国的旅游市场国内游仍是基础,国际国内游协调发展,在国内旅游发展的各项指标上要确保持续增长,在国际旅游各项指标上要坚持稳健增长,在旅游收入和社会贡献指标上要努力实现领先增长,并在国民经济体系中和国际旅游市场上形成较强的产业竞争力和社会影响力,进一步的实现"旅游强国"的目标定位。

综上所述,21世纪的中国,不仅是一个旅游大国,而且将是一个旅游强国,其旅游业将呈现出全方位、多层次、多样化、新格局的发展态势,并将成为国民经济发展的一个重要组成部分,在世界经济全球化和区域经济一体化的经济浪潮下,中国旅游业的发展要走自己的道路,要走出一条有中国特色的旅游产业之路,实现旅游的可持续发展仍是我们努力的重点,把旅游产业持续拉到促进国计民生的高度上来仍是未来的一段时期我国旅游业发展的重中之重。

三、广西旅游业发展趋势

广西旅游业发展比较成熟,据广西旅游统计资料显示,2011年广西接待游客超1.6亿人次。2011年,广西旅游总收入1277.81亿元,同比增长34.09%;接待入境游客达302.79万人次,同比增长21.00%;国际旅游外汇收入10.5亿美元,同比增长30.32%。为把广西的旅游资源优势转化为产业优势,自治区党委、政府提出了建设旅游强区的发展战略和旅游总收入尽快实现千亿元的发展目标,制定并实施了一系列加快发展的政策措施,使广西旅游业取得了又好又快的发展。2011年广西旅游收入首次超过千亿元,预计达1190亿元,同比增长25%,广西旅游产业规模不断扩大。近年来广西重点打造了桂林旅游龙头,桂林、南宁两大旅游集散中心,大桂林、北部湾、红水河流域三大国际旅游目的地,桂林山水、长寿养生、北部湾滨海休闲、刘三姐民族民俗文化四大旅游品牌以及桂林山水文化体验游、中越边关探秘游、北部湾休闲度假跨国游、广西少数民族风情游、世界长寿之乡休闲养生游、桂东祈福感恩游六大精品旅游线路产品体系,吸引了来自世界各地的游客。

2011年广西新增28家国家A级旅游景区。截至2011年底,广西国家A级旅游景区总数已达161家,其中4A级以上旅游景区75家,比上年增加2家,旅游发展驶入快车道。"A级景区不断增加,提升了广西旅游景区整体质量,优化了服务结构,扩大了广西旅游景区在国内外的影响力,对广西旅游业快速发展具有重要意义。"为加快旅游产业发展步伐,推动景区质量建设,广西成立了旅游产业发展指导委员会,大幅提高对旅游业的整体投入,广西旅游发展资金从2009年的3000万元提高到2011年的8000万元,同时广西通过对旅游市场的专项整治,进一步优化旅游环境,提高游客满意度,并指导百色起义纪念馆创建国家5A级景区和东兰红色旅游区创建国家4A级景区。地处中国南疆的广西拥有丰富的旅游资源,从桂林漓江、乐业天坑等自然景观,到少数民族文化、边境文化等人文景观,每年吸引着来自世界各地的游客。

同时广西旅游拥有优越的资源禀赋,以桂林山水为代表,兼有桂平西山、宁明山花园两个国家级风景名胜区和31个省级风景区。风景区以自然风光、人文景观和民族风情为特色各不相同。根据各自资源特色,形成了以山水风光、民族风情和历史文化古迹为特色的桂北旅游区,以壮族文化、南亚热带滨海风光和边关旅游为特色的桂南旅游区,突出历史古迹、宗教文化、风景名胜和侨乡风貌的桂东旅游区,以长寿旅游和红色旅游为特色的桂西旅游区。

除此之外,广西还兼有得天独厚的区位条件。广西与越南陆路接壤,与菲律宾、马来西亚、印尼、新加坡、文莱等国隔海相望,处于中国—东盟自由贸易区的地理中心位置,拥有沿边、沿海优势,是传统上中国沟通东南亚的门户。在交通建设方面,广西拥有公路、铁路、水路、港口及100多条国内外航线,不仅是通向西南的大通道,还是连接中国—东盟的大通道。也正是因为如此便利的区位条件,广西与东盟的旅游合作成为各方的最优战略选择。

第二节 国内外研究进展

一、国外研究现状

国外对于旅游产业的研究已经进入成熟阶段,但对于旅游产业的优化升级则较少有学者进行专门研究。大部分是对旅游产业其他方面进行分析研究,最后提出相关的政策建议。从既有研究成果来看,国外关于这一领域的研究主要表现在以下几个方面。

在研究对象上,对旅游业的研究已经从经济领域转移到社会人文领域方面,如舍希特尔(Schechter)、米切尔(Mitchell)在《更好的管理转型》中,讨论了若干管理咨询服务顾问如何决策管理形式,以能够更好地应对服务承包商和运营商转型;麦肯齐盖尔(McKenzie)、布伦特(Brent)和梅里利斯(Merrilees)、比尔(Bill)在《转型经济中的跨文化研究——一种营销视角:从理论到实践》中,从概念上对转型经济中有关文化研究的不同流派进行了整合,对如何开展市场调研提出了建议。在研究方法上,更多的是运用文化人类学和组织行为学的方法,如怀特(White)、娜奥米柔丝(Naomi Rosh)和怀特·波特(White,Peter B)在《旅行转型:游客和旅游地》中,通过对在澳大利亚内陆长期进行旅行的中老年旅客所描述的其旅行动机和经验的探讨,阐述了游客和旅游地的变化过程。在研究内容方面,主要集中于特定旅游产业组织结构的研究,如约翰等(John,2007)基于网格组分析方法,从市场的文化属性提出了组织结构的基本模型;布莱恩(Brian Davies,2008)通过典型因素分析,采用计量经济学技术,检验英国酒店行业在市场作用力的性质。在研究趋势上,注重现代信息技术对旅游业的影响,如德梅特罗斯等(Dimitrios Buhalis & Rob Law,2008)对过去20年中发表的关于互联网在旅游业应用方面的文章进行了全面的回顾分析,并预测未来网络旅游业发展将影响到旅游业结构的改变;汤德来等对撒哈拉以南的非洲地区旅游业如何利用网站营销工具,突破障碍实现旅游电子商务提出了相关建议。詹妮弗等(Jennifer,2006)基于若干旅游组织部门的信息收集,重点研究如何利用信息通信技术和互联网逐步改变旅游行业结构。

二、国内研究现状

国内对于旅游产业转型升级的研究,由云南"旅游业二次创业"的提出开始。不同学者从旅游要素层面、国家层面、省级层面等进行了研究。

(1)从旅游要素层面,戴斌(2005)结合奥运会和北京旅游产业战略转型的特征,有针对性地提出了北京市饭店产业的宏观调控思路,具体表现在四个方面。一是在规模与产业结构调整方面,对北京住宿设施的规模调整,应在保持星级饭店每年7%的增长率的基础上,着眼于存量调整。二是在产品结构调整方面,要避免同质化,具有特色,区分层次。如发展经济型饭店、主题饭店、商务饭店,在郊区发展度假型和会议型饭店等。三是在区域调整方面,要结合北京市的现有分布和北京市政府的"两轴—两带—多中心"的城市战略布局,在西部生态带、东部传统度假地建设度假型饭店;在CBD地区和金融街,适当增加会议型饭店;在亚奥商圈可发展酒店式公寓；在一些成片开发的物业小区周边，可建设社区旅馆。四是在所有制结构调整方面，要鼓励民营经济、外资经济的进入，以形成产权多元化的结构。此后，从理论上（2006）探讨了转型时期国有饭店产业重组的价值取向，认为国有饭店的价值取向将越来越市场化和商业化。并总结了中央企业国有饭店产业重组和地方企业国有饭店产业重组的典型模式，在此基础上分析了国有饭店产业重组的影响因素，主要有政治和行政因素、经济因素、商业活动因素以及人事因素。吴三忙（2005）对区域旅游集团的转型变革及其发展进行了深入研究，且明确提出了区域旅游集团转型与变革的具体路径。如把区域旅游集团的U形组织结构改变成M形的组织机构；明确区域旅游集团的法人性质，界定区域旅游集团的产权关系，建立真正的现代化旅游企业集团；调整旅游集团的扩张战略，必须走地理网络化的扩张模式；采用特性经营、合同经营等新的投资方式，实现股权多元化；管理权开放和市场化运作，改变旅游集团内部人经营控制的现象，加强政府支持和政策引导。并（2007）研讨了转轨时期提高中国饭店业绩效的改进路径问题，提出应大力推进我国国有饭店退出，建立非国有饭店主导的产权结构；实施饭店集团化经营，实现饭店业由完全竞争的市场结构向垄断竞争的市场结构转变。宋子千、宋志伟（2008）分析了旅行社面向商务旅游转型的原因，认为商务旅游的迅速发展、传统产品市场的竞争以及旅行社的企业资源是导致旅行社转型的原因。提出在营销转型方面，旅行社必须和目标客户建立起长期、稳定的合作关系；在产品转型方面，旅行社应提供个性化的、差异化的产品，而且每一项产品都是定制的，不可复制的，对不同客户出售的产品是不同的；在组织转型方面，旅行社需要学习有关企业管理的知识，为企业制订奖励旅游计划，旅行社的组织结构应按照客户来划分。马波（2004）回顾了中国公共资源类景区管理制度的演进过程，并在产权管理制度、组织制度和法律三方面提出创新设想，认为公共景区资源的直接代表者必须明确，经营权、所有权应不同程度地分离；根据景区内部管理和业务的需要设立下属部门，弱化原有的条条管理对景区综合统一管理的掣肘；公共景区的所有利益相关者，都应在法制的框架内实现自己的权益。郑向敏（2002）、戴春芳（2008）阐述了信息化背景下旅游产品方面的转型，并提出旅游产品的优化模型：一是以先进的信息技术所提供的信息操作平台为基础，通过现有的旅游产品各组成要素的重新组合,实现各要素的最佳配置;二是利用信息化所带来的信息资源处理优势,加速新型技术及其他各类信息资源在旅游产品生产中的应用,通过技术资源对旅游产品的传统构成要素的部分或全部替代,实现旅游产品的升级换代与优化。

(2)从国家层面,陈玉英(2000)、杨振之(2002)、高维忠(2003)、尤慧(2006)等分析了我国旅游产业结构存在的问题,认为旅游产业结构合理化水平较低,有结构失衡现象。具体表现在国际旅游与国内旅游存在时间、规模、档次上的差异,甚至形成鱼水分离的相对独立的两种旅游产业经营范畴;旅游供给结构和旅游需求结构脱节,需要有合理的政策策略加以调整平衡。杜江(2005)、唐留雄(2006)详细阐述了旅游发展目标的一般规律,认为与发达国家对旅游业发展目标的要求相比,发展中国家则赋予了旅游业更多的经济文化使命。并系统分析了中国旅游产业功能与产业政策的演进过程,从最初的旅游更多的是被作为国家外事接待工作重要的补充进一步演变为旅游业的创汇功能。提出中国旅游产业的创汇功能需要弱化,而旅游产业的其他功能如缓解贸易摩擦、拉动内需以及提高国民素质和生活质量等需要得到强化。而中国旅游的产业政策应该朝着"大力发展国内旅游、积极鼓励出境旅游、继续发展入境旅游"的方向发展。丁宗胜(2006)、夏卫红、刘嗣明(2008)等提出随着改革开放的日趋深入和市场化的加速,旅游业转变增长方式,走资源集约化和服务创新化的产业道路成为必然。在转型时期旅游业要符合市场化、全球化、信息化的经济浪潮,必须要弱化政府的主导作用,以市场调节为主,而政府的作用在于弥补市场的不足,政府对于旅游产业的发展处于辅助地位。

(3)从省级行政单位层面,关于旅游产业结构的调整及优化措施方面的研究成果尤为突出。李志飞(2000)在分析湖北省旅游业结构调整与优化升级方向的基础上,从资源结构、市场结构、产业结构、区域结构、组织结构等5个方面提出了湖北省旅游业结构调整与优化升级的对策。李德明(2004)运用偏离—份额及灰色系统关联度分析方法,对安徽省国际旅游产业结构的竞争优势以及国际旅游产业各部门收入与国际旅游总收入之间的关联性进行了分析,在此基础上,指出了安徽省国际旅游产业结构存在的主要问题,并进一步提出了安徽省国际旅游产业优化增效的主要对策。厉无畏(2004)全面论述创意旅游这一旅游产业发展的新概念,强调对传统产业发展模式的创新和改造,提倡用创意产业的思维方式重塑旅游产业体系;探讨了创意旅游如何开辟旅游价值"蓝海",结合"产业链"、"空间链"、"价值链"、"主题链"四维链条,提出上海都市旅游升级的"有智增长"新模式,同时也为旅游管理体制改革提供创新思路。李亚兵(2005)以甘肃为例对区域旅游产品结构优化设计进行了研究,并在类型、空间、时间和要素方面提出了具体的优化措施。金准(2006)以浙江杭州为例分析了产品结构变动包括使旅游产品与资源相对应的努力,旅游产品的整合以及旅游产品组合的丰富化都将有效地改善旅游流空间结构,优化旅游消费格局。李刚(2006)指出辽宁作为全国的旅游大省之一,旅游业的发展取得了很大进步,但是在旅游产业结构方面还存在一些阻碍旅游业健康、快速发展的问题,产业结构有待于进一步调整和优化,并且分别从市场结构、产品结构、行业结构、区域结构、组织结构等角度分析了辽宁省旅游产业的结构特征,并指明了旅游产业结构中存在的阻碍旅游业健康、快速发展的问题和不足,旨在促进辽宁省旅游产业结构的优化升级。

国外对旅游产业的研究重视实证和量化研究,研究中往往运用多年的旅游资料进行数量分析。针对旅游产业发展的研究,较多运用多因素进行系统的分析,更重视社会文化、生态的影响。但是国外直接针对旅游产业优化升级的研究较少,这可能与国外"渐进式"的旅游发展模式和比较发达的市场经济环境有关。与国外相比,国内对于旅游产业转型及结构优化升级的探索性研究迅速增加,课题的针对性明显加强,研究方法不断与国际接轨。但是,研究水平较国外仍然存在一定的差距,表现为主要从定性的角度分析,定量研究较少;分析手段比较单一,实证研究明显不足,较少运用系统分析与比较分析方法;侧重政府视角下的发展政策与措施研究;研究区域上,更多的是侧重发达城市,对民族地区关注不够。

第三节 国外旅游业发展模式

旅游产业发展模式概括了一定时期旅游业发展的总体思想和战略特征,充分体现了旅游产业发展战略的内在要求和发展方向。根据国际旅游业发展的实际状况，国外旅游业的发展模式主要有以下几种：

（1）根据旅游成长的协调机制可划分为市场主导型发展模式和政府主导型发展模式。市场主导型旅游产业发展模式是以市场竞争作为主要动力来推动旅游产业成长和演变的一种发展模式；政府主导型发展模式是以政府规划或者通过政府制定产业政策来干预旅游业成长和演进的一种模式。政府主导型模式一般在两种情况下发生：一是具有传统干预和控制经济的国家或地区，二是需要在短时期内推进旅游经济快速发展的国家或地区。韩国的政府主导型模式属于第一种情况，它在很大程度上也是受到其传统价值观（如重视集体主义、重视权威）影响的结果。

（2）根据旅游业的成长和国民经济的总体关系可划分为超前型发展模式和滞后型发展模式。超前型发展模式是指旅游产业的发展超越国民经济的总体发展水平，通过发展旅游业来带动相关产业和地区经济进步的一种发展模式；滞后型发展模式是指旅游产业的成长滞后于国民经济的总体发展水平，应通过国民经济整体发展来推动旅游业发展的一种发展模式。

（3）根据旅游产业的演进方式可划分为延伸型发展模式和推进型发展模式。延伸型发展模式是一种先以国内旅游为产业成长基础，通过国内旅游产业的发展、国际旅游产业的成长，最终实现两个产业融合的发展模式；推进型旅游产业发展模式则是先以国际旅游产业为成长基础，通过国际旅游接待产业的发展来推动国内旅游产业的成长，最终形成完整的旅游产业体系的发展模式。

（4）根据旅游产业发展的目标内容，主要可划分为创汇导向型发展模式和经济发展导向型发展模式。创汇导向型模式是指将赚取外汇作为发展旅游业的基本任务的发展模式，采取此种模式的地区大都经济比较落后，地区旅游市场化程度较低。经济发展导向型模式是指以发展旅游业、以促进本地区整体经济协调发展为目标的发展模式。

第二章 广西旅游产业现状评述

第一节 广西旅游产业发展历程

广西旅游业起步较早,并随着我国改革开放政策的实施和全区经济社会的发展而得到迅速发展。概括起来,广西旅游业大致经历了初创阶段、产业奠基阶段、新兴产业形成阶段和旅游强省阶段四个发展阶段。

一、初创阶段(1954—1978年)

中华人民共和国成立后,为了进行国际交往和接待社会主义国家的代表团和旅游团,广西成立了一些接待机构。20世纪50年代先后成立了国旅南宁分社、国旅凭祥和桂林支社。50年代末,接待机构开始接待入境自费旅游者。"文革"时期,广西旅游业一度中断。70年代初,广西旅游业开始出现生机。1973—1977年是广西旅游业发展较快的时期。1973年5月,桂林市正式对外开放,当年接待外宾977人次,随后逐年增加,初步形成以桂林为代表的广西旅游业。但在这一阶段特别是其前期,旅游工作实际上是对外交往的一条重要渠道,以政治接待任务为主,属于"接待事业型"旅游业。为适应旅游业进一步发展的需要,1978年,广西壮族自治区旅行游览事业管理局正式成立(1983年更名为广西壮族自治区旅游事业局,2000年更名为广西壮族自治区旅游局)。

二、产业奠基阶段（1979—1990年）

党的十一届三中全会确定将工作重点转移到社会主义现代化建设上来并开始实施改革开放政策后，广西旅游业进入了开拓发展和产业奠基时期。1979年，国务院确定桂林市为风景游览城市。1980年，自治区党委把旅游资源列为广西的八大优势之一。1982年，桂林市被命名为我国第一批24个历史文化名城之一，桂林漓江风景名胜区被批准为第一批国家级风景名胜区。1986年，桂林市又被列为全国7个重点旅游城市之一。以桂林市为代表的具有现代意义的广西旅游业由此产生，旅游业也由"接待事业型"开始向"经济产业型"转变。

20世纪80年代是广西旅游业在改革开放的大潮中奋力开拓、迅猛发展的时期。全区接待海外旅游者由1978年的5.42万人次，增加到1988年的49.91万人次，增长了8倍。至1990年接待海外旅游者又达51.83万人次，旅游创汇达8065万美元。在这个阶段，广西国内旅游也取得很大进展。1984年至1998年，全区旅行社接待国内游客从14万人次增加到120万人次，国内旅游收入从200万元增加到6000万元。1990年，全区各旅游景点接待人数达545.67万人次，景点收入达6.43亿元。至本阶段末期，桂林以漓江为代表的旅游景区逐步完善，北海银滩旅游区建设开始启动，左江风景区已显雏形，全区其他许多景区逐次开发，广西旅游产业基础初步形成。

三、新兴产业形成阶段（1991—2006年）

20世纪90年代以来，广西的旅游业向广度和深度发展，取得了全面的进展，逐步成长为全区国民经济中的一个新兴产业和特色产业。1992年12月，时任国务院总理李鹏同志视察广西时说："广西旅游资源丰富，北有桂林，南有北海，既要重视国际旅游，也要重视国内旅游。"1993年1月，时任国务院副总理朱镕基同志视察广西时指出："丰富的旅游资源是广西的第一个优势，桂林山水甲天下，北海银滩也很有特色,旅游业发展了可以带动农业、商业、服务行业。"2002年4月,时任国家副主席胡锦涛同志视察广西时指出:"广西山清水秀,景色宜人,又有独特的民族风情和人文景观,要充分利用这个优势,大力开发旅游项目,改善配套设施,进一步提高服务水平和管理水平,尽快把旅游业发展成为全区的支柱产业。"各级领导的重视和改革开放给广西旅游业的发展带来了机遇,广西旅游业作为新兴产业进入初步形成的阶段。

在该阶段,旅游业日益受到各级党委、政府的重视并提到工作的重要议事日程上,开始像抓工业、农业、外贸那样抓旅游业,旅游业被列入国民经济和社会发展计划中并成为重要组成部分;自治区及大部分地、市成立了旅游发展领导小组,加强了对旅游工作的领导;自治区党委、政府颁布的《关于进一步加快广西旅游产业发展的实施方案》和自治区人大常委会颁布的《广西壮族自治区旅游管理条例》,推动了全区旅游业加快发展;自治区设立了旅游发展资金,为全区旅游开发和建设提供了资金保证,并有效引动了全社会及外资对全区旅游业的投入;全区各旅游行政管理机构不断健全和完善,有力地保证了全区各项旅游工作的开展;全区各有关部门、行业大力支持旅游业,为旅游业的快速发展提供了必要条件。经各方的共同努力,本阶段内,全区旅游业得到了持续、快速、稳定的发展,主要体现在:旅游客源市场实现了从主要接待海外旅游者到海外市场、国内市场和边境出境市场三者的互相结合、互相促进。旅游景区(点)和旅游产业开发方兴未艾,单一的观光产品正在向观光、度假和专项、特种产品相结合的多类产品发展。旅游基础设施不断改善。旅游"六要素"即行、游、住、食、购、娱配套发展。旅游市场经济秩序日益规范化。旅游产业管理体制基本建立,旅游法规逐步完善。

2001年,全区科技入境旅游者126.72万人次,在全国居第7位;旅游外汇收入3.006亿美元,在全国居第11位。接待国内旅游者4403.12万人次,国内旅游收入179.17亿元人民币。当年,全区旅游总收入达204.12亿元人民币,相当于全区国内生产总值的9.1%,广西旅游业已成为全区国民经济新的增长点和新兴产业、特色产业。

四、旅游强省阶段(2006年至今)

经过多年的努力及"十五"期间的快速发展,广西已发展成为中国旅游大省,正向旅游强省的目标迈进。广西已发展成为中国旅游大省,具体表现在三个方面:一是各项旅游经济指标创历史新高,旅游经济总量快速增长。"十五"期间,全区旅游总收入累计1203亿元,比"九五"增长58.1%。其中2005年广西接待入境旅游人数、国内旅游人数、旅游总收入分别为147.7万人次、6493万人次和307.11亿元,在西部省区市中分别名列第2、3、3位。二是旅游产业规模和体系不断壮大,产业基础不断增强。截至2005年底,全区拥有各类旅游行政、企事业单位1000多家,其中旅行社355家、星级酒店352家、旅游景区(点)800多处。三是旅游产业素质和水平不断提高,产业结构日趋完善优化。"十五"期间累计投入了约240亿元人民币,陆续开发建设了一批特色鲜明、吸引力和竞争力强的精品旅游景区。截至2005年,广西有国家级和自治区级风景名胜区34处,旅游度假区10处,森林公园38处,重点文物保护单位290处,自然保护区64处,地质公园6处。山水景观、滨海风光、边境风貌、民族风情和红色旅游构成了广西的特色旅游。

2006年11月,自治区第九次党代会提出了建设旅游强省的发展战略。自实施旅游强省战略以来,旅游业已成为广西重要的国民经济支柱产业和新的经济增长点。2010年2月26日,广西壮族自治区旅游工作会议在南宁召开。会议提出了广西壮族自治区旅游业近期的宏伟目标:打造千亿元产业,加快旅游强省建设步伐,努力把旅游业培育成为广西壮族自治区国民经济的战略性支柱产业和人民群众更加满意的现代服务业。会议总结了2009年旅游工作取得的成果:2009年全区共接待入境旅游者209.9万人次,国际旅游(外汇)收入6.43亿美元,分别同比增长4.4%和6.9%;接待国内游客1.18亿人次,国内旅游收入657亿元,分别同比增长21.9%和33.6%。全年旅游总收入701亿元,同比增长31.3%。会议分析,当前,广西壮族自治区旅游市场需求旺盛,中国—东盟自由贸易区的如期建成,有利于加快广西壮族自治区与东南亚旅游市场的对接。国务院《关于加快发展旅游业的意见》出台和《国务院关于进一步促进广西经济社会发展的若干意见》,更为广西旅游业的发展提供了千载难逢的机遇。会议指出,广西旅游业要做大做强,必须狠抓以下几方面工作:

(1)抓战略提升、转型升级

要把旅游业发展摆上更加突出的位置,各地要扶持和引进一批战略投资者,充分发挥其资金、技术、市场、人才及管理等优势。在此基础上,抓好旅游景点景区的规划工作,力争早日建成几个具有重大影响、震撼力的大项目。三年内,全区要重点建设100个以上重大旅游项目。

(2)以品牌为先,抱团出击

各主要旅游城市突出打造一批旅游目的地品牌、线路品牌、景区品牌、旅游企业品牌、旅游节庆品牌、旅游演艺品牌、旅游商品品牌和旅游美食品牌等。广西旅游业要彻底改变小打小闹、零打碎敲、恶性竞争的现象,形成全区上下一盘棋、市县(区)呼应、城乡联动、各景区联合的大旅游大发展的新格局。

(3)抓紧排出一批重点旅游企业,进行重点服务和扶持

力争通过几年努力,培育出一批专业化、集团化、规模化的星级饭店、旅行社和景区景点。鼓励旅游企业通过联合、兼并、重组、并购等方式,创新经营机制,实现规模化发展;支持旅游企业与国内外旅游大企业、大集团开展战略合作,逐步融入全国、全球旅游产业链中。

"十二五"开局之年,广西旅游业发展十分给力,提前一年实现千亿元产业目标。喜人数据见证了广西旅游新跨越:全区接待国内游客1.73亿人次,同比增长22.62%;接待入境过夜游客302.79万人次,同比增长21%;旅游总人数1.76亿人次,同比增长22.6%;旅游总收入1277.81亿元,同比增长34.09%,相当于广西GDP的10.92%。旅游收入突破千亿元,宣告旅游业已成为广西名副其实的支柱产业之一。

第二节 横向比较分析

一、上海

上海虽然没有雄伟的名山大川、奇峰异谷,也无世界奇迹之类的名胜古迹,但

是,多少年来一直以她独有的风韵吸引着无数的中外游客。上海是中国近现代史的"缩影",许多重大的历史事件和革命活动在这里发生并影响全国;上海是新中国的"窗口",经过40多年的艰苦创业,特别是浦东的开发、开放,上海已成为国际大都市及海内外来华投资的热点城市;上海是历史文化名城,有70余处国家和市级重点文物保护单位,它们是上海具有鲜明特色的区域文化的最好展示;上海还是万国建筑博览城,外滩风格各异的建筑群及近年新建的千姿百态的新建筑,引起了海内外建筑界的瞩目;等等。上海的特色不一而足。上海已成为一座融古色古香和现代潮流为一体的旅游中心城市。改革开放30年来,上海旅游业作为改革开放的重要窗口和先行产业,积极融入城市发展、经济建设和中国旅游快速健康发展之中,持续创新,旅游生产力得以全面释放,实现了四次历史跨越四个转变,取得了辉煌成就,开辟了具有上海特色的旅游业创新发展之路。

1. 使命转变阶段(1978—1984年)

第一次跨越是从外事接待向经济建设的使命转变。改革开放之初,我国经济建设资金短缺,作为非贸易创汇行业的先锋,上海入境旅游充分发挥创汇创收功能。围绕"扩大对外政治影响"和"为国家吸取自由外汇"两大目标,上海率先开放旅游大门,果敢地将产业定位由市政府外事接待的政治事业转向创汇导向型的经济事业,旅游业逐步成长为上海改革开放、经济建设和城市振兴的重要突破口之一。同时,针对旅游服务硬件不足的尴尬,上海大力兴建宾馆饭店、扩大参观游览点、组织旅游接待车队,积极开展专业对口人员、机构之间的友好交流活动,推进了上海市住宿、导游、购物及其他服务业的规范化建设,逐步形成了上海旅游业发展的雏形。该时期上海旅游业的主要接待对象是华侨、外籍华人、港澳同胞、台湾同胞等入境旅游者,形成了以入境接待为特色的旅游事业发展格局。

2. 职能转变阶段(1984—1997年)

第二次跨越是从事业管理向市场经济的职能转变。随着旅游活动在社会经济生活中的作用不断凸显,1984年党中央提出要全方位发展旅游业,并于1986年将旅游业纳入国民经济与社会发展计划。上海旅游业及时调整了其产业发展目标与政策,1987年起,开始按政企分开、统一领导、分散经营的原则,强化行业管理,当时的旅游局开始改变了同华亭联营公司、上海旅游公司三块牌子一套机构的事业管理体制,在全国率先迈出了旅游业政企分开的改革步伐。

3. 理念转变阶段(1997—2005年)

第三次跨越是从产品旅游向都市旅游的理念转变。1997年,上海市做出了成立新的旅游事业管理委员会、发展"都市型旅游产业"的总体部署,将"都市旅游"推上了历史舞台,在全国起到了示范性和引领性的作用。"都市旅游"是对传统"产品旅游"模式的创新,推动了旅游业与其他产业的融合。从此,上海旅游业跳出"做景区、卖产品"的误区,面向国际性旅游目的地以及世界著名旅游城市的目标,确立"做好都市旅游,推销上海城市"的旅游发展战略,把旅游发展纳入城市经济、社会和文化发展的体系之中,为我国城市的产业联动、产业链延伸以及产业融合提供了一个典型范例。

4. 主题转变阶段(2006年至今)

第四次跨越是从经济产业向民生服务的主题转变。进入"十一五"以来,在国家"以人为本、关注民生"新主题指引下,上海旅游业紧扣时代主题,在强调经济功能的同时,不断注入"民生"理念,发挥出其作为民生产业的社会现实意义和综合优势。上海突出旅游的公共服务功能,重视市民旅游休闲产品的供给与创新,发挥其在扩大就业、建设节约型社会方面的关键作用。同时,完善旅游公共服务体系,逐步建成由城市旅游服务系统、旅游信息服务系统、旅游应急与救助服务系统、消费者权益保护系统等组成的旅游公共服务网络,全面提升了城市的综合服务品质。通过不断地创新发展,上海旅游业在市经济总量中所占份额持续上升,2007年底上海旅游产业增加值已占上海GDP的7.2%,各种产业要素不断丰富,旅游企业数量成倍上升,实力型企业不断涌现。截至2010年底,上海共有各类旅馆约6700家、床位约55万张,其中,星级饭店298家,包括五星级饭店44家、四星级饭店64家、三星级饭店123家、二星级饭店65家、一星级饭店2家;旅行社1037家,其中,可经营出境旅游业务的42家;A级景区(点)61个,其中5A级景区(点)3个,4A级景区(点)28个,3A级景区(点)30个;全国工、农业旅游示范点38个;红色旅游基地30个;旅游咨询服务中心45个;旅游集散站6个。2010年,上海旅游业总收入达3053.23亿元人民币,较"十五"期末增长90.3%。旅游外汇收入达64.05亿美元,较"十五"期末上涨77.5%。国内旅游收入达2522.94亿元人民币,较"十五"期末增长了约92.8%,年平均增长18.6%。2010年,接待入境旅游人数851.12万人次,入境过夜旅游人数733.72万人次,国内游客2.15亿人次,分别较"十五"期末上涨49%、65%和138.2%。国内来沪游客人数保持快速增长,2007年,首次突破1亿人次大关;2010年,受益于上海世博会,突破2亿人次大关。受金融危机影响,国外入境游客人数虽然保持增长,但增速放缓。在出境游方面,2010年上海居民共出境旅游378.2万人次。2010年全市出游人数达9140万人次,人均出游近4次,高于全国年均出游水平。"十一五"期间,星级宾馆平均出租率为59.3%。

二、云南

云南地处中国西南边陲,是我国旅游资源最为富集的省份之一。悠久的历史和浓郁的少数民族风情造就了绚丽多彩的民族文化,特殊的地形地貌和立体分布的气候特点形成了绚丽多姿的自然风光,与东南亚、南亚等多个国家接壤和纵贯全省的国际河流"澜沧江—湄公河"构成了良好的区位条件。在云南这片神奇美丽的土地上,北有雄伟壮丽的雪山冰川,南有广袤的热带雨林和珍稀动植物,西有蜿蜒奔腾的"三江并流"奇观,东有壮观的喀斯特岩溶地貌,中有众多的高原湖泊和四季如春的气候条件。改革开放以来,历届云南省委、省政府高度重视旅游业的发展,充分发挥得天独厚的旅游资源优势,全面实施政府主导型战略,着力发展和培育旅游产业,云南旅游业经历了从"接待事业型"到"一般产业型",再到"支柱产业型"的转变升级过程,实现了从无到有、从小到大的历史性飞跃。云南旅游业于20世纪70年代后期开始起步发展,大致经历了四个大的发展阶段,并呈现出不同的发展特点和阶段性特征。

1. 起步发展阶段(1978—1988年)

1978年至1988年的十年时间是云南省旅游业的起步发展阶段。1978年,云南省正式筹建成立了云南省旅行游览事业局,开始积极推动旅游业的发展,云南省也成为全国最早一批旅游开发地区。当时全省仅有一家旅行社和8家宾馆,并且大部分是政府招待所,标准客房不足300间。经过十年时间的发展,到1988年,云南省接待海外旅游者从1299人次发展到12万人次,旅游外汇收入从83万美元发展到1300万美元;接待国内旅游从13万人次发展到129万人次。这一阶段,云南省的旅游业以单纯的事业型接待服务为主,尚处于起步发展时期,旅游部门还属于"非生产性"的事业部门。

2. 旅游经济产业建设阶段(1988—1995年)

1988年至1995年8年时间是云南省旅游业加快发展阶段。1988年,省政府在省七届人大一次会议的工作报告中首次提出要把旅游业作为一大产业,搞好规划,全面开发,从而确立了旅游业在云南经济发展中的地位。1992年以后,在邓小平南巡讲话和党的十四大精神的指导下,省政府下发了《关于大力发展旅游业的意见》,明确提出要使旅游业发展成为一项重要的经济产业,1992年全国旅游工作会议在西双版纳召开,1994年省政府分别在大理、丽江召开了滇西北旅游规划会,采取了一系列措施,积极推进全省旅游业的发展,为云南旅游业的快速发展开创了新的局面。到1995年,全省接待海外旅游者从12万人次增加到60万人次,旅游外汇收入从1300万美元增加到1.65亿美元,年均分别增长25.80%和43.8%,并分别跃居全国第7位和第8位;接待国内旅游者从129万人次增加到1622万人次,年均增长52.5%;全年旅游总收入从7100万元增加到61亿元,年均增长110%,旅游业实现了从"接待事业型"向"经济产业型"的历史性转变。

3. 旅游支柱产业建设阶段(1995—2005年)

1995年至2005年的11年时间是云南省旅游支柱产业建设阶段。1995年,云南省第六次党代会将旅游业列为全省四大支柱产业之一,进一步确立了旅游业在云南国民经济和社会发展中的战略地位,把旅游业纳入经济和社会发展的总体战略进行部署和实施,成立了省旅游支柱产业领导小组,充实和加强了省旅游局力量,全省各个地州(市)及主要旅游县都成立了旅游行政管理机构。在此基础上,1996年省委、省政府做出了《关于加快四大支柱产业建设的决定》,2000年省政府邀请世界旅游组织帮助编制了《云南省旅游发展总体规划(2001—2020)》,2004年省委、省政府首次召开了全省旅游产业发展大会,并下发了《中共云南省委、云南省人民政府关于进一步加快旅游产业发展的若干意见》和《云南旅游发展倍增计划(2004—2010年)》,制定了《云南省"十一五"旅游发展规划》,进一步加大了对云南旅游产业的发展指导和支持力度,全面推动了云南旅游支柱产业的建设进程。1995年至2005年,全省接待海外旅游者从60万人次增加到150万人次,旅游外汇收入从1.65亿美元增加到5.28亿美元,年均分别增长9.7%和12.3%;接待国内游客从1622万人次增加到6860万人次,国内旅游收入从47亿元增加到386亿元,年均分别增长15.5%和23.3%;旅游总收入从61亿元增加到430亿元,年均增长21.5%。旅游业对全省国民经济和社会发展所作的贡献日趋明显,旅游支柱产业地位全面树立和巩固。

4. 建设旅游经济强省阶段(2005年至今)

2005年以来,面对国内外旅游市场竞争日趋激烈的态势和周边省市区加快旅游产业发展的局面,云南旅游产业的发展面临着"前有标兵、后有追兵"、"不进则退、慢进也是退"的严峻形势,省委、省政府在充分借鉴学习旅游先进发达地区经验的基础上,做出了实施云南旅游"二次创业"的重大决策,提出了"优化结构、转型升级、提质增效"的发展要求,全面启动和实施大项目带动大发展战略,通过旅游重大项目的开发建设,推动旅游产品的升级换代和旅游产业结构的优化调整,进而带动云南省旅游产业由观光型旅游方式为主,积极向观光型和休闲度假型、康体健身型等复合型旅游发展方向转变,努力实现将云南省建设成为旅游经济强省和中国一流、世界知名旅游目的地的发展目标。

三、陕西

陕西是中国旅游资源最富集的省份之一,资源品位高、存量大、种类多、文化积淀深厚,地上地下文物遗存极为丰富,被誉为"天然的历史博物馆"。全省现有各类文物点3.58万处、博物馆151座、馆藏各类文物90万件(组),文物点密度之大、数量之多、等级之高,均居全国首位。浏览这座"天然历史博物馆",随处可看到古代城阙遗址、宫殿遗址、古寺庙、古陵墓、古建筑等,如"世界第八大奇迹"秦始皇兵马俑,中国历史上第一个女皇帝武则天及其丈夫唐高宗李治的合葬墓乾陵,佛教名刹法门寺,中国现存规模最大、保存最完整的古代城垣西安城墙,中国最大的石质书库西安碑林,仅古代帝王陵墓就有72座。全省各地的博物馆内陈列的西周青铜器、秦代铜车马、汉代石雕、唐代金银器、宋代瓷器及历代碑刻等稀世珍宝,闪烁着耀眼的历史光环,昔日的周秦风采、汉唐雄风从中可窥一斑。2009年接待国内旅游人数11410万人次,比上年增长26%;国内旅游收入715.28亿元,增长27.5%。全年接待境外旅游人数145.08万人次,增长15.4%;旅游外汇收入7.71亿美元,增长16.7%。截至2007年底,全省共建成A级旅游景区89家,其中5A级景区3家,4A级景区23家,3A级以下景区62家。全省售门票的旅游景区(点)超过260家,年合计接待国内外旅游者达到8138万人次。1978年全省共有两家国际旅行社,没有专门从事旅游接待的饭店。2007年底,全省已有国际旅行社51家,国内旅行社427家,专门用于旅游接待的星级酒店308家,床位7万多张,已完全可以满足全省旅游接待及对外开放的需要。自改革开放以来,陕西省旅游业发展大致可分为三个阶段:

1. 起步阶段(1978—1984年)

由于是发展初期,时间短,没有经验,而且基数较小,所以在这一阶段主要表现出增长很快、供给严重不足、管理服务水平比较低的特点。供给不足也是这一时期一个非常显著的特点。入境旅游者进不来,出不去,游不动。1979年10月1日西安临潼秦始皇兵马俑博物馆正式对外开放,这一新的旅游产品的推出直接推动陕西省国际旅游业走上快速发展的轨道。

2. 发展阶段(1985—1997年)

1985年,陕西省委、省政府做出了《关于大力发展旅游业的决定》,确定了旅游业的龙头产业地位,强调了旅游业在国民经济发展中的重要作用,统一了认识,明确了发展道路,极大地推动了全省旅游业的快速发展。这一时期是旅游业打基础求发展的时期,旅游市场供给逐渐丰富,旅游产业规模快速扩张,旅游业的地位作用逐步加强,旅游业发展成为陕西省国民经济中一个十分重要的经济行业。这一时期,经过广大旅游从业人员的艰辛努力,旅游业快速发展,入境旅游者接待人数突破50万人次大关,旅游外汇收入突破2亿美元大关,直接旅游从业人员达到20万人,间接从事旅游业的人数超过100万。

3. 提升阶段(1998—2012年)

1998年至2012年是陕西省旅游业发展史上一个重要的时期。经过20年旅游人的艰苦奋斗,旅游业已初具规模,在国内外具有了一定的影响力。1998年12月,陕西省委、省政府做出了《深化旅游体制改革加快旅游产业发展的决定》,标志着陕西省旅游业进入了一个新的发展阶段,它的突出特点是以体制改革为突破口,以集团式发展为主要形式,以项目带动战略为手段,扩大企业规模,产生旗舰效应,增强企业的竞争能力。大力实施项目带动战略,以旅游精品建设为核心,建设了一批休闲度假类旅游产品。大雁塔北广场、大唐芙蓉园先后建成迎接旅游者,极大地提升了西安市国际旅游目的地城市的品位,增强了城市的吸引力。铜川玉华宫滑雪场、西安翠华山滑雪场、宝鸡太白山滑雪场、商洛牧护关滑雪场先后建成投入使用,彻底改变了陕西省缺乏大型冬季旅游产品的局面,对改善全省旅游产品结构,提高经济效益发挥了重要的作用。其后,西安临潼爱琴海温泉项目、渭南华阴御温泉项目也先后完成,使全省旅游产品结构更趋合理,旅游吸引力也进一步增强。在此期间,西安临潼兵马俑博物馆前广场A区改造项目完成并投入使用,使这一世界级旅游产品更加完善。特别是西安临潼华清池大型山水实景舞剧《长恨歌》创作完成,受到市场的一致好评和热烈追捧,是继西安唐乐宫后20年来又一个受到国内外旅游市场广泛关注的拳头型旅游产品,是全省晚间旅游产品建设的又一个重要成果。这一时期,陕西省接待入境旅游者人数突破了100万大关,旅游外汇收入突破6亿美元。在此期间,国内旅游业也取得了突破性发展,国内旅游接待人数先后突破了5000万、6000万、7000万、8000万人次大关,国内旅游收入也先后突破了300亿、400亿、500亿元人民币大关。直接旅游从业人员突破30万,间接旅游从业人员突破150万。

"十一五"期间,全省旅游经济高速增长,2010年全省接待入境旅游者达到212.2万人次,旅游外汇收入达到10.2亿美元,年均分别增长18%和17.8%;接待国内旅游者达到14354万人次,国内旅游收入达到916亿元,年均分别增长19.1%和23.7%;旅游业总收入达到983.9亿元,年均增长22.7%,旅游业持续、快速、健康发展。

表 2-1　2006—2010 年陕西省旅游业发展概况一览表

年份	入境旅游人数（万人）	外汇收入（亿美元）	国内旅游人数（万人）	国内旅游收入（亿元）	旅游总人数（万人）	旅游总收入（亿元）
2006	106.1	5.1	6950	378	7056.1	418.8
2007	123.1	6.1	8015	458	8138.1	504.1
2008	125.7	6.6	9056	561	9181.7	607
2009	145.1	7.7	11410	715	11555.1	767.9
2010	212.2	10.2	14354	916	14565.9	983.9
年均增长率	18%	17.8%	19.1%	23.7%	19.1%	22.7%

四、安徽

安徽是中国旅游资源最丰富的省份之一，既有旖旎的自然山水风光，又有历史源远流长和最具中国特色的佛教、道教和徽文化等人文景观。黄山、黟县西递和宏村古民居群等被联合国教科文组织列入世界文化遗产名录，其中黄山是世界文化遗产、自然遗产和世界地质公园。拥有黄山、九华山、天柱山、琅琊山、齐云山、采石矶、巢湖、花山谜窟—渐江、太极洞和花亭湖等 10 处国家级重点风景名胜区，拥有歙县、寿县、亳州、安庆 4 座国家级历史文化名城，6 个国家级自然保护区，28 个国家级森林公园，36 处国家重点文物保护单位。"两山一湖"（黄山、九华山、太平湖）旅游区正成为世界级的旅游胜地。安徽的旅游产品分布比较均匀，皖南有黄山、九华山、齐云山、太平湖，以及古牌坊、古民居、古祠堂、古迷窟等；皖东有琅琊山、采石矶和农民皇帝朱元璋故乡凤阳等；皖中有三国故里、包公故乡、科技名城合肥，以及八百里巢湖等；皖西南有天柱山、司空山、妙道山、黄梅戏发祥地和历史文化名城安庆等；皖西有天堂寨、万佛湖和历史文化名城寿县等；皖北有老庄文化，以及曹操和华佗故里亳州等。安徽旅游业经过了三十多年的发展变迁，取得了令人瞩目的成就。如今，安徽旅游产业形象日渐鲜明、产业地位日益提高、产业规模不断扩大，成为安徽国民经济中的重要产业,成为现代服务业的重要组成部分,在扩大对内、对外开放,促进产业结构调整,建设社会主义新农村和全面建设小康社会中扮演着越来越重要的角色。安徽现代旅游业是伴随改革开放的伟大进程而起步、成长、壮大的,这对一个过去落后的农业省份来说是无法想象的。回顾安徽旅游业发展历程,大致可分为以下几个阶段:

1. 起步发展阶段(1978—1987年)

此阶段以十一届三中全会召开为标志、以改革开放总设计师邓小平视察黄山发表的重要讲话精神为指导,省委、省政府(省革命委员会)领导们满怀热情、踌躇满志面对这一新生事物,做了许多基础性工作,取得了积极成效。十一届三中全会召开、邓小平视察黄山讲话极大地解放了安徽人民的思想,开阔了安徽人民的眼界,为安徽旅游发展注入了强大的动力。省委、省政府贯彻邓小平发展旅游指示,态度坚决、行动迅速、统一部署,收到显著效果。省旅游局与省外办、侨办合署办公,相得益彰,旅游局借助外办的实力和基础,弥补了起步阶段的一些困难,起步较顺利。省外办工作范围和内容得到新的拓展,增添了不少新气象、新活力。此阶段国旅和中旅两家旅行社都属省外办国有事业单位,其业务内容交融于省外办、省旅游局两者之间。此种现象一直延续到1987年省旅游局与省外办分离,此时中旅归属省外办,国旅归属省旅游局。

2. 调整、恢复发展阶段(1988—1995年)

此阶段省委、省政府为加大旅游业的改革力度,促进旅游业向市场体制转变,对省旅游局实行重大改革。此阶段安徽旅游业先后经历了国内"六四"风波(1989年)、安徽历史上百年未遇特大洪水灾害(1991年)、浙江"千岛湖事件"(1994年)等影响,使本来基础薄弱的安徽旅游业蒙受了重大损失。通过调整对内、对外宣传促销策略,加大宣传促销力度和加强旅游基础配套服务设施建设等措施,旅游仍取得良好成绩。如1995年入境游客达142855人,比1988年多85298人,增长67%,外汇增长2556%;国内游客增长128%;收入增长437%。但此阶段发展呈波浪式,起伏较大。省旅游局从外办分离成单设局,体现了省委、省政府对旅游业的重视。分离后,省旅游局在当时经济、社会条件仍十分困难的情况下,积极克服困难,开拓进取,做了大量工作。但在当时特殊背景下,在人事、工作等运作上也经历了一段较长的磨合和适应过程,留下了一段难忘历史。此阶段全省大部分市成立了旅游局,其中有一些市和其他部门合署办公。1992年初邓小平南巡讲话,为此阶段及今后旅游改革开放奠定了坚定的思想基础,加快了旅游改革开放步伐。1993年首家合资饭店——安徽饭店正式营业,同年荣获安徽省首家三星级饭店称号。1995年安徽旅游主管部门克服了各种阻力、困难,率先在全国实施旅行社改革,让个私民营经济介入旅行社,从此安徽旅行社进入发展快车道。

3. 加快发展阶段(1996—2005年)

此阶段省委、省政府加大对旅游业领导力度,召开了一系列重要会议,下发了一系列重要文件,出台了许多扶持政策,加快了旅游业发展步伐,旅游产业六大要素得到全面提升,同时还克服和战胜了各种严重的自然灾害和社会不利因素的影响。经过"七五"、"八五"时期调整恢复等措施,进入"九五"初(1996年)入境人次、创汇均有较大幅度增长,进入1997年,其增长幅度更大,国内旅游也有较大幅度增长。同时也不难看出,经过1996年全省旅游经济工作会议和之后其他一系列重要会议的召开及许多配套政策措施的出台,此阶段旅游取得加快发展的趋势,呈现阶段跳跃式增长。期间经历了1997年东南亚金融危机、1998年全省特大洪涝灾害、2001年美国"9·11"事件和2003年"非典"及淮河流域大水影响,旅游业遭受重大损失,入境人次和创汇及国内人次、收入大幅度下降。其中1998年比1997年入境、创汇分别下降36%、14%,2003年比2002年入境、创汇、国内人次、收入分别下降39%、30%、14%、8%。但和上一阶段相比,此次恢复十分迅速,反弹很快,由2002年、2005年数字分析可以证实。这与此阶段国家、省综合经济实力增强和各项旅游基础、配套服务设施条件改善是分不开的,其实力和条件远比"七五"、"八五"时期壮大和优越,对各类灾害的应变和抗御能力增强;同时与各级党委、政府领导得力、旅游行业广大职工奋力拼搏密不可分,所以灾后旅游恢复的速度快、增幅大。为进一步实施政府主导发展战略,加大对旅游行业领导力度,2000年机构改革,省委、省政府又将省旅游局从事业局改为行政局,并加强其行政职能。2001年省旅游局与省旅游集团彻底脱钩,从此省旅游局集中精力抓全省行业工作。

4. 快速发展阶段(2006年至今)

此阶段省委、省政府进一步加强对旅游业领导,加大扶持力度,在近三年时间里,全省上下做了大量工作,形势发展更快、更好,旅游业形象和地位得到进一步提升。随着中部崛起战略的实施,全省综合交通枢纽地位正在形成,连南接北、居中靠东、沿江通海的区位优势进一步凸显,在全国旅游发展格局中的地位将进一步提高。安徽省委、省政府始终关心、重视旅游业发展,把旅游作为重点产业纳入"861"行动计划加以推进,并从战略的高度出发,出台了《关于推进旅游产业大省建设的意见》,提出了建设旅游产业大省并向旅游经济强省推进的宏伟目标,力争到"十一五"末实现国内游客突破1亿人、旅游总收入800亿元、旅游总收入占全省GDP的8%,到"十二五"末将安徽省建成区域布局合理、产业体系完善、旅游产品丰富、基础设施完备、旅游管理高效和竞争优势明显的旅游经济强省。旅游业已然成为安徽经济社会发展的重要产业方向。当前,安徽旅游业大发展的春天正在到来,安徽旅游人正如沐春风,阔步在旅游跨越式发展的征途上。坚持以科学发展观统揽全省旅游,整体推进、突出重点、分类指导,以合肥和黄山两个旅游中心城市为依托,突出黄山、九华山、大别山、巢湖、天柱山和亳州、寿县、凤阳古城等旅游圈,打造各具特色的旅游目的地,扎实推进大皖南国际性旅游区、泛巢湖国家级旅游区和新皖北区域性旅游区"三大板块"建设,加快形成南北并举、城乡联动、各具特色、竞相发展的旅游发展新格局。

安徽的基础设施正在改善。全省高速公路通车里程1800余公里,主要出省口皆有高速公路相连,绝大多数景区景点均有二级以上公路通达,"十一五"期间还将建设5条通往长三角的高速公路,使得全省通往长江三角洲地区的高速公路达到12条,一半以上城市进入长三角的"三小时旅游圈"。铁路通车里程3000公里,尤其铜九、合武、合宁高速铁路的开工建设,将大大缩短全省与华东、华中的距离。现有民用机场4个,其中合肥、黄山为国际机场,开通了境内外航线50多条,目前合肥新机场已经开工建设,池州国际机场也已经国务院批准,正在抓紧开展前期工作。省内现有旅游星级饭店399家,拥有旅行社662家,旅游车船公司20多家,旅游基础设施体系逐步完善,接待服务能力显著增强。

第三章　广西旅游产业发展障碍诊断

第一节　基于休闲视角的旅游产业发展分析

在我国,随着城市居民生活水平提高、闲暇时间的增多和人们生活观念的改变,以及休假制度的完善和推进,中国城镇职工一年拥有 115 个休息日,城市居民休闲旅游需求日益旺盛,休闲旅游将成为城市居民生活的重要组成部分。同时人们已不满足于在景点之间疲于奔命、走马观花的旅游方式,逐渐向身心得到放松、陶冶生活情趣的休闲旅游方向转变。对于休闲旅游目前还没有统一的概念界定。有学者认为,休闲旅游是指人们在职业生活以外,离开居住地一定距离以自己喜爱的自由方式进行修养、度假、健身、消遣、娱乐,以达到消除身心疲劳、发展自我充实精神目的的一种形式简单、气氛轻松、费用适宜、重游率高的新兴旅游方式。我国休闲研究领域的著名资深学者马惠娣把休闲概括为"以欣然之心做心爱之事",她认为休闲旅游就是以休闲为目的的旅游,它特别强调人与自然的和谐统一以及旅游者获得的一种心理体验和精神满足。休闲旅游顺应了现今"以人为本"的可持续发展观,强调人与自然的和谐统一。本研究探讨的休闲旅游主要是指人们利用闲暇时间外出进行以休闲为目的的旅游活动,从而获得一种精神享受和身心得到放松的体验过程。

当前,我国旅游业从最初以观光为目的的传统单一的旅游方式,正在向休闲旅游方式转变。在我国休闲旅游起步较晚,国内学者对休闲旅游特征方面的研究,特别是对城市居民休闲旅游行为偏好的实证研究成果较少。为了进一步促进休闲旅游市场的健康发展,必须针对旅游者休闲旅游行为特征进行研究,在有针对性地提供休闲旅游产品方面做出有效建议,才能对我国休闲旅游业的可持续发展提供重大指导意义。广西是国际知名的旅游目的地,历来被作为旅游目的地进行研究,而作为客源地进行研究则被忽略了。对广西城市居民休闲旅游行为偏好特征进行研究,不仅对提高城市居民的生活质量、身心健康具有显著促进作用,同时也对桂林综合改革试验区建设及城市旅游规划有重要指导意义。因此,对城市居民休闲旅游行为偏好特征进行研究,目的在于对城市居民休闲旅游动机、休闲旅游偏好、休闲旅游行为特征等情况进行调查和定量分析,为进一步整合休闲旅游市场、优化旅游产品,为休闲旅游业的健康发展提供依据。

一、国内外对休闲旅游的研究进展

1. 国外对休闲旅游的研究进展

国外对休闲旅游产业的研究比较完备,许多国家很早就开始关注休闲产业发展的问题,主要著作有[美]托马斯古德尔等著的《人类思想中的休闲》、[美]杰弗瑞戈比著的《21世纪的休闲与休闲服务》、[英]威廉姆斯著的《旅游休闲》等。到目前为止,国外已经建立了包括休闲哲学、休闲社会学、休闲行为学、休闲经济学、休闲心理学、休闲美学、休闲人类学在内的较完整的休闲学科体系。国外对于旅游和休闲旅游的研究区分得并不明显。因此专门研究休闲旅游的理论著作几乎没有,但是在旅游研究领域涉及休闲旅游内容的期刊则较多。国外学者对城郊休闲旅游的研究和休闲旅游动机方面的研究比较深入,成果也很丰富。

2. 国内对休闲旅游的研究进展

国内对休闲学的研究始于20世纪80年代,我国的休闲研究学者以著名经济学家于光远和著名休闲研究专家马惠娣为代表。于光远先生是中国休闲学研究的创始人。20世纪90年代后期开始,我国学者探讨了休闲的概念,对休闲产业、休闲经济方面开展研究,对休闲的文化和哲学方面进行分析,并研究了国外休闲产业的发展对我国发展休闲业的启示。学者们主要从心理学、人类学、社会学等不同学科视角对休闲旅游特征提出了看法,对旅游行为的研究主要集中在旅游者的旅游动机、旅游消费、旅游市场细分等方面。目前针对旅游市场细分的研究对象为青少年群体、女性和老年人市场。但是目前的细分方法很难解释当前旅游者的人口统计特征与他们旅游行为特征之间的关系。近年来,国内有不少针对城市居民的休闲旅游偏好和行为特征的研究和分析,大多数学者都采用调查问卷和数理统计的方法。主要有黄燕玲、黄震方(2007)以南京市为例对城市居民休闲度假旅游需求进行研究;朱明芳(2005)以广东省居民为例对他们的旅游休闲需求进行实证研究;由亚男(2009)从乌鲁木齐市自然环境、经济社会发展和文化特质等多个角度对乌鲁木齐市居民城市休闲旅游消费文化倾向及影响因素进行分析研究;许晓春、周慧(2004)以长沙市为例对都市居民的近郊休闲旅游意向特征进行研究,得出长沙市居民对周边旅游目的地的需求和可接受消费水平方面的结论;覃琼玉、文军(2011)通过对南宁市居民近郊休闲旅游偏好进行问卷调查,分析南宁城市居民近郊休闲旅游偏好及意向特征。

三、城市居民休闲旅游调查分析

1. 调查基本情况

本研究的基础数据采用问卷调查形式在广西主要旅游城市随机抽样调查获得。调查于2012年4—5月进行,利用双休日和五一假期调查更为有效。调查对象是城市居民。调查采用区域控制的方法,主要选择在桂林、南宁、北海、柳州等地点共发放调查问卷120份,回收120份,其中有效问卷112份,有效率为93.3%。

调查问卷主要包括以下内容:第一部分是被调查者的人口统计学特征。第二部分是城市居民休闲旅游偏好及行为的调查,其中涉及居民休闲旅游偏好、动机,出游目的地范围,出游时间、花费,休闲旅游交通方式选择、获取信息的渠道,出游的组织方式选择等。第三部分是被调查对象对当前休闲旅游市场的满意情况及建议。问卷共设21个问题,其中客观题20个,主观题1个。利用EXCEL2007和SPSS等分析软件对所得数据进行统计分析,最后得出相关结论。

2. 调查结果分析

（1）被调查者的人口统计学特征

本次调查的有效样本中，性别结构为男性占43%，女性占57%，样本性别结构比较均衡，女性略偏多。年龄构成上，18岁以下的占总体样本的3%，18—35岁的占83%，36—60岁的占11%，60岁以上占3%，被调查者主要是户外活动人员，因此调查结果反映的是户外人群的年龄情况。从表3-1我们看到18—35岁这个年龄段的占大多数，说明了年轻人更喜欢到户外进行休闲娱乐。在职业构成上，学生占的比重比较大为35%、企事业单位职员或公务员占了18%、商务人员占6%、专业技术人员占5%、其他职业占36%，反映了职业构成呈现多样化的特点。从表3-1可以看出，被调查者受教育程度以大专及本科为主占66%，本科以上占5%，初中及以下占12%，中专、高职高中占17%，被调查对象的总体素质较高，他们对休闲旅游有一定认识并有强烈的旅游需求。样本的收入水平与职业构成及受教育程度相对应，除了学生，主要以中等收入为主，月收入小于1500元的占48%，1500—3000元的占32%，3000—5000元的占12%，5000元以上占8%，样本总体收入水平为中低水平，这也与地区的经济发展水平一致。

表3-1　被调查者人口统计学特征

人口统计学特征	众数	百分比（%）	人口统计学特征	众数	百分比（%）
性别			受教育程度		
男	48	43	初中或初中以下	13	12
女	64	57	中专、高中高职	19	17
年龄			大专或本科	74	66
<18岁	3	3	本科以上	6	5
18—35岁	93	83			
36—60岁	12	11	职业		
60岁以上	3	3	学生	39	35
月收入			企事业职员或政府官员	20	18
<1500元	54	48	商务人员	7	6
1500—3000元	36	32	技术人员	6	5
3000—5000元	13	12	其他	40	36
5000元以上	9	8			

（2）被调查者对休闲旅游的态度

在被调查对象的总体样本中，我们可以看出绝大多数居民都表示非常喜欢或喜欢休闲旅游，如图3-1所示。另外，我们还针对城市居民对休闲旅游喜爱程度这道题采用了李克特量表进行分析。答案选项分为"非常喜欢、喜欢、不确定、不太喜欢、很不喜欢"五项，对这五类选项赋值，5分表示"非常喜欢"、4分为"喜欢"、3分为"不确定"、2分为"不太喜欢"、1分表示"很不喜欢"。利用数学模型公式 $M = \sum \frac{n_i}{N} m_i$（其中 m_i 表示李克特量表的赋值、n_i 表示选择该评分的人数、N 表示总体样本数），计算结果 M 为4.32。可见被调查居民对休闲旅游的态度为比喜欢的程度略强些。

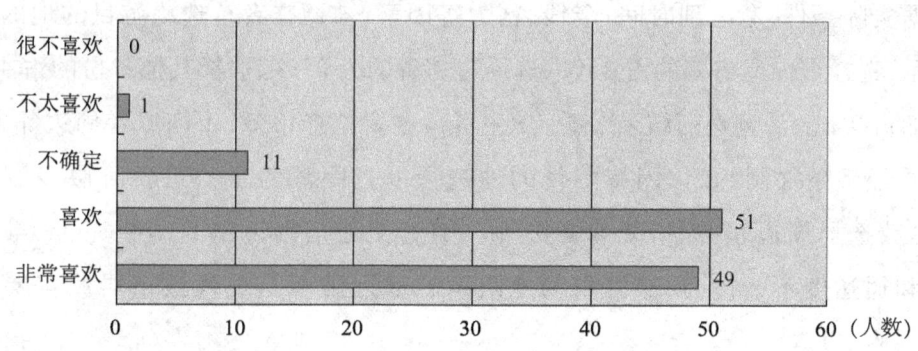

图3-1　被调查者对休闲旅游的喜爱程度

（3）被调查者选择休闲旅游的动机

动机源于需求，旅游是人类社会发展到一定阶段的产物，而休闲旅游也是随着经济社会的发展、生活水平的提高、人们闲暇时间的增多，为满足人们对自我身心的放松、生活情趣的陶冶而出现的一种旅游方式。如图3-2所示，调查显示选择放松消遣的占55%，修养身心的占37%，求知求新的占1%，其他动机的占7%。由此可见，桂林市居民休闲旅游的动机主要是身心放松、修身养性。随着我国休假制度的不断完善和推进，人们有了更充裕的时间，再加上现在城市居民的工作生活节奏越来越快、压力越来越大，导致了更多的城市居民选择通过休闲旅游来缓解紧张、放松精神，而不是疲于奔命的景点到景点的旅游方式。

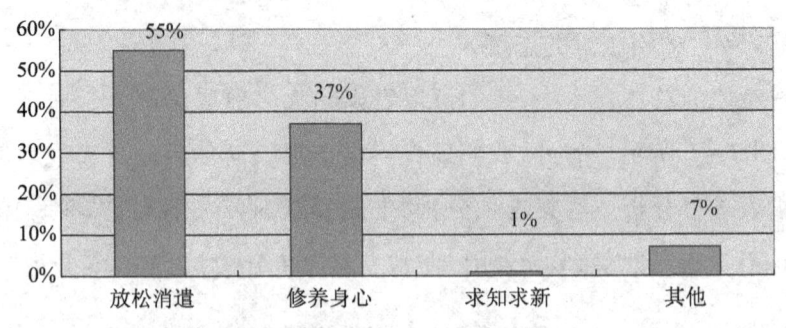

图 3-2 被调查者休闲旅游动机

(4)被调查者出游目的地选择

根据实际条件,考虑到时间、金钱、精力等因素,被调查者首选旅游目的地的调查结果显示,选择市内或市郊的占25%、选周边邻省的为25%、选择其他省份的占41%、选国外的占9%。从调查的结果来看,学生群体主要选择市郊、市内或者周边邻省,由于学生受经济条件制约,休闲旅游目的地选择以近距离为主。工薪阶层多数选择省外,少数选择周边邻省、市郊或者国外。随着交通基础设施的不断完善、景区可进入性和通达度不断提高,旅游目的地距离的远近已不是现代城市居民首要考虑的制约因素。

(5)被调查者出游时间选择

在调查样本中,选择平常空闲时间进行休闲旅游的占43%,选择双休日的占13%,选择五一、十一等节假日的占20%,选择寒暑假的占24%。在出游时段的选择上较为分散,多数人选择平常休息时间,学生主要选择寒暑假作为出游时间。可以发现人们在出游时间的选择上越来越理性,从1999年我国开始实施黄金周长假制度,使得国人出游人数猛增,随之暴露出不少问题。景区人数爆满超过承载量、由于出游时间集中造成交通堵塞、服务不周、安全隐患等问题,使得人们的旅游体验和满意度大打折扣。人们的旅游需求与粗放式的黄金周制度已经不相符,之后国家推行了带薪休假制度,各单位纷纷实行年假制度,使得城市居民有了更多更充裕的闲暇时间。

(6) 被调查者休闲旅游花费

在我国,旅游业将成为国民经济支柱性产业,城镇居民国内旅游消费已初具规模,对刺激国内消费需求、拉动内需具有重要作用。据世界旅游组织预测,到2020年我国国内旅游人数将达19亿人次,旅游消费收入达到30436亿元,城镇居民旅游消费额占国内消费总额70%以上。对城市居民休闲旅游花费的调查结果显示,平均每次花费在300元以下的占19%、300—500元的占29%、500—1000元的占22%、1000—3000元的占20%、3000元以上的占10%。如图3-3所示,70%的桂林市居民平均每次旅游花费在1000元以下。市民的旅游消费与其收入水平相一致,桂林市的整体经济水平为中等偏下水平,可见桂林市民的旅游花费受经济收入水平的影响较大。

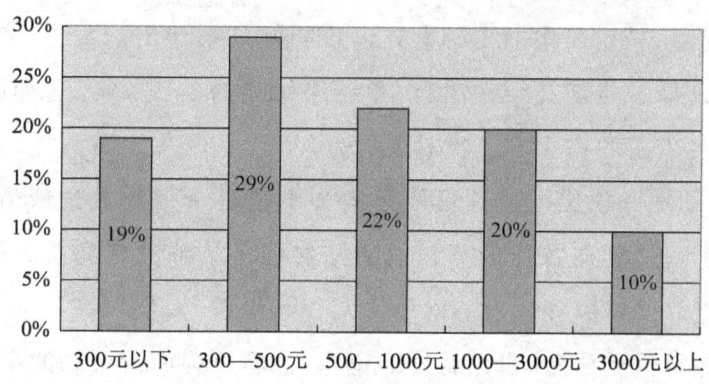

图3-3 被调查者休闲旅游花费

(7) 被调查者休闲旅游住宿选择

住,是旅游行为"吃、住、行、游、购、娱"六大要素中的重要一环。旅游消费者往往对住宿的价格和环境设施比较敏感,多数旅游者都希望选择"整洁、干净、价廉"的住宿地点。如图3-4所示,在调查中有4%的市民选择住星级宾馆、58%选择经济型酒店、28%选择青旅或家庭旅馆、选择其他地方的占10%。其他的住宿方式可能是住亲戚朋友家或者露营等。绝大多数桂林市民倾向于经济、舒适的经济型酒店及青年旅社、家庭旅馆。

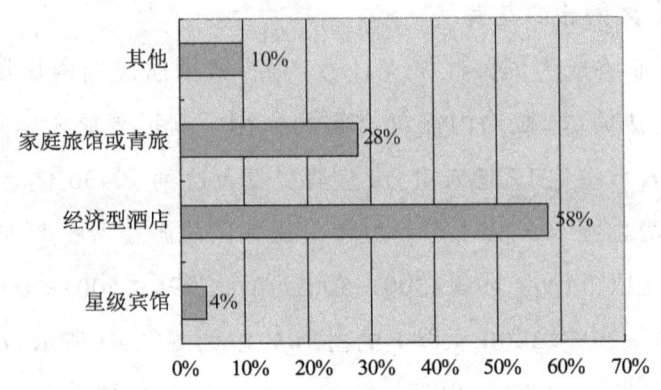

图 3-4　被调查者休闲旅游住宿选择

(8) 被调查者出游方式选择

调查结果显示,城市居民的出游方式以亲朋好友结伴出游为主。在被调查者中有78%的市民选择了与亲友结伴出行、单位组织出游的占7%、选择旅行社组团方式的占2%、独自出游的占13%,如图2-5所示。可见在旅游同伴的选择上,人们更喜欢和家人、朋友一块出游。这可能是因为中国是个很注重亲情情感的国家,对于中国人来说家庭是摆在首位的。和亲朋好友结伴旅游没有利益之争、没有顾忌、身心可以得到更好的修养和放松。此外从调查结果看,人们现在不大喜欢选择旅行社组团的方式进行休闲旅游,自助游发展迅速,散客成为旅游市场的主角。

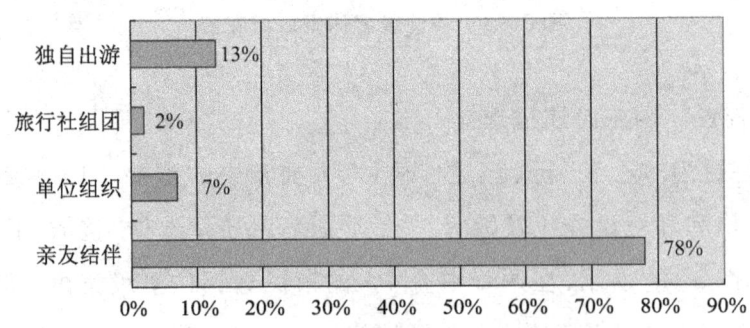

图 3-5　被调查者出游方式选择

（9）被调查者获取旅游信息的渠道

随着信息社会下信息技术的迅猛发展，人们获取信息的渠道也越来越广泛。调查结果显示，城市居民主要从亲友推荐及网络两个途径获取旅游信息。从样本数据分析的结果看，如图3-6所示，有12%的被调查者获取旅游信息的渠道主要是电视、杂志，33%的市民选择亲友推荐，52%的人通过网络渠道，3%的市民通过旅行社。从调查结果可以看到，半数的居民主要是通过互联网渠道获得旅游信息，这是由于本调查总体样本中中青年群体为大多数，他们也是我国网民的主要力量。网络信息传播的力量是巨大的，同时也给我们启示，各旅游目的地的政府行政部门、旅游企业和旅游组织应该加强网络的宣传和营销，建设好旅游官方网站或者是旅游营销网站。此外，也有多数人是通过亲友的推荐来获得旅游信息的，而亲朋好友推荐和提供的旅游信息以及他们讲述的亲身的旅游经历可以降低旅游风险，是可靠便捷的信息。可见口碑的宣传影响效果是不可估量的，口碑营销是其他营销方式不可替代的。

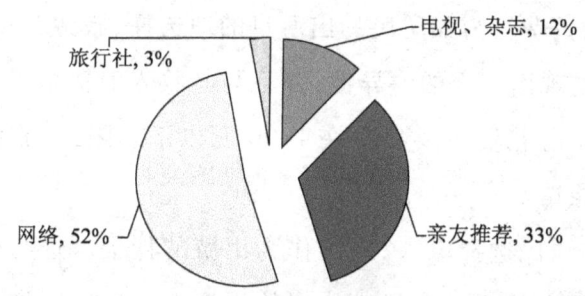

图3-6 被调查者获取旅游信息的渠道

（10）被调查者对广西休闲旅游发展的满意情况

在调查中，关于城市居民对桂林市现有旅游产品的评价设有"很不好、不太好、不知道、一般、很好"五个答案选项。其中选择"很不好"的占总体样本的3%，选择"不太好"的占20%，选择"不知道"的占7%，选"一般"的占58%，选"很好"的占10%。可见大多数城市居民对广西现有的休闲旅游产品持中间态度，反映了旅游产品有待改善和提高，市民们也在期待着广西休闲旅游产品不断创新和优化升级。

广西一直是我国重要的旅游城市，承载着我国旅游综合改革实验区的发展契机和重任,但近年来广西旅游的发展遇到了瓶颈,经济发展水平滞后、资源存量日益减少、旅游基础设施和城市建设的落后等使得广西的旅游业不得不面临新的改革。在调查中,有11%的城市居民认为"资源存量"是广西休闲旅游发展的制约因素,44%的居民选择了"经济发展水平",5%的人选择了"政府重视度",39%的人选择了"旅游基础设施不完善"。另外在调查中许多市民反映说,作为市民在广西的很多景区仍不能享受优惠或免费,对本地市民的限制多。在进行休闲旅游时,门票、交通和安全是市民最为关心的。

3. 调查小结

针对上述城市居民休闲旅游偏好及行为特征的调查分析,得出以下结论:

(1)调查结果显示,绝大多数城市居民具有较强的休闲旅游动机。人们越来越注重自我身心的修养,参与休闲旅游的热情度很高。休闲旅游已成为现代人的一种修身养性的旅游方式,休闲旅游是未来不可逆转的旅游发展趋势。同时我们也要注重休闲意识与休闲旅游质量的提高,让休闲旅游真正走进人们的日常生活中。

(2)休闲旅游的消费行为如居民的出游目的地选择、旅游花费等方面,依据不同群体的不同特征而呈现出一定的差异性,并且与其收入消费水平有密切联系。城市居民每次平均休闲旅游花费主要集中在1000元以下。因此,旅游住宿选择主要是经济型酒店和家庭旅馆。

(3)大多数城市居民选择家人、朋友作为出游的伴侣。这与中国传统的以家庭为上的亲情观念有很大关系。在放松休闲的旅途中人们也同样希望得到亲情的抚慰和陪伴。休闲旅游可以相应地设计提供亲情旅游等家庭旅游产品。

(4)互联网与亲友推荐是目前城市居民获取旅游信息的最主要途径。对于旅游目的地的建设和宣传应重视口碑营销以及网络营销宣传。而网络营销和旅游者的口碑营销则是投入少、回报大的营销方式。因此,旅游目的地在建设与宣传上应更加注重网络营销和口碑营销。

(5)调查结果显示城市居民对桂林市的休闲旅游产品持中间态度,大多数市民认为目前的旅游产品一般。旅游基础设施不完善和经济水平的滞后是制约广西休闲旅游发展的瓶颈。市民们期待着政府发挥管理和监督职责,加大对本地居民的旅游福利。

三、广西休闲旅游产业发展对策

1. 推进国民休闲教育,倡导休闲生活方式

一项被称作"国民休闲计划"的工作思路一经披露,就引起了社会和媒体的广泛关注。在2009年出台的《国务院关于加快发展旅游业的意见》就明确做出了"制定国民旅游休闲纲要"的决定。这标志着面向全体国民的旅游计划,已列入了国家的重要议程和工作计划。全民旅游休闲时代正在加速到来。在休闲旅游时代到来之际,我们的社会需要对人们进行休闲教育,大力倡导休闲生活方式,树立国民休闲观念。人们只有树立了正确的休闲观念,才会选择合理的休闲方式来达到自身的放松与发展。推行休闲教育,倡导休闲生活方式,使人们的休闲活动和休闲生活相互协调发展。休闲旅游是一种健康的生活方式,不仅有益于一个人在社会中产生更大的价值,更有益于良好的社会生态环境。广西是世界闻名的旅游目的地,身为旅游城市的市民对旅游有特殊的感情。从调查结果看,虽然城市居民具有较强烈的休闲旅游动机,但还有多数市民对休闲和休闲旅游的认识不清,休闲旅游需求模糊。所以应加强对桂林市民的休闲教育,引导其进行健康休闲的生活方式。政府可以通过报纸、电视等媒体进行宣传教育,景区和旅行社也可积极参与对大众的休闲教育。

2. 深化休假制度和带薪休假制度改革

我国的假日制度经历了几次改革。1999年我国开始实施春节、五一和十一黄金周休假制度。当时政府的用意是拉动和刺激内需。一时间,我国掀起了一股假日旅游消费的热潮。但伴随着黄金周人流拥挤、服务质量下降、旅游资源过度开发等诸多问题也逐渐暴露出来,并促使人们开始反思集中休假、集中出行所造成的种种弊端。随后从2008年起,取消黄金周,将"五一"黄金周改为放假一天,同时增加在清明、端午、中秋三个传统节日放假,与周末结合形成三个小黄金周,放假天数由原来的114天变为115天。同年也颁布了《职工带薪休假条例》,国家开始实行强制带薪休假。"有钱和有闲"是现今人们进行休闲旅游的两个必备条件。从调查问卷结果看,大多数的工薪族选择"平常闲暇时间"出游。人们的闲暇时间主要来自于假日,所以希望职工带薪休假制度得到政策保障和全面落实。此外,各地方可以灵活调节,采取弹性的休假方式。近来,新的休假制度改革催生出一个新名词——长周末,即由国家法定假日加上常规的双休日形成的3—4天的短假期。长周末制度迎合了目前近郊旅游、自驾游、自由行的旅游新趋势,同时也催生了周边旅游圈的形成。带薪休假和弹性的休假方式有助于弱化淡旺季,提高居民的休闲旅游质量。随着假日制度的不断改革,相信属于国民自己的个性化度假时代已经不远。

3. 大力发展福利旅游,加强景区门票的调控和监管

景区是激发旅游者出行的最主要因素,是旅游的第一吸引物。然而近年来我国景区门票价格持续上涨,甚至有人称我国门票绝对"世界领先"。虽然门票价格在整个出行消费中所占的比例不算大,但面对日益高昂的景区门票价格,在一定程度上减弱了国民对出行旅游的愿望。在调查中很多桂林市民表示,目前广西各地给予本地居民旅游方面的优惠少,门票价格高、限制多。希望景区、景点给予本地居民更多的优惠政策或者免费。景区门票涨价是牵扯多方利益的复杂性问题,在现实中要系统解决,而不是"一刀切"或盲目反对。首先从法律层面上优化,明确多方利益集团的法律制约,明确价格形成机制,实行旅游法的任务复杂艰巨。其次政府应担负起让大多数人能够进入景区旅游的责任。支持地方实行福利旅游,使市民享有更多福利。选取市民喜欢或常去的景点作为公益型景区,对市民实行免费或低门票价格,为更多市民参与休闲旅游提供更多更优质的服务要素。

4. 完善旅游基础设施建设,推进旅游综合改革实验区建设

广西是我国最早的旅游城市之一,"桂林山水甲天下"早已闻名中外。多年来桂林一直是中国重要的旅游目的地。但目前为止,桂林旅游的发展已经到了一个拐点。在调查中许多桂林市居民认为城市建设的滞后、旅游基础设施的不完善、有限的资源存量等已成为制约桂林旅游进一步发展的主要瓶颈。桂林拥有世界上最顶级的以漓江为代表的山水组合,但现有的旅游配套设施已远远不能跟上休闲旅游的发展需求。"桂林是一个漂亮的姑娘穿着破烂的衣裳"形象地道出了桂林的城市建设现状和市容市貌。桂林需要以旅游的综合改革为突破口推进城市建设和城市形象的提升。完善"吃住行游购娱"旅游服务要素,特别是居民关注度较高的交通、门

票、安全保障这几个要素。休闲旅游的发展离不开政府对整体宏观环境的强力支持,加强城市基础设施的建设与完善,如改善城市交通道路网、增加公共交通服务设施,旅游淡旺季的景点分流,维护旅游公共秩序等。同时,提高旅游服务质量,如网站信息更新、改进旅游信息咨询服务。以国家综合改革实验区的建设为契机,通过旅游服务来提高广西整体的形象。

5. 开发满足休闲需求的多层次旅游产品

广西旅游多年来一直以单一观光型的旅游产品模式为主,旅游产品项目单一。现有的休闲旅游产品开发比较缓慢,多层次的旅游休闲需求要求改变目前传统观光型旅游产品开发模式。一方面以中低档产品为主,发展多种类型的休闲旅游活动,满足大众需求;另一方面满足旅游者的高层次需求,设计出适合休闲旅游高端市场需要的产品。高学历、中高收入的青年群体是目前休闲旅游市场的主体,他们的消费能力强、拥有带薪假期且生活压力较大,针对这部分目标市场可以开发养生度假产品、针对白领女性的时尚个性旅游产品、高尔夫休闲产品、高科技体验产品等。但休闲产品的最终目标是服务于大众,满足广大市民的需求。调查结果显示,多数城市居民在对休闲旅游新产品的建议中表示希望多开发乡村旅游产品、体育和文化休闲产品等参与体验性强的项目。在休闲旅游产品开发中注重体验式产品的开发,不仅能够满足旅游者的感官享受,更重要的是让他们在旅游过程中得到综合体验感。

6. 重点加快休闲文化产品建设

文化是人类文明的积淀,是休闲旅游的突出特征。著名的经济学家于光远先生曾说,休闲旅游活动本质上是一种高层次的文化活动。休闲旅游活动更强调人们在旅游过程中精神文化深层次的享受,丰富休闲旅游产品文化内涵,提升产品的文化品位,关键在于充分挖掘休闲旅游产品的文化内涵满足旅游者精神文化层次的享受。如广西具有丰富的饮食文化,通过培育广西饮食文化项目品牌,设立广西饮食文化主题年,打造广西饮食文化产品节庆等一系列举措,树立具有广西地方特色的休闲饮食文化品牌。广西具有丰富灿烂的历史和文化资源,文化与旅游的结合,可以为城市居民休闲文化旅游提供丰富的文化产品,提升市民的文化品位和休闲品质。

第二节　基于体验视角的旅游产业发展分析

体验旅游(Experience Tourism)是指以一种全新的理念来运作经营旅游全过程,由旅行社安排更多更新的参与性活动,使游客远离现代生活的压力和都市的喧嚣,返璞归真而用心感悟旅游真正意义的一个全过程。体验旅游强调除了提供优质的食宿条件之外,更要注重向游客提供感觉体验、情感体验、身体体验、创造性认知体验以及与文化相关所产生的社会特性体验等,满足旅游者多种多样的、健康的体验需求。随着体验时代的到来,人们进行旅游活动不再仅仅是为了单纯的游览、休闲、购物,而是消费者根据自身的生理和精神需求,所渴望的一种亲身参与、亲自体会、亲历感悟而获得独特体验的全过程活动。广西是旅游大省,而桂林作为国际知名旅游城市,旅游业是桂林经济最重要的支柱产业,是桂林的形象和名片。旅游业对桂林经济发展的作用日益突出,尤其是桂林先后被国务院确定为国家旅游综合改革实验区和国家服务业综合改革实验区,桂林因此成为国家旅游业发展最具代表性的城市之一。在本研究中,试图通过实地调研和观察访问,研究分析体验经济背景下体验旅游对广西旅游产生的影响,重点研究体验旅游对于游客购买行为的影响,帮助广西旅游企业开发和改进体验旅游产品,以达到发展壮大旅游产业的目的。

一、对体验旅游的研究进展

对于体验经济背景下游客购买模式的研究,国内还没有形成较为系统化的理论结果,较多的是针对具体的行为、目的或对象来进行分析和研究。例如,武宗志、张丽洁的《购买行为模式探析——一个行为主义的视角》从特定的研究角度,对消费者的购买行为进行调查研究,探讨消费者如何形成特定的购买模式;有些学者选择特定的研究方向进行购买模式的探究,如罗秋菊、杨娟的《大型展会终端客户住宿产品购买模式研究——以广交会为例》;有些则是以特定单位为研究对象,如高斌、井志侠、秦纪强、戴捡慧的《上海静安区中小学体育馆对外开放的政府购买模式分析》；还有的以顾客满意度为标准来研究购买行为，如孙毅、杨建的《基于顾客满意度因素购买意图与购买行为模型研究》；等等。总体上来说，目前还没有比较综合的以旅游产业为分析对象的研究资料，需要从各种相关产业或内容的研究中整理出关于游客购买模式的理论架构和基本类型，并在此基础上进一步分析桂林游客的基本购买模式。

在体验旅游方面，则有许多可供参考的文献资料。如学者宋咏梅、孙根年的《论体验旅游的理论架构和塑造原则》，就从宏观角度向我们介绍了体验旅游的发展形成过程和理论架构的形成过程以及应该如何进行原则塑造，为体验旅游的相关研究提供了很好的理论基础和依据；张恩碧的《体验及体验消费的本质属性分析》详细地介绍了体验消费理论体系，揭示了体验及体验消费的本质；有些学者则选择在体验旅游的视角下分析特色旅游方式，如李胜利、顾韬的《基于游客体验的民俗旅游资源开发模式研究——以陕西关中地区为例》；还有孙淑英的《体验旅游的特征及开发策略》，详细地论述了什么是体验旅游，在体验旅游的新趋势下，应该如何进行旅游产品的开发和创新；还有的选择特定旅游景点作为研究对象，如郑菊芬的《城市主题公园旅游体验经济效益研究》；等等。体验旅游的研究已经进入了比较成熟的阶段，许多观点和理论都可以有效地助益于本论文课题的研究。

旅游产品是旅游学界研究得比较早的一个课题，所以参考文献也比较全面。有些学者从特定旅游资源内容来研究旅游产品的特征和相关产品的开发策略，如袁鹏的《关于旅游产品的文化特征及其可持续发展对策研究》，仇文洁的《资源型旅游产品科学内涵提升分析》；有些则选择不同的旅游目的地进行专项的旅游产品开发研究，如黄建清、韦倩虹的《广西花山旅游区旅游产品开发及创新研究》，谭伟明的《南岳衡山度假旅游产品深度开发研究》；等等。旅游产品的相关论文研究已经形成了比较系统的理论体系，对于旅游行业的发展具有很大的指导意义。

二、游客购买行为调查分析

1. 调查基本情况

笔者在对体验旅游基本内涵和广西体验旅游类型进行了解和总结的基础上，接着对广西游客的旅游购买行为进行调查,再根据调查结果的数据分析广西游客的基本购买模式,继而有针对性地提出与之相对应的旅游产品开发策略,以此为体验式旅游产品的设计提供理论依据,为游客获得更好的旅游体验提供理论保障。本项调查实施于2012年4月中旬,调查地点是桂林市各大旅游景区、景点及人流量大的街道,调查对象为各地来桂林旅游的游客。调查总共发放问卷150份,回收率100%,其中有效问卷141份。在调查过程中,笔者对接受问卷调查的游客进行了随机访问。有效问卷中,女性受访者共78位,男性63位,年龄在35岁以下的占74.8%,游客的平均月收入为1500—3000元,大多数受调查者为初次到访桂林,调查对象的基本情况统计如表3-2所示。

表3-2 调查对象基本情况统计

调查对象统计特征		百分比(%)	调查对象统计特征		百分比(%)
性别	男	44.68	年龄	≤18	6.3
				19~25	25.4
				26~35	41.5
	女	55.32		36~55	18.2
				≥56	8.6
职业	农民	4.5	文化程度	初中及以下	1.1
	工人	7.9		高中或中专	27.2
	私营个体	21.3		大专	34.8
	公务员	16.9		本科	28.3
	教育工作者	6.3		研究生及以上	8.6
	企业职员	20.6	旅游方式	单位组织	18.3
	学生	13.5		自助游	33.7
	其他	9.0		旅行社组团	38.4
出游频率	一个月一次	9.5	平均月收入	其他	9.6
	一个季度一次	14.7		1500元以下	25.3
	半年一次	18.2		1500~3000元	32.4
	一年一次	22.5		3000~3000元	26.8
	一年以上	35.6		5000元以上	15.5

第三章 广西旅游产业发展障碍诊断

2. 调查结果与分析

（1）游客具有较强的自主选择性

根据调查数据显示，将近42.5%的大部分游客是通过报纸杂志的广告了解到桂林的旅游资讯的，23.9%的游客是通过互联网。一般情况下，媒体广告的受众相对来说比较广泛，能够形成的关注度高，影响也比较大，这说明目前桂林的旅游宣传工作做得还是比较到位的。除此之外，33.7%的游客以自助游的方式游览桂林，说明目前桂林游客在选择旅游方式时具有较强的自主性，且随着游客文化程度的普遍提高，他们的要求也会更加具体化、个性化。游客根据自身的旅游需求，选择了解旅游资讯的渠道，进而获得相关的旅游信息，再根据自己的旅游偏好和特定的旅游目的制定决策，最后实施旅游活动和体验反馈，行为流程如图3-7所示。

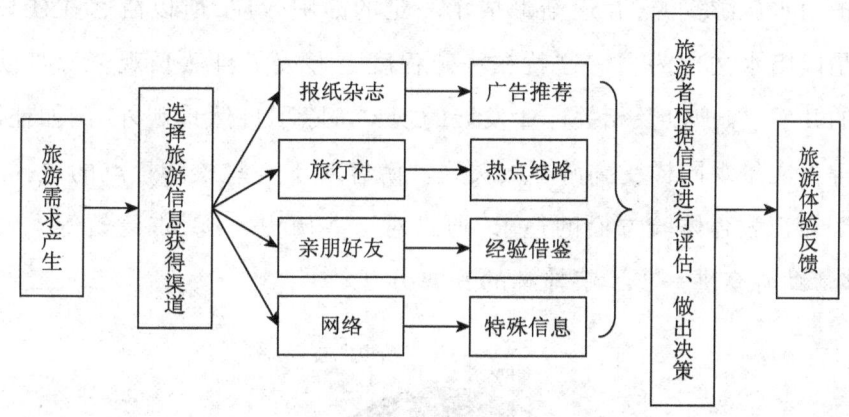

图3-7 游客购买行为流程图

（2）游客比较偏好舒适、方便、温馨的旅游过程

在交通工具的选择方面，游客一般选择乘坐飞机，也有27.4%的人选择乘坐火车，自驾车游客也占到21.8%。在现代旅游中，飞机因方便快捷已经成为主流的交通工具。桂林作为广西最大的"空中港口"，拥有众多连接世界各地的航线和航班，旅游可进入性较好，与此同时，如携程、58同城等各大订票网站的迅速成立发展，为游客提供了更加优惠、方便、快捷的订票渠道。因此，游客可以在花费不高的情况下

享受舒适、安全、专业的服务,为之后的旅游行程节省精力和时间。在酒店的选择方面,46.7%的游客都以舒适、干净为主要选择标准。目前桂林的五星级酒店共有五家,国际连锁品牌酒店相对来说也比较少,所以游客在桂林选择酒店时就会更加注重酒店的环境、设施、地理位置等方面因素,希望出门在外期间仍能够感受到在家般的温暖和舒适。游客的这些偏好充分说明其制定购买决策时,更希望在旅游过程中获得舒适、方便、温馨的体验。

（3）桂林体验旅游以山水景观体验为主

在对游客进行随机采访的过程中,大多数游客都会有不虚此行的感慨,53.4%的游客表示如果有机会的话会考虑再次来桂旅行,表明大部分游客都能在此次旅行中获得很好的旅游体验。如图3-8所示,45%的游客对桂林秀美的自然景观最为感兴趣,18%的游客表示对桂林的特色饮食更感兴趣。事实上,桂林一直比较注重开发和保护山水旅游资源,并逐渐形成了一定的品牌效应,所以游客在桂林的旅游体验仍然是以山水文化为主。这就在一定程度上形成了自然景观资源带动了其他旅游资源的开发、保护以及相关产业发展的现象。除了自然景观外,例如桂海碑林、靖江王府等人文景观同样受到游客的关注。游客对于这些旅游景点的选择,可以满足他们对于知识教育体验方面的追求,通过对这些历史古迹、古建筑等人文景观的游览,能够帮助游客进一步了解桂林的发展历史。

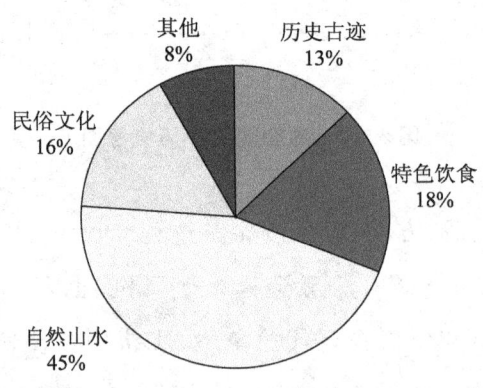

图3-8　桂林旅游资源对游客的吸引程度

第三章 广西旅游产业发展障碍诊断

（4）游客对旅游服务品质普遍表示满意

根据游客对在桂林旅游期间所享受到的各种服务的反馈来看，桂林旅游服务的综合整体水平还是比较高的。如图3-9所示，游客对于桂林的导游服务普遍表示满意，对于住宿服务满意程度一般，对旅行社提供的服务也普遍表示肯定。除此之外，42%的游客在购买旅游产品时表示会听从导游的购买建议，说明桂林的服务人员能够与游客建立良好的信任关系，可以通过个人的服务品质影响游客的购买行为，表明游客获得了比较好的服务体验效果。

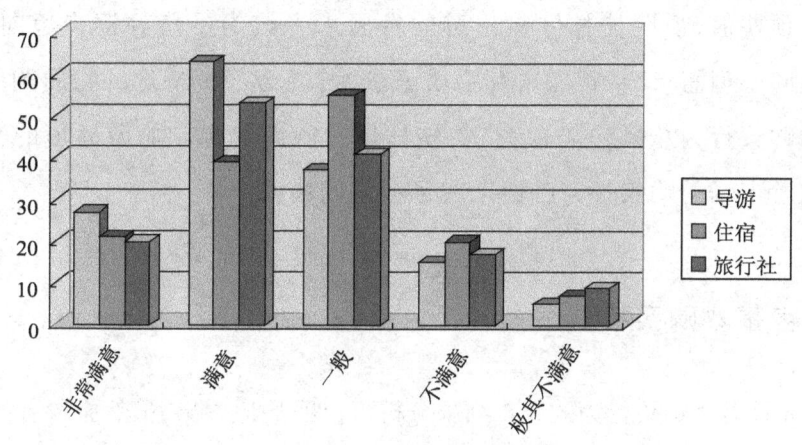

图3-9 游客对桂林各项服务的满意程度

（5）调查对象的建议

许多接受随机采访的游客都表示对在桂林期间的旅游体验较为满意，并对桂林旅游的发展现状表达了自己的看法，同时也很友好地提出了一些建议。一位女性受访者表示："桂林目前的旅游发展势头是强劲的，但其他方面的配套发展就略显不足了，例如在市区会出现交通拥堵，一些景区通行道路也比较狭窄甚至泥泞不堪，坐在车上会觉得很不舒服，还有就是很多景区都给人千篇一律的感觉。"另一位年轻人则表示："桂林的山水确实名不虚传，但对于我们来说吸引力有限，我建议多设立一些把这些自然景观和比较新颖、好玩、刺激的户外项目相结合的景区，比如古东景区的瀑布攀爬就很有趣。"

游客的这些意见充分表达了在桂旅游过程中的所感所想，体现出游客对于桂林体验旅游发展的关注。从这些意见中我们也可以看出,现代游客在旅游过程中更加注重细节、新颖、刺激,游客的购买消费心理也更复杂化,影响游客的满意程度的因素也更多了,也就形成了游客多样的购买行为。

3. 调查小结

从本次问卷调查的数据分析和结果来看,体验旅游在桂林已经具备了一定的规模,对游客的购买行为也产生了一定的影响,对于桂林旅游经济发展也起到了一定的推动作用。通过问卷调查,可以看出游客在桂林旅游期间的总体感知和旅游体验也比较符合预期值,说明桂林体验旅游的发展水平较为平稳并逐步迈向更高的台阶。基于不同心理需求、精神需求和物质需求,游客会产生特定的物质购买需求,从桂林游客的购买行为总体趋势来看,在桂林现有旅游资源和旅游环境的基础上,桂林游客在旅游市场的购买行为已经形成了一定的模式。

三、游客基本购买模式分析

基于对桂林游客购买行为的调查结果分析可以明显地看出,虽然旅游者的购买行为目的和特点都有所不同,但总体会形成一定的规律趋势,存在一定的内在联系。笔者在进行调查研究后,参考相关文献资料,以国际典型的3种购买模式为模版,结合桂林当地实际和桂林游客的购买行为特征,对桂林游客的4种基本购买模式进行分析。

1. 刺激—反应模式

行为科学认为,旅游者的购买行为是人的内在要素在受到外部因素刺激下,所作出的相应反应的结果,如图3-10所示。从桂林游客购买行为的调查结果可以看出,大部分旅游者在来到桂林之前都通过网络、报纸杂志、旅行社或亲朋好友等渠道对桂林旅游信息进行了一定的了解,对桂林概况有了大致的印象,这也就意味着游客在心中留下了一个基本的模型概念,包括旅游目的地文化、经济、社会等宏观环境以及旅游产品的价格、特色等方面,形成了外部的旅游信息刺激。在模型概念的引导下,每位游客都会因不同的社会背景、知识构成、年龄、职业等因素影响形成不同的心理认识和体会,再根据自身的需求和兴趣偏好,制定一系列的决策流程,形成旅游者黑箱。最后在结合内在要素和外部因素的基础上,做出相应的购买行为反应。

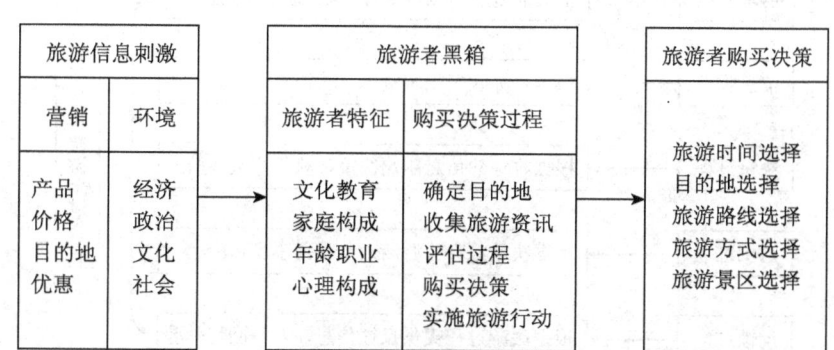

图 3-10 刺激—反应模式

刺激—反应模式,即通过抓住旅游者的购买心理,有意性地提供游客所需求的刺激信息,以达到预期的目标和效果。例如,对于希望获得放松体验的游客,可以着重宣传桂林的休闲体验类项目,如观看《印象·刘三姐》演出。刺激—反应模式的形成,意在让旅游者感受到自己的需求得到了解和满足,通过建立互相信任、亲近的朋友关系,从情感的角度出发为游客获得更好的旅游体验提供服务。桂林需要在良好的市场环境基础上,通过对城市形象、旅游产品、旅游特色等方面进行积极的宣传,来增加潜在目标人群的数量,扩大桂林旅游的客源市场的规模。

2. 体验旅游购买过程模式

旅游产品的消费过程实际就是进行旅游活动的整个过程,包括了吃、住、行、游、购、娱六大要素以及衔接要素之间的各个环节,体现了旅游产品生产与消费同步性的特点。如图 3-11 所示,旅游者的购买过程以旅游前的需求动机为起点,旅游后的反馈感受为终点,整个旅游过程中的所看、所想、所悟,都属于体验购买过程的内容。通过对游客进行随机访问得知,他们希望整个旅游过程是完整的、独特的、有意义的,所以在旅游过程中的购买行为都体现了旅游者渴望获得高品质的体验过程。体验购买过程的模式,即通过研究游客每个环节的购买行为特征,有针对性地提供所需的体验服务,保证旅游全过程的完整性。桂林几年来一直在打造品质旅游,不断地完善、改进、创新旅游产品和项目,提供更加贴心、专业、细致的旅游服务,使得旅游者的整个购买过程可以获得更好的体验和享受。

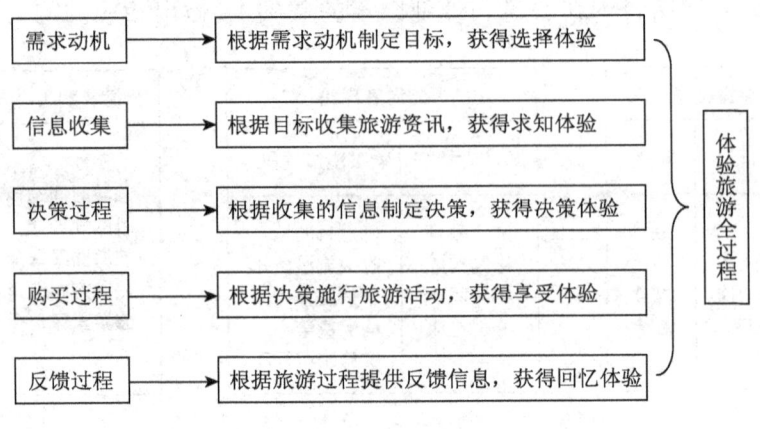

图 3-11 体验旅游购买过程模式

3. 需求—动机—行为模式

需求—动机—行为模式是构建在心理学的角度之上的,该模式原理在于需要引发动机,动机引起行为。旅游者的需求、动机以及购买行为便构成了一个旅游购买活动过程。如图 3-12 所示,旅游者的需要和动机是产生旅游消费行为的动力。旅游需要的产生是外部因素综合作用于旅游者而引发旅游者内因的结果。从旅游动机到旅游消费行为的产生过程,旅游者会主动收集相关信息,并同时接受旅游企业的商业信息和促销因素的影响,最终实施购买行为。

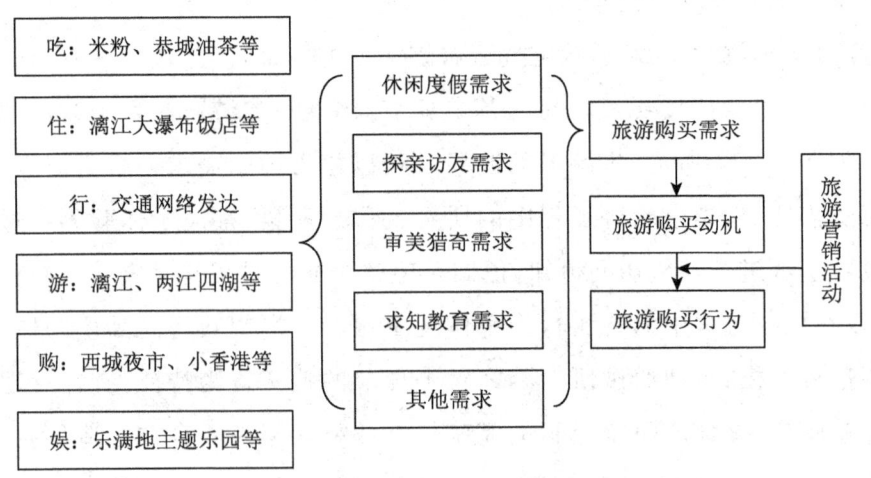

图 3-12 需求—动机—行为模式

丰富的旅游资源是一个地区发展旅游业最宝贵的优势之一,桂林宜人的气候和热情好客的人民为旅游业的发展提供了很好的外在基础。形式多样的旅游项目和游览方式也能够满足游客各具特点的选择需求。在旅游六要素的各方面,桂林都能够提供具有代表性和地方特色的项目或品牌。为旅游者不同的旅游需求提供了多样的选择,促使其产生相应的动机后,施行具体的旅游购买行为。需求—动机—行为模式,为桂林构建全方面、多角度、高层次的体验旅游市场提供了理论模型,为桂林游客体验多类型旅游消费打造平台。

4. 游客满意度模式

旅游业的主要特征就是服务性,导游提供引导服务,酒店提供住宿服务,旅行社提供旅游接待服务。游客的满意程度是评价服务质量高低的关键。游客满意度模式,通过对影响游客满意度的因素进行分析研究,制定符合游客满意度的服务标准,让游客觉得旅游体验物有所值,使游客觉得旅游消费得到了最大效用。如图3－13所示,游客在对旅游资讯进行了解的基础上,产生了对旅游过程的期望值,再通过将旅游体验过程中所享受到的各项服务与期望值进行对比验证,从而判断是否满意,从满意程度的高低,来决定是否进行下一步旅游购买行为。

从调查中可以看出,游客对于服务的品质是比较看重的。游客的体验评价和体验反馈对体验旅游产品的设计来说至关重要。服务是体验旅游过程的重要一环,对旅游消费者来说,高的服务品质能够增加旅游者再次购买的可能性。这就要求旅游从业人员尽可能提高自身的业务水平、服务意识、服务标准等,旅游产品的设计应尽可能遵循安全、新颖、有特色的原则,让游客有高品质、舒适、独特的旅游体验。

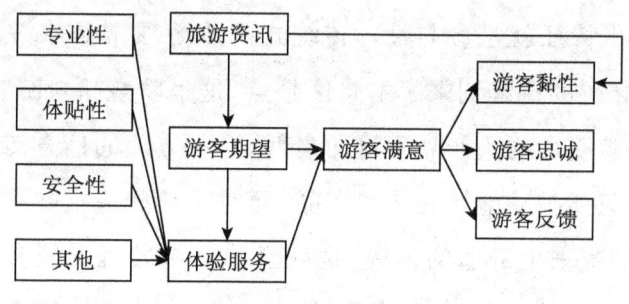

图3－13　游客满意度模式

四、体验旅游产品开发对策

1. 个性与创新结合,突出时代性

体验旅游更强调的是一种参与性,希望通过这种旅游经历而达到自我放松、愉悦心情、猎奇求知的目的。但是又因为每个主体的文化背景、性格特点等不尽相同,所以就不可能以单一形式的旅游产品来满足所有受众的旅游偏好。如今是一个倡导个性文化的时代,所谓众口难调似乎已经是一个无法解决的矛盾所在。然而,我们不能忽略的是新颖奇特的事物总是会被大众发现,继而认识,最后接受,所以说创新是在旅游产品设计时必不可少的原则之一。

作为桂林旅游名片的"三山两洞一条江",是人们每每提到桂林都会谈及的话题,刘三姐和阿牛哥的故事也一直为人们所津津乐道。随着社会发展进程的不断加快,人们的思想、需求和感受也在进行着更新换代。桂林的旅游资源固然是别处不可复制的景观,但如果可以在其独一无二的特点的基础上进行改善、创新,突出其特色和个性,那么由此衍生出的旅游产品将会获得更加持久的生命力。例如对桂林的山水景观与文化进行外在包装,形成独树一帜的桂林山水文化品牌;也可以将桂林的各种古老美丽的传说以现代人喜闻乐见的表演方式演绎出来,让游客更加有亲切感,也更符合现代人的欣赏和审美标准,促使旅游者在购买旅游产品过程中,实现消遣娱乐、放松身心的目的。

2. 互动与参与结合,突出文化性

体验旅游的突出特征就是参与性。传统式的旅游通常是旅游者在导游的带领下游览参观,通过导游的讲解词来了解景区景点,这也就意味着游客是凭借视觉、听觉或触觉的刺激来感受所购买产品质量的高低,是单方面的信息传递。这样的购买过程相当于旅游者只能被动地接受旅游产品,而对于那些追求购买乐趣的旅游者来说,互动能够给他们带来更舒适的体验,也就意味着旅游者渴望参与到旅游过程中去。这就强调在设计旅游产品时,要将受众的需求作为重点,抛弃传统的产品销售形式,为旅游者提供条件去亲身感知,用心体会,真正享受购买过程的乐趣。

桂林的旅游资源较多为静态的自然景观,桂林又是历史文化名城,那么在旅游产品的设计过程中,可以尽可能多地设计与游客进行互动的环节,让游客全方位地去了解旅游产品。与此同时,在互动与参与结合的过程中,要突出桂林的文化内涵,突出桂林的旅游文化,具有文化属性的产品才是真正具有生命力的产品。例如桂林的古东瀑布景区,由地下涌泉汇集形成的多级串连瀑布组成,景区内有大片浓密的森林和珍稀有趣的野生动物,但令人感到眼前一亮的是在山水间树立了很多以保护自然环境为主题的造型奇特、寓意深刻的雕塑,在山涧石板上刻有独具特色的桂林方言,这种新颖的设计能够让游客在游玩之余在这样一种文化氛围中有所感悟、有所收获,寓教于乐,满足游客求知的体验。

3. 细分与整体结合,突出主题性

在进行旅游产品设计时,市场细分是必不可少的前提准备工作。在旅游市场中,由于人们思想认识、情感经历、文化背景、年龄职业都是有差异的,自然也就形成了各具特点的需求和体验。为满足不同目标人群的需求,就需要根据目标人群不同的特征,有针对性地进行旅游产品的设计,决定旅游产品的特色、服务、宣传等方面。比如,年轻人喜欢追求刺激,那么就要从他们的角度出发,以新鲜、刺激、时尚为根本原则,设计一些符合年轻人口味,能引起他们兴趣的旅游项目或产品。

与此同时,必须要在细分的基础上注意整体性,找出目标人群所存在的共性,并以此设计主题方案以引起旅游者共鸣。一个鲜明的主题有助于旅游者快速找到景区的定位。例如桂林兴安的乐满地主题乐园就是以快乐为主题,各项娱乐设施和节目都是以让游客在园中能够得到快乐体验为目的而设置的。乐园的工作人员还会经常扮成主题公仔人偶,在园内与游客进行互动游戏,让游客可以彻底抛开压力和烦恼,将快乐进行到底。所以无论男女老少都可以在这里体验到快乐,放松心情,乘兴而来满意而归。桂林的旅游产品应该以乐满地主题公园为榜样,更多地开发参与性强的主题性旅游产品。

4. 人才与技术结合,突出科技性

旅游业的迅猛发展也极大程度促进了桂林旅游人才的培养和旅游教育的发展。桂林各大高校结合所在地的资源优势,积极兴办旅游教育,为国家旅游业输送各类高素质优秀人才,为行业整体素质的提高打下比较好的基础。经过大批优秀的旅游研究学者多年的考察研究,取得了大量的研究成果,这些成果也为旅游产品的开发和研究指引了正确的方向,提供了科学的理论依据。

在旅游体验产品的开发设计过程中,可以合理地应用各种研究数据和研究理论成果,利用科学的数据分析和模型示范,配合高科技手段来使旅游者获得更优的旅游体验。例如运用电脑3D效果模型,把桂林山水搬到电脑屏幕上,通过电子人工讲解系统,在游览前给游客立体的感官体验,让游客在真正游览桂林山水时结合之前留下的印象,形成更深刻的记忆,也可以满足游客审美猎奇的心理。

5. 宣传与反馈结合,突出品牌性

产品的销售离不开宣传。在过去,资讯都是通过口口相传的形式得以传播的。随着社会的不断进步,报纸杂志、电视广告、互联网等越来越多的渠道可以用来进行产品的宣传,使旅游产品得到更广泛的关注。旅游业作为第三产业,始终以服务贯穿于旅游过程的各个环节,所以最有效的宣传就是优质的旅游服务。旅游者对于产品服务质量的满意程度就是评定产品优劣的关键,高质量的服务是旅游者获得优质旅游体验的必要保证。

另外,市场的反馈可以有效地帮助旅游企业审查、改进、升级旅游产品。加大对反馈信息的收集和处理力度,是保持旅游产品高品质的重要手段。桂林旅游已经发展形成了一定的规模和良好的市场秩序,必须加大旅游产品的宣传包装,形成桂林旅游模式和技术先进的桂林旅游品牌。在今后的发展过程中,应该时刻保持与时俱进,以高品质的旅游服务为目标,加强宣传与反馈的结合,开通与旅游者沟通的渠道,使旅游者了解、感受和认同桂林的旅游体验产品,打造真正桂林的品牌。

第三节 基于营销视角的旅游产业发展分析

进入新世纪,我国旅游业蓬勃发展,目前已经完成了从旅游资源大国向世界旅游大国的转变,正朝着建设世界旅游强国的目标迈进。据世界旅游组织(WTO)预测,中国将在2020年成为世界第一大旅游目的地国及第四大国际旅游客源地。同时伴随旅游业经济效益的日益凸显,国发41号文件明确提出要将旅游业建设成国民经济的战略性支柱产业和人民群众更加满意的现代服务业。当前我国旅游正处于观光旅游向休闲度假旅游的过渡阶段,游客数量越来越多,旅游时间越来越长,游客需求越来越多样化、个性化。巨大的旅游需求,促使我国旅游业迅猛发展,市场竞争异常激烈,而旅游营销也不再仅限于旅游企业的市场营销,特别是在旅游产品日益同质化的今天,旅游目的地营销作为旅游营销发展的新方向,其作用更是不可忽视。广西是我国发展旅游最早的城市之一,经过30多年的发展,成绩显著。但是面对竞争激烈的旅游市场,发展也遇到了瓶颈。对于目前肩负建设国家旅游综合改革试验区重任的桂林,从旅游目的地营销的角度探析旅游新发展具有重要的现实意义。

一、国内外对旅游营销的研究进展

20世纪60年代,美国著名营销学家麦卡锡提出了4P营销理论,即产品(Product)、价格(Price)、分销(Place)及促销(Promotion)营销组合策略。产品策略,即将产品放在首位,向目标市场提供产品或服务;价格策略,即从企业角度进行产品定价,从而追求高额利润;分销,即通过各种分销渠道建立销售网络;促销策略,即单向传递信息,刺激消费者产生购买欲望。4P营销理论从企业和产品出发,通过适当的产品、适当的价格、适当的渠道和适当的传播促销推广手段,将适当的产品和服务投放到特定市场,目的是获取利润。在4P营销理论基础之上,美国营销学家劳特朗以消费者为导向提出了4C营销理论,即顾客(Customer)、成本(Cost)、便利(Convenience)及沟通(Communication)。图3-14表现了4P与4C营销理论的关系:用"客户"取代"产品",倡导研究顾客的需求之后再设计、生产提供相应的产品与服务;用"成本"取代"价格",根据顾客愿意付出的成本制定价格策略;用"便利"取代"分销",让顾客尽可能便捷地买到相应产品;用"沟通"取代"促销",积极主动与顾客沟通,注重信息反馈。

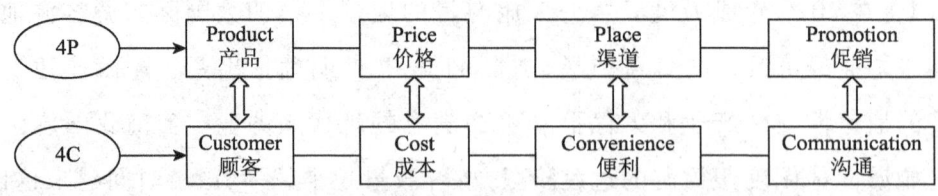

图 3-14　4P 与 4C 营销理论关系图

通过检索国内相关文献资料发现,王磊、刘洪涛在《旅游营销的新观念:旅游目的地营销》中最早提出"旅游目的地营销"。文章虽然没有对旅游目的地营销概念进行明确的界定,但分析了旅游目的地营销的实质。黄晶等人将旅游目的地营销定义为"目的地的营销负责部门或组织在区分、选择目的地产品目标市场的基础上,通过建立目的地产品与这些市场之间的联系,来保持并增加目的地所拥有的市场份额的活动"。王国新认为"目的地营销就是要在确定的目标市场上,通过传播、提升、组合目的地的关键要素改变消费者的感知,建立目的地形象,提高旅游消费满意度,进而影响到消费行为,从而达到引发市场需求、开拓旅游市场的目的"。张圣则认为"旅游目的地作为旅游内容的提供者,先为内容筛选出合适的外在载体,再突出形象宣传、塑造主吸引物,以吸引潜在群体的注意力,使其产生形象获知与认同,进而诱发其对目的地的向往,萌生购买冲动,进行旅游消费"。尽管上述定义具体表述不尽相同,但都涉及了目的地营销概念的基本内涵。即旅游目的地营销的主体不是某个政府部门或旅游企业,而是地区内所有相关的机构和人员;营销对象不是某个旅游产品,而是地区内所有的旅游产品和服务;受益者不是某个旅游企业,而是整个旅游目的地。

1. 国内关于旅游目的地营销的研究进展

国内关于旅游目的地营销的研究最早开始于 20 世纪 90 年代,主要集中在旅游目的地营销主体模式、旅游目的地形象、旅游目的地营销理念与促销方式,以及信息技术与旅游营销的融合等方面。

旅游目的地营销主体模式方面,匡林在《目的地营销:统领中国旅游市场工作的主线索》中指出我国旅游目的地营销是政府主导型的营销体制,由各级旅游局负责,政府是旅游目的地宣传的主力军,此模式有利于解决市场失灵问题。但同时也有诸多学者指出,政府主导下的单一主体模式存在着盲目性、趋同性、随意性以及政府营销经费不足等问题,并且也缺乏对营销效果评估和营销方式优化的研究,这是伍延基的《旅游目的地营销中值得深入探讨的两个问题》、高静等人的《旅游目的地营销主体研究:多元化视角》等著作中提到的。

旅游目的地形象方面主要侧重于内涵和设计方面的研究,王克坚在《旅游辞典》中将旅游形象定义为旅游者对某一旅游接待国或地区总体旅游服务的看法;王磊等人在《旅游目的地形象的内涵研究》中则对旅游目的地形象内涵做了系统的阐述;李宏在《对旅游目的地形象概念的两种理解》中指出,我国有关旅游目的地形象的研究主要从供给角度考虑问题,忽略了目的地形象的形成过程和发挥作用的机制。在形象设计方面,宋子斌等人则将对应分析和 IPA 等方法应用于西安居民对海南旅游目的地形象感知的实践研究中。

旅游目的地营销理念与促销方式方面,旅游营销理念不断创新,新的促销方式也被越来越多的旅游目的地营销所采用。于代松在《旅游业的持续发展与绿色营销》中提出了绿色营销概念,包括收集绿色信息、开发绿色产品、绿色联合、制定绿色价格、开展绿色认证等。郭琰在《加强旅游景区的宣传营销工作》中提出了开展品牌营销,重视品牌效应,挖掘当地文化内涵,设计形象宣传口号。郭鲁芳在《旅游目的地成功实施整合营销传播的关键因素》中提出了整合营销以 4C 理论为核心,整合广告、公关、目的地主题活动、节庆活动、形象推广活动等营销方式。刘绍华等在《浅议旅游目的地营销系统的区域整合功能——以大连旅游网为例》中讨论了旅游目的地营销系统的建设。柴海燕则在《旅游电子商务 Web2.0 营销探析》中分析了网络营销。

2. 国外关于旅游目的地营销的研究进展

20 世纪 70 年代,国外已开始涉及目的地层面的旅游营销研究,但真正加以重视并进行大量研究开始于 20 世纪 90 年代。无论是研究内容还是研究方向,国内研究与国外研究大体一致,但国外研究更加侧重营销组织联盟、定量分析旅游营销信息技术以及模型构建等。帕默等人阐述了建立目的地营销联盟的三点必要性:单个利益相关者资源有限,其促销行为不能对潜在游客产生较大的影响;市场机制不能使所有的利益相关者支持目的地集体营销并分享其成果；在营销规划过程中，利益相关者可能通过认识彼此的相互依赖关系更有效地达成自己的目标。杜林等建议采用因特网商业应用扩展模型对在线营销的效果进行评价，并使用交互性来衡量旅游营销网站的相对成熟度。

综上所述，国外对于旅游目的地营销研究更为细致深入，且注重实证和量化分析。国内由于相关研究起步较晚，颇受国外研究的影响，因而研究领域相对狭窄，缺乏系统研究，尤其是营销观念与策略相对落后。目前国内已有的少数旅游目的地营销案例，一般都是从政府及旅游相关部门角度切入，进行宏观定性研究。针对于此，本研究试图从营销管理理论体系出发，系统分析4P与4C营销组合策略在游客心理—行为模式、购买过程、消费类型、顾客满意度上的差异，对广西旅游发展阻碍因素进行解析，从而提出旅游目的地营销新思路。

二、桂林旅游营销现状

根据旅游生命周期理论，桂林自1973年正式对外开放旅游业，至今已经过四个发展阶段。相应地，桂林旅游营销在每个发展阶段也呈现不同的特点。1973—1977年，桂林旅游处于初创期，以外事接待为主，主要目的是加强对外交往，不追求经济效益，因而还没有旅游营销的观念。1978—1987年，处于旅游发展期，桂林旅游由外事接待型向经济产业转变，逐步进入市场化阶段。游客接待量稳步攀升，旅游服务设施不断完善，旅游经济效益不断增长，桂林旅游业初具规模。此时，桂林旅游营销以传统的旅行社分销渠道为主，同时借以"桂林山水甲天下"的形象吸引大批海内外游客。

1988—1997年，桂林旅游进入了低谷波动期。由于受到政治经济大环境的影响，以及旅游业政企分开，过往旅游发展中的问题逐步暴露，桂林旅游陷入低谷。此阶段，桂林旅游营销以旅游企业层面的人员促销、营业推广为主，兼以政府主导的名人营销等策略推广桂林旅游。1998年至今，桂林旅游进入"二次创业"时期。1998年，桂林撤地建市、谋求建设"大桂林旅游圈"，在全国旅游业稳步上升的大环境下，桂林旅游业快速发展。通过市场调研,合理细分市场,明确目标定位,整合旅游资源,桂林旅游营销有了新的突破,旅游广告、旅游宣传片、参加旅游交易会、旅游节庆活动等营销策略更是为桂林旅游赚足了人气。

特别是在2005年之后,桂林充分抓住网络信息技术迅猛发展的机遇,大力促进桂林旅游的网络营销,与国内多家旅游网络运营商签订合作协议,并且积极构建旅游网络信息服务平台,全方位地塑造桂林旅游形象、打造桂林旅游品牌。

三、旅游营销调查研究

1. 调查基本概况

调查问卷包括两部分内容:第一部分是被调查者的人口统计特征以及社会属性,如性别、年龄、学历、收入等;第二部分是调查问卷主体部分,针对被调查者的旅游消费心理、购买过程、消费类型、顾客满意度以及对桂林旅游形象的感知等方面进行调查。共设置客观题24个,主观题1个。

本次调查时间为2012年1—5月,调查对象为来过桂林旅游的游客,调查方法为随机抽样。此次调查发放并回收调查问卷150份,回收率100%。其中有效问卷147份,有效率98%。表3-3为本次调查人口统计特征表。

表3-3 人口统计特征表(N=147)

调查项目	具体类型	频数	百分比%	调查项目	具体类型	频数	百分比%
性别	男	71	48.3	年龄	18岁以下	2	1.4
					18—25岁	40	27.2
	女	76	51.7		26—44岁	66	44.9
					45—64岁	29	19.7
					65岁及以上	10	6.8

续表

调查项目	具体类型	频数	百分比%	调查项目	具体类型	频数	百分比%
月收入	2000元以下	30	20.4	学历	初中及以下	4	2.7
	2000—4000元	57	38.8		高中或中专	15	10.2
	4001—6000元	29	19.7		大专	47	32.0
	6001—8000元	21	14.3		本科	60	40.8
	8000元以上	10	6.8		研究生及以上	21	14.3
职业	公务员	10	6.8	客源地	华东	26	17.7
	公职人员	15	10.2		华南	40	27.2
	工人	12	8.2		华中	15	10.2
	农民	5	3.4		华北	18	12.2
	私营业主	11	7.5		西北	9	6.1
	企业工作人员	41	27.9		西南	21	14.3
	专业技术人员	8	5.4		东北	11	7.5
	学生	25	17.0		其他	7	4.8
	离退休人员	15	10.2				
	军人	2	1.4				
	其他	3	2.0				

此处,主要针对资深旅游业从业人员以及旅游院校老师进行访谈。访谈的主要内容是了解桂林旅游业发展的历程与最新态势,尤其是桂林旅游营销中存在的问题以及具体营销策略,收集并整理专家的建议与对策。

2. 调查结果分析

(1) 游客群体特征分析

根据调查结果显示,147名被调查者中,第一次来桂林旅游的游客占绝大部分。其中,游客年龄主要集中在19—44岁;文化程度上,主要集中于大专及以上;收入分布较为平均,主要集中于2001—4000元;客源地主要分布于华南、华东及西南等地区。将以上数据进行比较,可以发现来桂林旅游的游客主要是中青年,学历普遍较高,收入中等,主要来自于桂林周边省市以及经济较发达地区。见表3-4、表3-5、表3-6、表3-7。

表3-4 年龄*次数 交叉列联表

		来桂林旅游次数			合计
		一次	两次	三次及以上	
年龄(岁)	≤18	2	0	0	2
	19—25	30	7	3	40
	26—44	46	15	5	66
	45—64	12	15	2	29
	≥65	3	2	5	10
合计		93	39	15	147

表3-5 学历*次数 交叉列联表

		来桂林旅游次数			合计
		一次	两次	三次及以上	
学历	初中及以下	3	1	0	4
	高中或中专	13	2	0	15
	大专	29	14	4	47
	本科	37	14	9	60
	研究生及以上	11	8	2	21
合计		93	39	15	147

表 3-6 月收入 * 次数 交叉列联表

		来桂林旅游次数			合计
		一次	两次	三次及以上	
月收入(元)	≤2000	22	6	2	30
	2001—4000	38	13	6	57
	4001—6000	20	8	1	29
	6001—8000	9	9	3	21
	8000 以上	4	3	3	10
合计		93	39	15	147

表 3-7 客源地 * 次数 交叉列联表

		来桂林旅游次数			合计
		一次	两次	三次及以上	
客源地	华东	19	5	2	26
	华南	23	13	4	40
	华中	10	4	1	15
	华北	10	6	2	18
	西北	7	2	0	9
	西南	12	5	4	21
	东北	8	3	0	11
	其他	4	1	2	7
合计		93	39	15	147

第三章 广西旅游产业发展障碍诊断

（2）游客旅游动机分析

为了分析游客消费心理—行为模式对于旅游业发展的影响，首先要了解游客的旅游动机。根据调查数据显示（见图3-15），以游览观光为目的的游客占38%，以生态度假为目的的游客占26%，以康体养生为目的的占10%，以商务会展与购物休闲为目的的各占7%。

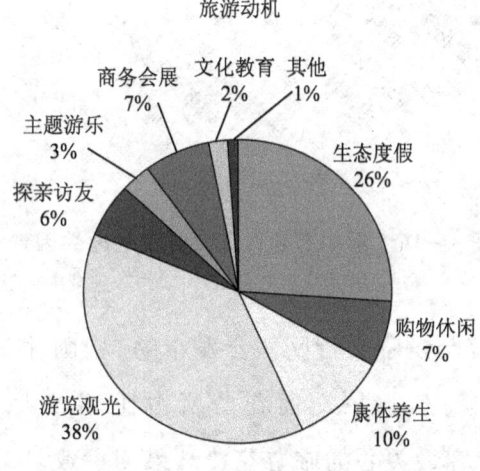

图3-15 游客旅游动机图

4P营销理论着眼于产品，追求高额利润。相反，4C营销策略则强调重视客户需求，将游客满意度放在第一位。根据以上数据可知，游客关注的重点已从游览观光上升为全程旅游体验。目前我国旅游业正处于观光旅游向休闲度假旅游的过渡阶段，桂林作为著名的传统旅游目的地，仍以山水观光旅游产品为主，因而在旅游产品的开发与整合以及旅游营销上面临着机遇与挑战。

（3）影响游客选择目的地的因素分析

制约游客出游的因素很多，通过调查研究发现（见图3-16），影响游客选择旅游目的地的因素主要是旅游花费、时间、交通、旅游体验，其中旅游花费因素所占比例最大，因而价格竞争是市场竞争的重要策略。针对游客最关心的旅游花费，调查问卷中也设置了相关问题。数据显示，旅游总成本为游客最关心的旅游花费，其次为景点门票、交通花费，见图3-17。

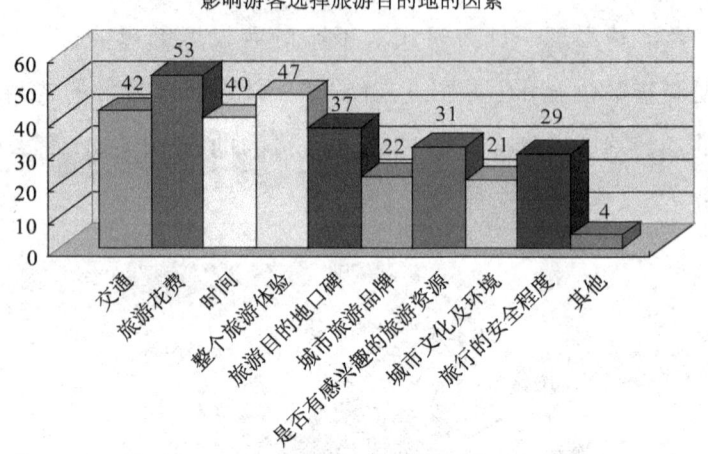

图 3-16　影响游客选择旅游目的地的因素

根据中国旅游研究院与携程旅行网联合发布的《中国休闲旅游客户需求趋势研究报告》，国内旅游中，景点门票、交通花费所占比例较大，分别为 21.92%、20.92%，这与本次调查中游客最关心的旅游花费结果相一致。

在传统的 4P 营销组合策略中，价格策略是撬动市场的重要杠杆。价格竞争本身并没有对错之分，主要是看实际市场效果。旅游目的地营销如果仅凭低价竞争赢得较大的市场份额，会损害旅游品牌形象，最终导致无盈利的"市场成功"。根据 4C 营销组合策略，旅游目的地营销应通过对"吃住行游购娱"旅游六要素的整合，降低游客旅游消费的总成本，丰富游客的综合旅游体验，提高游客的旅游满意度。这一点，对于目前旅游目的地开展宣传促销具有重要的现实意义。

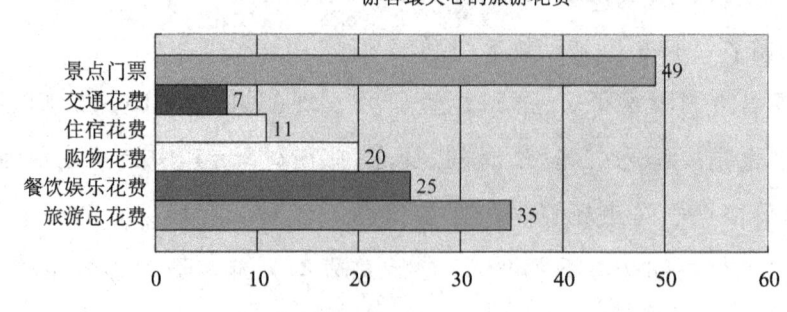

图 3-17　游客最关心的旅游花费

(4)游客购买过程分析

现代社会,游客获取旅游信息的渠道非常广泛。调查结果显示,主要集中于网络、旅游运营商、朋友、家人渠道。被调查的147名游客中,有49名游客通过网络了解桂林,占33.3%;通过旅游运营商了解桂林的有30名,占20.4%;从亲人、朋友处了解桂林的有24名,占16.3%;而仅有44名游客通过旅游宣传册、电视广播、旅游新闻等渠道了解桂林,占30%,如图3-18所示。此外,作为信息技术与旅游业结合的创新产物"桂林旅游公共信息服务平台",笔者对此也进行了调查,选择"非常了解"的占7%,选择"略有了解"的占29%,选择"不知道"的达到64%,如图3-19所示。

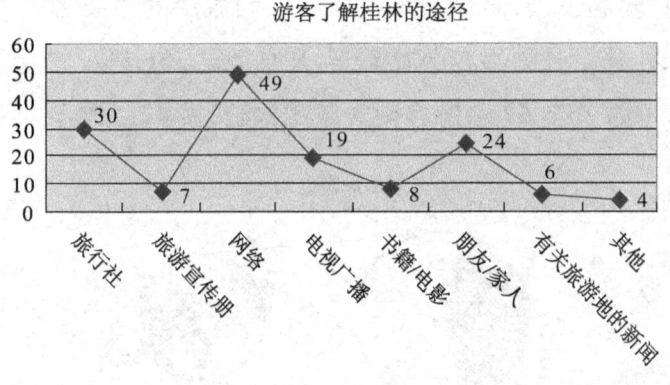

图3-18 游客了解桂林的途径

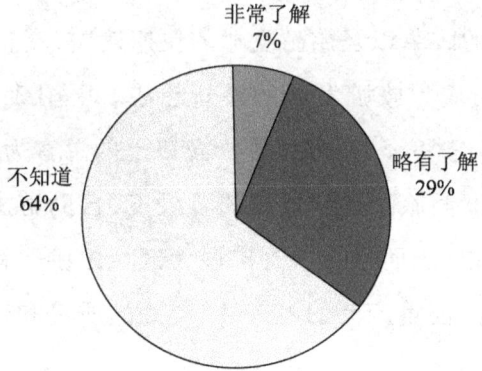

图3-19 游客对"桂林旅游公共信息服务平台"的了解

根据以上数据可以看出,游客不再仅限于传统的渠道获取旅游信息,并且更加注重获取信息的便捷性。4P营销理论倡导"渠道为王",过去旅游目的地营销渠道比较单一,主要通过旅行社进行分销,虽然效果明显,但是也伴随着许多问题。4C营销理论则强调"消费者的易接近性",为顾客提供最大的购物和使用便利。因而旅游目的地营销应该采取多元化的营销渠道,特别是信息技术与旅游业的融合。同时,以上对"桂林旅游公共信息服务平台"的调查显示了桂林在网络营销方面的不足,这一点也是桂林旅游营销应该重视和改善的方面。

（5）游客旅游方式分析

伴随旅游业的迅猛发展,自助游日益成为人们旅游的主要方式。由图3-20可以看出,147名来桂林旅游的游客中有85名是自助游,包括49名半自助游,36名全自助游,共占57.8%,其余62名游客则为跟团旅游,占42.2%。

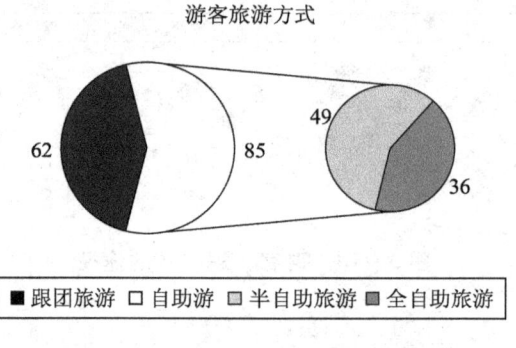

图3-20 游客来桂林的旅游方式

随着国家休假制度的改革以及旅游交通的快速发展,真正的"旅游时间"也相对延长,随之休闲度假也正成为旅游发展的最新趋势。由图3-21可知,在桂林停留1—3天的游客为86人,占58.5%,停留4天及以上的游客为61名,占41.5%。

在观光旅游向休闲度假旅游逐步过渡的背景下,自助游旅游方式使游客在旅游活动中日益占据主动地位,进而景点旅游扩展为区域旅游。社会经济的快速发展使人们的需求层次由较低的注重产品的可得性、产品的质量和价格层次升华为注重产品易得性和个性化阶段。

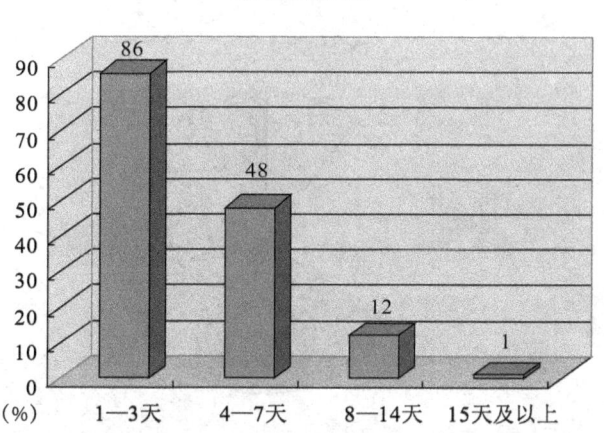

图 3-21　游客在桂林停留天数

传统的4P营销策略将产品诉求放在第一位,忽视了消费者的需求。4C营销策略侧重发现和挖掘顾客的个性化需求,从而产生客户价值。休闲度假旅游时间较长,旅游花费大,旅游消费心理和购买决策也较为复杂,因而旅游目的地营销应以游客为导向,密切跟踪研究游客的心理与实际需求,进而改进旅游产品,塑造品牌形象,旅游营销才能产生实际效益。根据调查结果,游客在桂林停留的时间相对较短,跟团旅游仍然是重要的旅游方式,桂林如何以游客为导向,满足游客的需求,在竞争激烈的旅游市场中脱颖而出,是一个需要深入研究的问题。

(6)游客前后期望一致性

游客对旅游目的地的感知与他们所消费的旅游产品之间的差距会在实际旅游经历中得到体现,并且也会对旅游体验质量的评价产生影响。桂林素以"山水甲天下"闻名于世,游客对于桂林的旅游期望值较高,但与旅行结束后的体验是否一致则仍需探讨,同时也是游客满意度的重要指标。笔者针对游客前后期望是否一致进行了调查。147名游客中共有97名游客的前后期望符合,占66%,其余50名游客认为前后期望不符合,占34%,见图3-22。

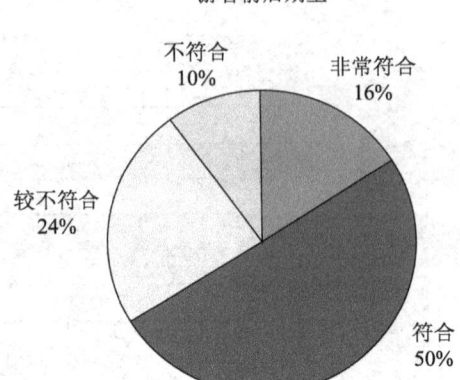

图 3-22 游客前后期望一致性

（7）游客满意度分析

为了调查游客满意度，笔者针对相关事项设置了李克特量表，设置"非常不满意"、"较不满意"、"一般满意"、"较满意"、"非常满意"五种回答，分别记为1、2、3、4、5。并通过SPSS统计软件对结果进行分析。由表3-8可知，游客对桂林"总体印象"均值2.87最高，"旅游配套设施"、"旅游交通"、"旅游产品价格"均值分别为2.77、2.76、2.75，最后是"旅游产品特色"、"旅游服务质量"，均值较低，分别为2.68和2.67。

表 3-8 游客满意度

	均值 Mean	标准差 Standard deviation	偏度 Skewness	峰度 Kurtosis
旅游产品价格	2.75	0.906	0.116	-0.122
旅游产品特色	2.68	0.828	-0.238	-0.058
旅游配套设施	2.77	0.788	-0.246	-0.303
旅游服务质量	2.67	0.666	-0.082	-0.129
旅游交通	2.76	0.755	-0.058	0.095
总体印象	2.87	0.745	-0.291	0.428

(8)游客忠诚度分析

较高满意度是较高忠诚度的前提,高忠诚度不但可以留住老顾客,而且可以间接地吸引新顾客,因而是衡量顾客满意度的重要指标。笔者将此概念运用于本次研究,对于被调查者"以后是否还会来桂林旅游"进行了调查。数据显示,33%的游客以后一定会再来桂林旅游,53%的游客认为有待考虑,其余14%的游客表示不会再来桂林旅游,见图3-23。

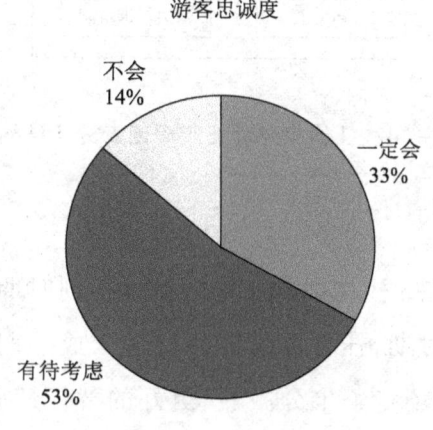

图3-23　游客忠诚度

通过以上数据可以看出,游客对于桂林旅游的期望值较高,但是满意度、忠诚度则相对较低,尤其是对于旅游产品特色、旅游服务质量的满意度较低。4P营销组合策略中的促销策略倡导利用各种信息传播手段刺激消费者购买欲望,促进消费者被动购买,包括广告促销、人员推销、营业推广等。4C营销组合策略中的沟通策略则强调通过同顾客进行积极有效的双向沟通,建立基于共同利益的新型关系。

因而根据4C营销组合策略,旅游目的地营销要改变以往的单向宣传促销,转而与游客进行面对面的沟通,零距离的观察,牢牢把握游客消费心理并且注重游客的反馈,这对于旅游产品的研发设计、旅游服务质量和游客满意度的提高都是至关重要的。

3.调查小结

根据以上调查结果与分析可知,游客对于桂林旅游的总体感知接近一般满意。

因而笔者将根据4P与4C营销理论,从产品结构、竞争方式、分销渠道、沟通反馈机制方面分析阻碍桂林旅游发展的因素,如图3-24所示。

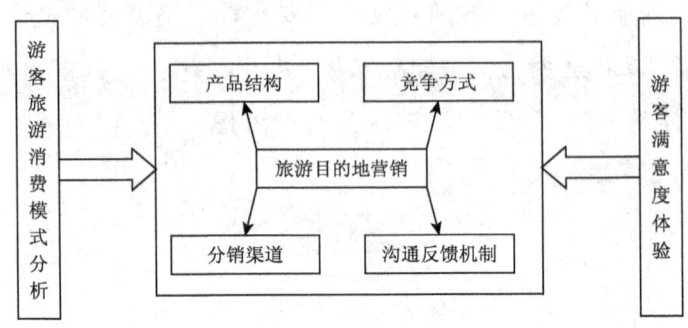

图3-24 桂林旅游发展阻碍因素分析结构图

(1)产品结构不完善

自20世纪70年代以来,桂林旅游业先后经过初创时期、发展时期、低谷巩固时期,目前正处于二次发展时期,桂林旅游产品已进入成熟期。根据旅游产品生命周期理论,进入成熟期后,市场竞争十分激烈、更好的替代性旅游产品相继出现,因而此阶段的旅游产品要么根据市场需求不断更新,延长生命周期,要么进入衰退期,逐渐被市场淘汰。

桂林旅游资源十分丰富,但仍以自然山水观光产品为主体,产品形式单一,创新点不足。而伴随着休闲度假旅游时代的到来,游客更加注重旅游产品的多样化、个性化与参与性。本次问卷针对"桂林旅游业应该在哪些方面做出改善"也进行了调查,147名游客中有58名游客选择"旅游产品的开发与整合",占被调查者总人数的39.5%。因而桂林旅游不能仅限于依赖自己的拳头旅游产品——自然山水风光,而要深入市场,了解游客需求,以顾客为导向升级旅游产品,从而实现旅游的可持续发展。

(2)竞争方式不合理

长期以来,桂林粗放式的旅游增长模式使许多旅游企业以谋求市场规模的竞争利器——低价竞争来促进销售和获取高额利润,动辄使旅游市场烽烟四起。但是根据以上调查结果,游客在选择旅游目的地时比较关心整个旅游体验以及旅游总成本,包括货币成本、时间成本、所需精力和体力等。

盲目的削价竞争使桂林旅游业陷入了"低价导向"的恶性循环,造成了营销短视现象,对桂林整体旅游形象和游客满意度产生了消极影响。而根据4C营销理论,在了解游客的内在需求之后,先要计算顾客为产品需要付出多大的成本,然后结合了解到的顾客愿意为这次旅游付出的成本,再决定价格策略与营销策略。桂林作为传统的旅游目的地,在旅游产品日益同质化的背景下,如何采用不同的竞争方式在竞争激烈的旅游市场中占有一席之地,是个迫切需要解决的问题。

(3)分销渠道不健全

旅游分销渠道就是要在"特定的时间"、"特定的地点",以"特定的方式"向"特定的旅游消费者"提供"特定的旅游产品"。传统的旅游分销渠道以旅行社等旅游零售商为主,而当旅游需求发展到高度个性化时,旅游营销也要从大规模营销向以"一对一"的顾客定制化营销为终极形式的目标市场营销变革,即根据不同游客群体通过不同的渠道提供不同的旅游产品、旅游服务以更好地满足旅游消费需求。特别是在迅猛发展的网络信息技术顺应了游客对于交易的便捷性、灵活性、及时性、高效性等的需求下,更产生了以网络信息技术为支撑的跨越旅游销售中间环节的宽短化销售渠道趋势。

因而,旅游目的地营销不能仅仅依赖单一渠道,应采取多渠道的市场策略。调查中33.3%的游客通过网络了解桂林旅游相关信息,网络营销的蓬勃发展,使得游客获取旅游信息的渠道变得通畅,为游客实现远距离和跨区域的自助旅行和度假旅游提供了极大便利,所以桂林的旅游要想实现第二次飞跃,就要在此方面做足文章。

(4)沟通反馈机制欠缺

旅游消费是分散的、理性的个人消费方式,开拓旅游市场不可能建立在零星的消费需求上,必须通过一定的宣传促销方式对个体需求进行集结。广告宣传、人员推销、销售促进等都是常见的促销方式,但都属于"推动模式",采用单向促销和劝导游客的市场策略。

游客做出旅游消费购买决策,总是基于某种动机,而未必是因为旅游广告等宣传。4C营销理论倡导用服务和产品与顾客进行双向沟通,使顾客获得充分而真实的信息,从而树立顾客的高度忠诚度。同时,很多旅游目的地只重视前期旅游发展的投入,而忽略了对于旅游营销效果的反馈与评估。桂林是个知名度高、游客满意度和美誉度不高的旅游目的地,部分原因是由于欠缺相关旅游沟通反馈机制,弥补这一点对于旅游产品的整合、旅游形象的塑造以及旅游品牌的推广都是至关重要的。

四、新竞争态势下桂林旅游目的地营销对策

根据以上调查结果和研究分析,在目前旅游业新竞争态势的背景下,桂林旅游目的地营销应该从营销观念、营销方式、营销策略、营销机制等方面采取相应的措施(见图3-25),科学规划旅游资源、提升旅游服务水平、发挥旅游营销力量,从而促进桂林旅游业的可持续发展。

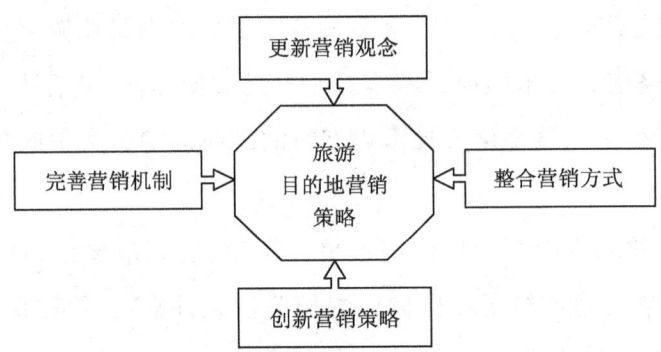

图3-25 旅游目的地营销对策分析结构图

1.更新营销观念

一个成功的旅游目的地离不开成功的营销,而成功的营销必须要建立起科学的营销理念。目前,我国旅游业正处于买方市场,因而桂林旅游营销应该抛弃原有的仅以产品为中心、盲目削价竞争为手段的短视营销理念,树立起以游客为中心、满足游客个性化需求为核心的旅游目的地营销理念,按游客的旅游动机合理细分旅游市场,针对不同游客需求设计研发相关旅游产品,采用不同的营销渠道,从而丰富游客的旅游体验,不断提高桂林旅游的满意度与美誉度。

传统的旅游目的地营销理念认为旅游目的地营销的主体是政府,营销的对象是区域形象,旅游企业营销的则是产品,导致政府与旅游企业在旅游营销工作中缺乏实质性合作。对此,桂林旅游营销应组建起以政府为主导、旅游企业及旅游行业协会等多方参与的旅游目的地营销机构,在统一的营销目标下形成一个相互制约、合作和协调运行的对接机制,对旅游目的地进行整体开发和营销。

2. 整合营销方式

在旅游产品方面,桂林要从单一观光型旅游向以观光型旅游为主、休闲度假旅游、商务会展旅游、文化旅游、科教旅游、专项旅游等多元化旅游转变,创新产品形式、提升产品功能、扩充产品内容、延伸产品价值链、强化服务质量。如全面提升桂林旅游产品品位,重点发展阳朔自然山水休闲游、龙胜民俗风情与温泉度假游、恭城生态农业游等几个精品旅游项目;提高旅游产品的参与性与性价比,最大限度地丰富游客旅游体验;深入挖掘桂林历史文化,开发具有桂林特色的休闲文化旅游产品等。

在旅游价格体系方面,政府要加强对旅游产品价格的监管,制定相关政策引导旅游企业的产品定价行为,鼓励旅游企业实行年票制、套票制、对特定游客群体实行优惠价等价格促销措施,并对差价进行补贴;旅游企业则要坚决摒弃盲目低价竞争营销方式,遵守相关法律法规,根据游客需求制定合理的价格策略,共同营造公平的竞争环境。同时,游客要树立理性的出游理念,在做出旅游消费决策时,不能仅仅考虑产品价格,还要考虑旅游产品的质量以及旅游体验。

在旅游服务质量方面,要不断提高桂林旅游从业人员的专业技能和综合素质,在完善旅游基础设施的基础之上,更多地为游客提供多样化、个性化、人性化的服务。同时,政府不但要完善桂林旅游服务体系,更要根据游客的反馈信息对不足之处进行改进,塑造桂林旅游形象,提升城市软实力,营造全民关心、支持旅游发展的良好社会环境,从而不断提高游客对桂林旅游的美誉度与忠诚度。

3. 创新营销策略

知识经济时代,创新是永恒的主题。旅游目的地营销也需在发展中创新,在创新中发展。目前,旅游目的地营销已不再仅限于"八个一营销工程",即一句好的旅游宣传口号、一张好的导游图、一套好的解说系统、一本好的旅游手册、一盘好的旅游风光片、一首好的旅游歌曲、一个好的旅游徽标以及一个好的旅游节庆活动。而伴随旅游市场竞争日益激烈,网络营销、品牌营销、事件营销、口碑营销、绿色营销等新型营销方式相继出现,但是不同的营销策略对于旅游目的地的价值各异,其创造的顾客价值机理也不一样。

桂林作为著名的传统旅游目的地,要紧跟旅游发展的最新态势,结合自身现状,综合运用各种营销策略,强化"世界山水文化体验休闲之都"旅游品牌,实现多元化发展。如绿色营销,桂林城市的总体形象可以概括为"山清水秀、慢城悠活"。桂林要做足"养生度假、生态休闲"的文章,以绿色文化为价值观念,以绿色消费为中心,倡导游客亲近山水,走进自然,享受"慢城生活",源于自然,而又高于自然。在食、住、行、游、购、娱等方面倡导游客树立绿色、环保、低碳、节约理念,使桂林真正成为"绿色旅游之都"、"绿色消费之都"。此外,网络营销由于具有信息透明化、方式多样化、服务个性化的特点,也是目前旅游目的地营销的重要手段,特别是在当今的"微时代",旅游微博营销、旅游微电影营销更是旅游目的地竞争的重要营销策略,桂林势必也要在此方面下足功夫,才能在竞争异常激烈的旅游市场中立足。

4. 完善营销机制

完善的营销机制是一个成功的旅游目的地营销的重要保障。随着游客由"景点旅游"扩展为"区域旅游",桂林可以联合周边省市建立旅游目的地营销战略联盟,整合旅游资源、发挥各自优势,进行联合营销,共同降低风险,树立"大旅游、大营销"的观念。

旅游目的地营销系统(DMS)是我国旅游信息建设的重要组成部分,是一种旅游信息化应用系统,以互联网为基础平台,结合了数据库技术、多媒体技术和网络营销技术,把基于互联网的高效旅游宣传营销和本地的旅游咨询服务有机地结合在一起,为游客提供全程的周到服务,可以极大地提升目的地城市的形象和旅游业的整体服务水平[14]。目前,许多发达国家已建立起完善的DMS,并且已演变为较为成熟的营销模式。桂林作为世界著名的旅游胜地、国家旅游综合改革试验区则要大胆尝试,积极构建 DMS,不断提升桂林旅游信息化水平和丰富旅游目的地营销方式。

　　此外,完善的旅游目的地营销机制还需要规划和创建科学的评估反馈系统。桂林可以建立包含游客预订记录、游客信息记录、游客满意度等信息的数据库,一方面可以了解目标客户群体的旅游消费行为与水平,另一方面可以系统分析旅游营销效果与收益,合理配置有限的旅游资源,从而提高旅游效益。

第四章　广西旅游产业转型研究

第一节　广西旅游产业转型模式

一、在产品方面,从比较单一的观光型旅游产品向复合型旅游产品转变

随着经济和社会的发展,旅游者收入水平和需要层次的提高,大众化、千篇一律的传统旅游产品已经不受到欢迎,旅游者追求的是更加有特色的旅游产品。为了满足人们精神文化世界以及市场多元化的需求,这一时期旅游产品开始实现由观光产品为主向度假休闲产品的转变。目前,国内一些地区都很重视挖掘观光产品的文化内涵,进一步丰富游览内容,将游览和娱乐进一步结合起来,提高观光旅游产品的参与性、体验性和观赏性,丰富观光产品的游览方式,提升观光旅游产品的档次和规模,加强观光旅游产品之间的互补联动,消除替代性竞争。把山水观光游、休闲度假游、民俗风情游、森林风光游、宗教文化古迹游以及农家乐等乡村旅游、红色旅游和会展旅游等旅游产品相结合,使比较单一的观光型旅游产业向复合型旅游产业转变。

二、在功能方面,从经济产业向社会产业转变

以改革开放为标志,旅游业的功能实现了从"事业"到"产业"的转变。而今旅

游产业功能又从"产业"逐步转向兼具经济产业和社会功能的双重特性。旅游业的功能已明显超出了经济范畴。旅游贡献也正打破创收创汇的单一经济概念,在树立科学发展观和新的资源观,促进产业结构调整和区域经济发展方面,在加快中西部地区脱贫致富,促进边疆少数民族地区繁荣稳定方面,在满足人民群众精神文化生活需要,推动物质文明和精神文明建设,构建社会主义和谐社会等方面,旅游业综合功能日益明显,已不再是单一的经济功能,旅游功能已日趋综合化,具体表现在旅游业在政治、经济、文化、社会等方面的综合功能。

《国务院关于加快发展旅游业的意见》中指出旅游业是战略性产业,资源消耗低,带动系数大,就业机会多,综合效益好。要把旅游业培育成为国民经济的战略性支柱产业和人民群众更加满意的现代服务业。改革开放以来,我国旅游业快速发展,产业规模不断扩大,产业体系日趋完善。当前我国正处于工业化、城镇化快速发展时期,日益增长的大众化、多样化消费需求为旅游业发展提供了新的机遇。为充分发挥旅游业在保增长、扩内需、调结构等方面的积极作用,要强化旅游业的社会、文化功能,让旅游业发展把经济建设、社会建设、文化建设、生态建设融为一体,使旅游业成为建设小康、和谐、文明社会的重要载体。

三、在组织形式上从单体企业组织向链条企业转变

现代旅游业的竞争主要表现为链条上的竞争。链条型集团化经营是世界旅游业发展的一个重要趋势,它是以旅游活动为中心,通过一系列跨行业并购和战略联盟得到不断发展壮大的。旅游链条企业有两种不同组织形式,一种是旅行社组织的企业链条化,它是通过旅行社企业的组织将组团业务和地接业务企业内部化实现的,一种是旅游活动的企业一体化,它是通过将旅游活动所需的各种服务,如食、住、行、游、购、娱等项服务企业内部化来完成的。无论是什么形式的链条旅游企业,其重心是对旅游需求客源或者是旅游供给资源的控制,它涉及到旅游企业在旅游客源地和旅游目的地的地域扩张问题,其目标是实现链条型集团化发展。从经济的有效性来说,链条型旅游企业集团有助于降低内部部分的交易费用,通过追求范围效应

提高旅游产业的竞争能力和资源配置的有效性。同时,资本优势、市场营销优势、风险扩散优势、成本优势是链条型旅游企业集团化经营的典型的竞争优势。因此,国家要通过制度设计,促使旅游批发商与旅游代理商和旅游零售商形成战略联盟,鼓励旅游企业实施跨地区经营。随着我国旅游市场容量的扩大,旅行社向旅游批发商、代理商和零售商演变,未来旅行社要实现按不同的市场职能进行分工,最终形成大型旅行社通过并购和重组实现集团化、中型旅行社通过市场细分实现专业化、小型旅行社通过代理制实现网络化的发展格局。真正形成同一市场下的专业分工经营体系。

四、在旅游方式上从点线或板块旅游向统筹区域发展旅游转变

一直以来,受计划经济体制和短缺经济的影响,区域旅游发展以行政区域为单位,习惯于就旅游发展旅游,注重景区景点"点状"(或"板块状")开发。传统上由旅行社将不同的单个景点,通过旅行社的组织串联在一起,最终形成旅行社的产品,这就是典型的点线旅游。然而在市场经济条件下,旅游产业有其自身运行规律;在国民经济新的发展形势下,旅游产业呈现出一些新的特征。根据旅游产业发展新趋势,在发展旅游时必须具有统筹发展的新理念。一是旅游发展必须融入和服务于经济社会发展全局。旅游发展与经济社会发展紧密相关,因旅游业具有扩大需求、调整结构、解决就业、缩小地区差距、扩大开放、传播文化等综合的经济功能和广泛的社会功能,在现阶段以内需促增长、保民生、促和谐的发展背景下,区域旅游经济发展要主动融入和服务于区域经济社会发展全局,统筹考虑区域资源保护与开发、经济增长与结构调整、城乡协调发展、发达地区与欠发达地区协调发展等问题。二是区域旅游发展必须与相关产业体系协调发展。一方面,旅游产业依托于吃、住、行、游、购、娱等要素所涉及的基础产业的发展;另一方面,旅游业通过对传统产业的融合、演绎和提升,不断创造出新的领域,形成新的业态。在现代市场经济下,旅游产业与相关产业相生相融,相互促进,产业之间的界限越来越模糊。因此,发展区域旅游不能单独地就旅游发展旅游,必须从满足需求的创意角度,整合区域内产业体系

协调发展。三是区域旅游发展要符合旅游产品形成规律。旅游产品是以景区景点为核心吸引物,以线路为纽带,涵盖吃、住、行、游、购、娱等要素的综合性(或组合性)服务产品,绝非仅仅是孤立的旅游景区(点)。应摒弃以资源决定供给、只把景区作为旅游产品的老观念,要以市场为导向,满足需求为目标,按照旅游产品依线路形成的规律,推出服务组合体,实现旅游产业各种资源、各个要素的优化配置,提高旅游产业的整体效能和综合竞争力。

而旅游线路统筹是区域旅游发展的一种操作系统理论与工作机制,即根据旅游产业的功能综合性和产业互融性特征,按照旅游产品依线路而形成的规律,以打造和推出旅游精品线路为核心,整合沿线各种资源和要素,形成要素产业均衡协调发展的区域旅游发展态势和格局。旅游线路统筹包括三个板块:旅游景区、旅游城镇、旅游通道。旅游景区是旅游线路吸引旅游者的魅力因素所在,更是旅游线路的核心竞争力所在。没有了景区,也就没有旅游线路,旅游通道和旅游城镇也就失去了依托和发挥作用的载体。旅游线路沿线的旅游城镇是区域旅游业发展的基本依托,旅游城镇不仅为景区的长期发展提供持续的支撑和保障,某种程度上,旅游城镇还是旅游景区的外延,旅游城镇与旅游景区共同构成了"旅游境区"。没有较好的可进入性和通达性及合理的环线进出,再好的旅游景区也难以对旅游者产生吸引力。三大板块中旅游景区是核心,旅游城镇是保障,旅游通道是基础。三者相辅相成,互为依托,共同发展,共同构成了区域旅游业完整的生产力要素系统。

五、在发展模式上从数量增长型向质量发展型转变

在发展中必须保证质量与速度同步提高,甚至质量比速度提升更快。应提升旅游项目开发建设水平,通过加大对旅游开发项目内涵的挖掘和深度利用,增加其文化内涵和科技含量,实现深度消费;依靠生产要素的科学合理配置、科技进步和提高劳动者素质,增效减耗,提高旅游开发经济效益。在保证较快的旅游经济增长速度的前提下,不断优化旅游产品结构、客源结构、人才结构和产业结构,开展文明服务、人性化服务、细微服务等质量创建活动,丰富城乡旅游服务功能,延长游客停留时

间,提高旅游消费,全面提升旅游产业质量效益。

实现旅游地与旅游产业管理的科学化,提高旅游资源配置的经济效率和技术效率,使旅游业在有序的市场环境中运行,保证旅游业可持续发展。提高旅游资源开发质量和效益,提升旅游企业经营管理水平。加强对旅游资源开发的长效管理,科学规划、合理开发、提质增效,要避免低水平浅层次开发,在旅游产品开发、旅游项目建设上要有创新,打造旅游精品。改变依靠收取门票来获得收入的赢利模式,积极发展旅游纪念品生产销售、开发演艺旅游及向旅游交通、旅游住宿以及旅行社等环节延伸的新赢利模式,提升旅游效益。

第二节 广西旅游产业转型路径

一、提升传统旅游产品,加快体验型产品开发,促进旅游深度消费

体验时代的到来,使得传统的旅游产品已不能满足游客的需求,因此必须要提升改造传统的结构单一的旅游产品,开发一批具有文化内涵的多元化的休闲度假产品。传统的观光旅游,受时间和价格的限制,旅游主体只是不停地在各个景点间移动,参与性少,旅游过程结束后,旅游者对旅游目的地的旅游产品没有深入的了解,重游率低。随着旅游者收入水平和需要层次的提高,大众化、千篇一律的传统旅游产品已经不受到欢迎,旅游者追求的将是更加有特色的旅游产品。为了满足人们精神文化世界以及市场多元化的需求,需要升级传统的观光旅游产品,增加休闲元素,促进旅游深度消费,从而增加旅游收入。

因此广西在重点建设完善观光旅游产品体系,满足多层次的旅游需求的同时,一是要加快休闲度假产品建设,适应大众旅游由一般观光向度假观光转变的需求。推动国家级、自治区级旅游度假区升级转型,重点提升亚热带海滨度假旅游,推动海滨、高尔夫、温泉等度假产品的开发和服务设施建设,形成康体旅游产品系列,推动建设农家乐、自驾车旅游等散客旅游,形成自助旅游服务体系。二是要提升专项旅游产品专业水平和整合程度。引导会展旅游健康发展,引导提升商务旅游专业化水平。大力开发建设与现代工业、农业、水利建设、交通建设、生物工程相联系的旅游产品。努力开拓与现代生活方式相联系的生态旅游、体育旅游、海洋旅游、健康保健旅游、温泉度假、高尔夫旅游、游艇旅游等新型旅游产品。三是要推动旅游纪念品的产业化发展。为了加大广西旅游商品开发力度,挖掘和推出一批独具广西文化和旅游特色的旅游商品,推动广西旅游商品品牌化、产业化、市场化发展,整体提升广西旅游购物消费品质和水平。

二、建设世界级旅游精品,拓展国际旅游市场

1. 建设桂林世界山水旅游名城

桂林市作为国际旅游名城,在旅游项目建设、旅游市场营销、旅游管理与服务、旅游人才培育与交流、旅游信息建设、旅游企业发展、旅游服务设施配套等方面构建起完善的产业基础和产业体系,其旅游产业的带动和辐射作用及改革试验作用在国内都具有示范作用。应进一步整合发挥桂林旅游的产业优势,以市场为纽带,以整合联动为手段,以实现互利共赢为目标,推进桂林国家旅游综合改革试验区建设,发挥桂林旅游的龙头辐射和带动作用,促进区域旅游协调发展,带动广西旅游转变发展方式,提升广西旅游产业整体素质和区域市场竞争力。

(1)根据桂林旅游资源的分布及特色,以主导资源桂林山水为核心,依托道路交通干线和空间区位组合旅游资源,深化打造"桂林山水甲天下"旅游形象。

(2)依托漓江水系、泉南高速、桂梧高速公路和桂阳公路,以桂林市区为中心,兴安、阳朔为次中心,重点整合桂林漓江国家级风景名胜区范围内的各种精华旅游资源,提升桂林山水整体旅游形象。加大对桂林文化旅游资源开发力度,整合开发中国抗战文化、明代藩王文化、史前人类文化、古代军事水利文化、摩崖石刻和山水诗词文化旅游资源,丰富桂林山水旅游品牌文化内涵。通过整合各种精华旅游资源,创新与提升桂林山水观光旅游产品,并在充实提升桂林山水观光旅游产品品质的基

础上,调整和优化桂林旅游产品结构,构建以桂林山水为核心,以文化为内涵,以休闲度假、会展商务、民族文化体验为主要功能的复合型旅游产品空间体系。

(3)做好桂林山水旅游形象的策划,以桂林岩溶山水景观、资源,丹霞地貌景观共同构筑桂林山水旅游新形象,扩展桂林山水内涵。进一步加强桂林山水旅游品牌形象的策划与推广,突出新桂林、新风貌、新体验旅游形象和世界最佳旅游目的地之一、最佳人居环境和休闲度假地形象,充分展现桂林中原文化、岭南文化和壮文化交汇融合的历史文化名城形象,凸显桂林抗战文化内涵。

(4)依托桂林国际旅游城市,强化休闲度假和会展商务功能,丰富和优化桂林山水旅游品牌产品结构,提高桂林山水旅游产品的市场竞争力。

(5)围绕桂林山水品牌建设,配套完善旅游基础设施和服务设施,加强旅游城镇建设、旅游信息网络建设。

(6)加强桂林历史文化名城的保护与建设,完善提升品牌支撑景区桂林漓江、阳朔西街、象山景区、伏波山景区、叠彩山景区、芦笛岩景区、七星公园、灵渠景区、龙脊景区、印象·刘三姐、愚自乐雕塑公园等景区,做好两江四湖二期工程、漓江徒步旅游等项目建设。

2. 打造南宁世界商务绿都

南宁作为广西首府和广西政治、经济、文化中心,具有强大的集聚辐射功能,向东接受泛珠三角区域的辐射、向西承接大西南客源市场、向南沟通越南与东盟、向北与国际旅游城市——桂林形成互动之势。南宁在客源、交通、会展、商务、壮民族文化展示、旅游购物、旅游教育、旅游人才、旅游信息与服务等方面具有集散作用。

随着中国—东盟博览会永久落户南宁以及四届中国—东盟博览会的成功举办、2007年南宁荣获了联合国人居奖,它作为区域国际中心城市的地位日益显现。南宁具有良好的城市人文环境,市民的教育程度和文明程度较高,对外来游客比较友善;社会治安良好,给游客以安全感,能给游客呈现深厚的文化内涵和多彩的都和文化。南宁素有"绿城"之称,具有良好的城市生态环境。城市绿化率较高,城市的园林和郊野公园较多,有一定的水域面积;空气清新,气候温和,水域洁净,噪声污染较低,处理污水和垃圾能力较强,更重要的是具有良好的城市商务环境。因此南宁完全有条件打造成为以会展业为中心的世界商务绿都。南宁通过举办各种形式的会议和展览,包括中国—东盟博览会、商务与投资峰会、交易会、运动会、招商会、经济研讨会以及举办南宁国际民歌节、东南亚美食节等节事活动,吸引海内外大量商务客和游客,促进产品市场的开拓、技术和信息交流、对外贸易和旅游观光,并以此带动交通、住宿、餐饮、购物等多项相关产业的发展。并结合"绿色环保"、"自然和谐"的主题,强化环保、人文意识,加快环保技术在旅游行业的应用和推广,使南宁成为名副其实的世界商务绿都。

三、彰显非物质文化旅游资源的作用,以"民族性即世界性"来吸引各国游客

非物质文化旅游资源是指依附于特定的文化空间并客观地存在于一定的社会形态中,能够吸引游客使之前往某一特定地域感受与体验,同时又能借助于游客实现其传播与扩散的各种非物质的事物和现象。广西是少数民族聚居的地方,世居民族有壮族、汉族、瑶族、苗族、侗族、仫佬族、毛南族、回族、京族、彝族、水族等12个民族。长期以来,各少数民族在广西这块美丽富饶的土地上生长繁衍,共同生产劳动,创造了辉煌灿烂的民族文化,形成了丰富多彩的非物质文化旅游资源。因此广西应以时代发展特征和市场需求为导向,以特色文化资源和特有自然人文环境为依托,以挖掘、保护和传承优秀文化为根本,以市场化、资本化、企业化运作为手段,创意策划包装,精心打造品牌,因地制宜,因品而异,灵活地采取各种开发思路和模式,有效推进广西文化旅游的产业化开发,实现良好的文化产业效益。

(1)大力开发壮、侗、瑶、苗、京、仫佬、毛南等少数民族风情,以民族文化考察、民族生活体验和参与性民族文体娱乐活动为主题,多方面展示各民族生产、民居、餐饮、服饰、宗教、文娱、体育、婚嫁等民俗文化风貌,展示各民族的历史发展和现代风貌。配合文化部门在南丹白裤瑶村寨、靖西旧州、那坡吞力村、金秀大瑶山、宁明花山、三江程阳桥、融水贝江、宜州下枧河、贺州客家围屋等地建设一批展示壮、侗、瑶、苗等少数民族生产、生活、历史和文化的民族生态博物馆,并积极推进民族生态博物馆的市场化进程。

（2）全力打造"刘三姐故乡"、"世界瑶都"、宁明花山民族文化旅游品牌，重点培育宜州、金秀、三江、融水、武鸣、靖西、那坡、忻城、龙胜、罗城、南丹、东兴等民族风情旅游县（市），建设或配套完善金秀世界瑶都、宜州刘三姐故乡—下枧河景区、宁明花山景区、三江程阳桥景区、靖西旧州—龙邦口岸景区、田阳敢壮山壮族布洛陀始祖遗址景区、忻城莫土司衙署景区以及南宁刘三姐剧场、青秀山东南亚民俗文化园、东南亚文化风情街区、传统中医药文化旅游基地、五象民族风情街区等民族风情旅游项目，加快民族风情旅游示范点建设步伐。

（3）宗教文化旅游对港澳台、广东、福建和西南地区客源市场具有较强的影响力，是广西旅游极具发展潜力的组成部分，应继续理顺管理和经营体制，提升产品包装档次，加大旅游投资和客源市场开拓力度，重点整合开发桂平西山—白石山、容县都峤山、贵港南山寺、北流勾漏洞、梧州龙母庙、梧州四恩寺、全州湘山寺、灵山六峰山、凌云古城文庙、水源洞、上林金莲湖、良凤江天宁寺、青秀山观音庙等宗教旅游资源，建设宗教主题突出、文化内涵深厚的广西宗教历史文化旅游产品。

四、深化城市旅游产品，完善城市国际化旅游功能配套

城市化进程的加快，为旅游业在市场需求、客源扩张、资金融汇、景区开发、产品进入等诸多方面的发展带来了前所未有的大好机遇。在城市化进程中，旅游又发挥着巨大的推动作用。旅游基于其产业特殊性质，在推动城市建设健康、有序、快速发展方面，发挥着独有的优化功能。旅游的生命在于特色，凡是旅游发达的城市，无不具有鲜明的特色。通过发展旅游业来提升城市品位，凸显城市特色。用旅游激活城市，让游客的食、住、行、游、购、娱这样一个完整的消费链在城市里充分地表现出来。

1. 构建便捷、立体的旅游大交通网络

围绕全区旅游景区布局，按照互联互通、快捷进出的原则，完善公路、铁路运输网络，重点发展和建设城际铁路、调整铁路和航空客运，构建以航空、高速铁路、城际铁路、高速公路为主骨架，干线公路、景区专用道路为补充，方便快捷的现代综合旅游交通体系，建设南宁、桂林国际区域性和柳州、梧州国内区域性综合交通运输

枢纽。

2. 推进口岸通关便利化

进一步建设完善桂林、南宁两个航空口岸和铁路口岸,加大东兴、凭祥友谊关、龙邦口岸基础设施及旅游服务建设,提升大新硕龙口岸为一类口岸,结合中越国际旅游合作区建设配套完善相应的旅游服务设施,进一步完善北部湾海上国际航线、北部湾港口客运口岸建设。加强口岸电子信息技术创新体系建设,加强口岸综合管理能力,营造出良好的口岸服务环境。充分发挥口岸查验部门职能,加强沟通与配合,运用现代科技手段,实现信息共享,简化查验流程,完善口岸服务,推进广西口岸通关的便利化。完善红色旅游与越南客源市场的便捷对接通道。

3. 优化提升旅游住宿业

优化旅游住宿设施的空间布局、档次结构和功能结构,加强中高档次宾馆饭店、旅游度假别墅的建设,改造提升设施陈旧老化的宾馆饭店,发展特色主题酒店,形成设施齐全、服务周到、布局合理的旅游住宿服务体系。不断提高服务质量和管理水平,培育一批有产业竞争力和社会影响力的饭店品牌,推进饭店连锁化和集团化发展。重点发展度假型、会议型、保健型、客居型等各种不同特色的主题酒店。大力发展家庭旅社、农家旅馆、青年旅社、汽车旅馆、露营木屋帐篷等经济型、家庭型适合大众旅游者要求的住宿设施,适量发展公寓型旅游设施,增强散客自助旅游服务功能。

4. 着力培育特色旅游餐饮业

深度开发广西地方饮食文化,充分融入民族和地域特色,着力打造系列餐饮节庆,大力培育北部湾餐饮品牌,建设多元化、满足多层次的餐饮体系,形成强大的餐饮旅游吸引力。探索旅游餐饮经营模式,形成有竞争力的旅游餐饮品牌和标杆企业;积极引进国际餐饮品牌,规划发展以西餐、韩国料理、日本料理为重点的国外餐饮种类;大力培育精品餐饮节庆,以中国—东盟博览会、南宁国际民歌艺术节以及各种重大节假日为契机,高水平举办"南宁·东南亚国际旅游美食节"等主题鲜明的大型美食文化节。各地市结合地方传统节庆和特色饮食文化,举办各具特色的餐饮文化活动,整体打造广西"美食天堂"的饮食品牌;建立旅游餐饮的规范化、标准化管理体系,出台并实施具有旅游行业特点的旅游餐饮标准和服务规范。

5. 加强特色旅游商品开发

适应市场需求,提升旅游购物在旅游消费中的比例。推动研发与生产,大力发展符合市场需求的、具有自主知识产权的、富有特色的旅游商品。通过建立广西旅游商品生产基地,安排旅游商品开发专项经费,支持旅游商品新产品和特色旅游商品的研发。

第五章　广西旅游产业结构优化升级路径选择

第一节　旅游产品升级路径

旅游产品的转型升级主要体现在产品结构与功能、产品形式和产品开发三个方面。

一、产品结构和功能

在产品结构和功能方面有两个方向的转型：一是从以事务旅游为主向以休闲旅游为主，单一观光旅游产品向以观光旅游与休闲度假为基础的多元休闲旅游产品转变；二是向创新化、体验化转型，从服务经济向体验经济升级，让游客参与其中。

二、产品形式

在产品形式上，尽管观光旅游仍然是大众旅游市场的重要组成部分，但已不再是市场的唯一主体。休闲度假旅游、科技旅游、都市旅游、工业旅游、农业旅游、康体旅游等新型旅游产品的快速发展，使得我国的旅游产品类型更加丰富。同时像广东东莞等地"商务＋温泉"、"商务＋高尔夫"等旅游模式的出现，标志着各种旅游产品组合的方式也更加多元化。广西应加以借鉴和因地制宜地开发。

三、产品开发

在产品开发方面,在目前长线出游需求不大的情况下,首先,应大力推广"短、平、特"(短途、平价、特色)旅游产品,成倍提高乡村和城郊旅游市场规模;同时,加强旅游产品组合编排,完善自助旅游服务体系。其次,各个景区及相邻景区之间应形成联盟,在线路推荐、旅游相关服务上做配合。最后,在开发策略上,对那些适合发展休闲度假旅游的地区可实施"转型"战略,而在其他地区则应因地制宜实施"升级"战略,即在观光旅游的基础上增加休闲度假的成分。

第二节 旅游产业管理模式升级路径

在产业运作方式上,从长期来看,市场化将是我国旅游业发展的主导模式。但国际金融危机爆发的本身表明,完全的市场化不可能实现经济持续健康发展。我国旅游业发展的实践也证明,在一定时期内政府主导能实现产业的超常规发展,而旅游产业的转型升级同样离不开政府作用的发挥。因此,把握好市场化和政府主导之间的关系,并实现两者之间良好的结合是转型取得成效的关键。

一、改善旅游服务质量

示范、评定、检查等工作,是过去旅游部门引导和管理旅游发展的重要方式。这种方式的好处是在发展初期,能够集中力量,解决一些重大或突出的问题,使旅游发展水平能够迈上一个新台阶,使旅游市场经营环境有所改善,对推进旅游业转型升级有其独特的作用。但此种方式的一个最大弊端,是动态性不强,即不能长久地对旅游供给方形成评价、监督机制。因此旅游行政部门需要转换思路,调动各方面力量来促进旅游服务水平的提高,而最重要的转变就是要把对旅游服务质量感受最深的游客发动起来,让他们成为评价和监督旅游服务质量的主体,而旅游行政部门的职能是让游客的这种主体地位得到充分发挥。

二、搭建旅游管理和服务的工作平台

过去旅游部门通过标准化和旅游定点管理方式,基本实现了对食、住、行、游、购、娱等旅游要素监管的全覆盖。但是新时期随着旅游供给单位的日益增加和定点管理方式的取消,旅游部门监督和管理旅游供给方面的力量大大削弱。因此借助信息化,通过旅游和金融结合,发行公民旅游卡的方式来搭建一个新的旅游管理和服务平台显得非常迫切。目前山东、河南、四川等地都在发行旅游一卡通,广东省发行了国民旅游休闲卡。这些卡的功能基本局限在为游客提供打折服务和部分金融服务方面,旅游行政部门方面的作用还没有得到充分发挥。未来可以此为基础,通过扩大旅游卡的覆盖范围将其打造成为旅游行政部门的信息卡、管理服务卡、宣传促销卡。其一可以通过卡片消费信息,为旅游行政部门提供及时的旅游消费结构数据,以弥补现有旅游统计时效性不强的问题,进而为旅游的服务和管理提供重要参考。其二,可以此为平台,加强旅游投诉处理,通过把欺客、宰客商户剔除出市场,并在配套的旅游网站上发布信息点名批评的惩戒方式,促使旅游经营者诚信经营。其三,还可以通过卡片,为旅游宣传促销带来便利。比如某个地区可以根据客源市场发展需要,对想重点发展的市场持卡人进行折扣促销和消费券发放,通过与手机捆绑或网站互动等方式,开展更为精准的旅游营销活动。

三、充分利用信息技术

一是推动传统的旅游管理方式向现代的管理方式转变。要通过信息化及时、准确地掌握游客的活动信息,实现行业监管的动态化、适时化;要通过与公安、工商、卫生、质检等部门的信息共享与协作,实现对旅游投诉以及旅游质量问题的有效处理,维护市场秩序;要依托信息技术全面了解游客的需求变化、意见建议以及旅游企业的相关信息,实现科学决策和科学管理。此外,要通过信息化,及时监测各种突发事件,预防旅游安全事故,提高应急管理能力,有效处理安全事故。二是推动传统的旅游消费方式向现代的旅游消费方式转变。随着信息技术在旅游消费中进一步普及,游客可以通过网络,更加全面地了解目的地的资讯进行预订;通过电子地图、电子导览设备等,辅助进行游览观光;通过电子支付系统进行结算,未来游客可以足不出户,就能通过信息技术对准备入住的酒店客房进行全方位了解,对菜单进行预先审定,甚至还可以提前通过手机办好住宿手续,用集成了相关信息的手机取代传统的房卡。三是推动传统旅游企业向现代旅游企业转变。要抓住互联网、物联网、3G移动通信、云计算、多媒体、数字旅游等新技术快速发展的机遇,支持传统旅游企业通过信息化积极转型,支持新兴的旅游电子商务企业提高技术含量和服务能力,并鼓励有条件的旅游电子商务企业向传统旅行社和饭店业、景区延伸。四是积极推进有条件的城市开展"智慧旅游城市"、"智慧旅游景区"试点工作。在试点城市、试点景区内充分整合应用现代信息技术,使旅游者的旅游行为实现便利化、精细化;使旅游经营者实现经营的集约化、营销的全球化、服务的个性化、效益的最大化;使旅游行政管理部门高效地决策、有效地监督、系统地服务。

第三节　旅游营销模式升级路径

一、彻底改变散点式营销,进行整体式集约营销

1. 政府主导参与联合促销

旅游产业存在着旅游客体的不可移动性与旅游主体的选择性特性。充分调动地方及企业的积极性,建立联动促销机制,开展统一对外促销,形成整体宣传合力,产生市场凝聚效应。创新旅游宣传促销方式,把扩大市场的覆盖率和有针对性地开发细分市场结合起来,把品牌促销与组合推广结合起来,精心策划各种会展活动,充分重视利用重大事件开展旅游促销活动。旅游产品的营销需要进行形象宣传和产品宣传,以形成品牌。形象宣传包括地方旅游形象、国家旅游形象、国家形象,层层深化;产品宣传包括旅游线路、旅游活动等,两者共同构成旅游产品的销售。旅游业主要重视国家品牌和地方品牌,而形象宣传必须由政府出面,形成政府主导。同时,政府要与周边的重庆、湖北和贵州等地区密切合作,联手打造武陵山区世界级旅游品牌,对外统一形象、统一宣传,拓展新的旅游市场。

2.旅行社主导分销

联合促销不只是运输企业与其他环节的配合,所有与旅游相关的企业都应是战略伙伴、利益共同体,联合促销是必然趋势。旅行社是连接游客和旅游景区的桥梁,它把以往旅游活动中旅游者不得不多次、分期购买旅游服务变成一次性购买,将旅游企业经营者对旅游者的零星销售组合为包价旅游产品的集中性销售,把分散居住在各地的旅游者与提供各种旅游服务的经营者连接起来,起了纽带的作用。同时,由于旅行社在旅游市场中首当其冲与旅游者发生接触,因而能及时了解和掌握旅游市场的信息,包括旅游者的需求和有关旅游企业产品的供给状况,进而利用其在旅游供需中所处的特殊地位。针对当前旅行社普遍弱小,难以发挥其应有功能的问题,景点之间可以联合培育大型的旅行社集团,发挥其在联合营销中的桥梁作用,实现不同景点和不同地区之间的联合营销。

二、推动旅游产品的网络营销

为了适应当今的信息社会,旅游产业需要构建有特色的网络促销文化。运用新的媒体传播介质,对于增强旅游宣传效果会起到非常大的作用。随着凝聚中华民族精神与情感的节日的兴起(如清明节、端午节等),做好传统节日旅游市场的开发,将有利于我们弘扬民族文化,丰富与活跃市场。旅游产业可以运用新的媒体传播介质(如用多媒体制作的动画),对于增强旅游宣传效果会起正面的作用。还可运用相应的宣传促销理念和手段改变或吸引游客,帮助旅游服务人员树立新的旅游观念,提高游客和服务人员的旅游文化档次等。

1. 利用搜索引擎

据 CNNIC 的统计,2010 年搜索引擎跃居网民各种网络应用使用率的第一位,成为网民上网的主要入口,具有较高的商业价值。旅游者在外出旅游之前,都会通过互联网去获取旅游目的地的相关信息,尤其是自助游人群,就更会通过互联网去获取目的地旅游、交通、住宿、餐饮及其他相关信息。搜索引擎应该成为旅游网络营销的一个重要渠道。

2. 利用网络社区,开展口碑营销

Jupiter Research 调查显示:77%的美国网民在线采购商品前,会参考网上其他人缩写的产品评价。随着互联网的发展,从网络了解更多的消费信息已成为国内众多消费者的习惯。旅游者希望在出发前获取更多的信息,例如寻找最有特色的当地小吃,最具口碑的饭店宾馆,最经济划算的出行路线等。因此,互联网诞生了不少旅游消费点评类网站。网络社区正在深刻影响着旅游者的行程计划和消费决策。对旅行产品供应商而言,在旅游者中形成良好的口碑是业务增长的保证,应该注重进行互联网口碑营销。

3. 借力 SNS 网站

由于营销成本低且有利可图,互联网出现了大量写手、推手运营互联网口碑的事例,让一些互联网口碑失去了可信度。这个时候,朋友之间的口碑就变得非常重要。SNS 网站作为社交网络平台,拥有庞大的人际关系网络,集聚了大量人气,同时,国内的 SNS 用户又以学生、白领人群为主,网购意识很强烈。如果能够通过 SNS 网站进行旅游产品的营销,将会起到事半功倍的效果。

4. 折扣积聚人气

用景区门票价格除以国家居民可支配收入,国外的比例是 1%,而国内则高达 5%。门票价格贵成为国内游客进入景区消费的一大障碍。如果旅游产品供应商能够提供折扣较多的景区门票,必将直接拉动旅游消费,短期内积聚大量人气。这种营销方式比传统的大众媒体的宣传营销效果要好得多。而且旅游产品供应商还可以进一步构建网络营销平台,发布各种餐饮、住宿、交通等信息,特别宣传游客感兴趣的氧吧、温泉等休闲度假信息,发展消费潜力较强的中高端游客,向他们全面展示景区及周边的信息,拉动游客进行二次消费,乃至多次消费。

5. 强调用户体验,开展互动营销

当前全社会的旅游消费观念已经发生了显著的变化,旅游产品的消费呈现出多品种、小批量、个性化的特点,参与式、体验式的旅游更加为人们所青睐。用户可以与一起出游的驴友们在互联网上进行协作,制定出个性化的旅游线路,依据自己的喜好添加旅途中各城市的交通、宾馆、饭店、活动、景点等信息。

6. 借助网络团购,营销特色产品

网络团购是一种新的网络营销模式,有超低的折扣,通常是4—6折的价格,非常具有吸引力。因为消费者不知道明天卖什么,所以很快被它培养出每日登录该网站看看的习惯。在达到最低团购人数以前,网站所展示的商家信息相当于一次免费广告。限时购买的方式使人们产生紧迫感,促成迅速的购买决策。

7. 融入网络游戏,助推景区营销

网络游戏用户的主要年龄段为12—35岁,与旅游人群重合的年龄段为18—35岁,该年龄段的人数占到网络游戏业务目标市场的75%左右。例如:电影《指环王》的热播,引发观众对新西兰优美自然风光的向往,最终促进了新西兰当地旅游业的发展。假如将景区或者主题公园有机地融入网络游戏的场景中,实现线上玩家和线下游客的互动旅游,很容易得到年轻人的追捧。

第四节　旅游产业政策与制度升级路径

一、产业观念

从产品的开发类型上看,广西旅游多元化开发格局的重点应着眼于休闲娱乐产品的开发。不管是旅游行业还是其他跟旅游相关的行业都普遍认识到了旅游在新阶段所处于的一种转型的趋势,而受整个休闲时代的影响,以"休闲"为特征的旅游产品也越来越受到人们的青睐。所以整个旅游产业应从观念上进行创新,通过增大旅游产品自身的生产能力,以试销对路的生产性产品占领市场,通过技术创新,使旅游产品增强其适合现代人需求的文化内涵,从而扩大休闲旅游产品的使用价值和使用功能。

二、产业支持

从旅游开发的进程来看,广西旅游产业要改变片面追求速度、规模,略显急躁冒进的开发方略,更加重视质量和效益,呈现出"稳中求质"的特点。政府部门和全市各行各业要围绕旅游产业的发展主动调整自身的产业和产品结构,逐步在全市构建起以旅游服务为核心,融旅游商贸、旅游购物品和工艺品制造、旅游观光农业、旅游交通、旅游教育、旅游文化、旅游体育等产业为一体的旅游社会化大产业。

三、产业政策

从整个产业运行机制角度出发,要形成责、权、利合理分配的产业运行机制,理顺旅游的利益分享机制。随着新时期休闲旅游产品的开发,旅游资源的界限以及归属问题再次引起政府的重视,例如桂林与阳朔对漓江旅游风景区的开发所形成的利益分割在开发前必须明确利益分配比例,形成"统一管理、多元开发、利益共享、风险共担"的开发经营模式,将旅游资源的所有权与经营权股份化,根据市、县所占股份来分享旅游资源开发带来的利益。而且新时期的旅游开发项目实施的是大投入、大配套、多形式的开发方针,作为领导者的政府应先期介入,以政策创新为杠杆,有效调节政府与政府、政府与企业、企业与企业之间的责、权、利的分配关系,从而建立有效的产业运行机制。

四、产业制度

从政府对旅游业发展的制度保障方面来看,首先,要制定和健全旅游服务行业标准体系,加强行业管理和行业自律,规范服务行为,提高从业人员素质。其次,要建立健全有效的激励机制,制定适宜的投资保障政策和税收保障政策,鼓励外资和社会民间资金介入旅游产品的开发中。

第五节 旅游产业结构升级优化的风险防范路径

一、转变观念,增强旅游产业风险意识

为适应旅游产业结构升级优化的需要,在进行技术创新和制度创新的同时,旅游从业人员要加强旅游产业结构调整重要性的认识,破除原有观念的束缚,采取各种可以采取的措施,避免产业结构转型中可能遇到的风险。

(1)树立旅游精品意识,加大宣传力度,运用各种媒体和工具,向外积极推介广西的旅游资源,实现自然旅游资源、民俗风情旅游资源、历史人文旅游资源的深度整合和挖掘。要坚持以人为本的理念来发展旅游,把人的需要摆在旅游业发展的首位,让更多的国内外游客对广西的民俗风情和历史文化产生旅游需求,加快广西旅游产业的国际化步伐,使旅游业真正发展成为和谐产业。

(2)树立全局意识,统筹规划,加强区域旅游合作,打造旅游名牌。必须树立精品旅游的概念,深化旅游体制的改革,加强宏观调控力度,鼓励旅游产业内部部门间的联合,成立行业协作组织,促进旅游产业各部门的协调发展。加强区域旅游合作,大力开拓海外市场,打造区域旅游品牌,形成合理的旅游产业布局。发挥广西作为西南出海大通道枢纽和在中国—东盟自由贸易区构架中的作用,构建大西南区域旅游经济一体化格局。大力推进滇、黔、桂三省区共同建设具有"山海联动"、"文化合拍"和"喀斯特地质生态"等鲜明特色的"滇、黔、桂中国喀斯特生态文化旅游区"。与云南、贵州、湖南、四川、重庆联合打出"大西南上山下海又出国"旅游品牌,共同塑造大西南旅游产品形象。充分发挥桂林国际旅游名城和南宁举办中国—东盟博览

会优势,利用桂林山水、民族风情、滨海休闲、长寿度假等优势旅游产品,加强与国内其他客源地和旅游目的地的联动,特别是加强与长江三角洲、环渤海湾地区的联动,组合跨省区旅游线路,共同打造和推介旅游产品和线路,实现资源共享、市场互动。

(3)强化旅游资源保护意识,坚持开发与保护并重,走可持续发展道路。加强资源的开发利用;要加大历史名城、历史街区、重要文物等设施的保护。在加强对广西旅游资源和生态环境的保护的前提下,科学、合理地利用广西旅游资源,提升旅游资源的开发水平,将旅游资源优势转化为产品优势。各地市旅游部门应充分认识旅游规划的重要性,先规划后开发,加强对旅游规划实施的督查,强化旅游规划在旅游资源开发中的指导作用,将旅游规划中旅游资源与环境保护措施落到实处。加大对历史、人文资源等文化遗产的保护力度。突出保护好以兴安灵渠、靖江王城王陵、桂海碑林、宁明花山崖壁画、三江程阳风雨桥、容县真武阁、容县民国故居等为重点的各级文物保护单位、历史文化遗迹遗址,以金秀瑶族民俗村、昭平黄姚古镇、灵川大圩古镇、靖西旧州古镇、富川秀水状元村、灵山大芦村、南宁扬美古镇、容县高山村等为重点的特色村寨、历史古镇及传统文化,落实保护资金,恢复和修缮古建风貌,严格控制拆旧建新,限制游客规模,建设旅游设施要与环境相协调,不得破坏原有的风貌和格局。

二、优化产品部门结构,提高旅游产业的安全性

旅游产业内部各要素的发展只有不断地通过综合平衡,保持一定的合理比例关系,才能使整个旅游产业协调发展。优化旅游产业结构,必须对旅游产业食、住、行、游、购、娱六大基本要素进行横向综合平衡,达到部门结构的合理配置。

(1)在"食"方面,要创新发展具有广西特色的桂菜,引进外地知名菜系品种,建立适合不同类型休闲游客口味和需求的品种、档次、质量和风味的餐饮业,形成高、中、低档餐馆配置合理的餐饮体系。在各地级市建设具有各地特色的美食城、风味小吃一条街;举办食在广西——广西美食节,积极挖掘广西民族风味美食,推出广西名菜、名点、名酒、名餐、名茶、名果,进一步打造完善桂菜系,完善发展南宁旅游美食

节;加强餐饮业管理,提高全区餐饮服务水平,推进南宁秀餐天下等一批重点特色旅游餐饮项目建设;每年举办广西美食烹饪大赛,评选优秀厨师和特色菜。

(2)在"住"的方面,要引入国际酒店品牌,组建大型骨干宾馆集团。引进万豪、喜达屋、希尔顿、凯宾斯基、雅高等国际酒店品牌,引进著名饭店公司的管理模式,组建大型骨干饭店集团,形成广西旅游宾馆经营网络,打造本土国际酒店品牌。利用国际酒店的规范化管理与优质服务引领广西酒店走向更优质的服务、更高档次。优化旅游城市(县)宾馆的布局与结构,针对休闲游客比较高的消费水平,发展面向休闲游客的中高端住宿设施。

(3)在"行"的方面,要以广西北部湾经济区开放开发、北部湾旅游发展以及多区域合作为契机,依托广西交通格局,建设出海、出边旅游通道,进一步完善区内旅游交通网络,提高道路等级和设施,构建集散通畅、快速便捷的陆海空立体化旅游交通,将南宁机场打造成为面向东盟的国际门户枢纽机场,开拓与东盟国家的海上旅游航线;加强与周边省市的陆路对接,形成便捷的区域旅游交通;改善区内陆路交通和重点旅游景区的对外交通,为广西休闲旅游的发展提供良好的交通环境。

(4)在"游"的方面,要开发依托桂林市、阳朔县城开展的城市休闲旅游产品;开发以漓江喀斯特地貌景观、资江—八角寨丹霞地貌景观、姑婆山国家森林公园为代表的山水生态休闲旅游产品,建设漓江休闲旅游带;开发以灵渠、靖江王城王陵、愚自乐园国际雕塑公园、荔浦龙怀、黄姚古镇、印象·刘三姐、三江程阳桥侗族风情等为代表的文化休闲旅游产品;开发以阳朔县城附近乡村、龙胜龙脊梯田、恭城红岩村、富川秀水、临桂义江等为代表的乡村休闲旅游产品;开发以桂林乐满地、贺州温泉、龙胜温泉等为代表的娱乐健身休闲旅游产品。

(5)在"购"的方面,要加快特色旅游商品设计和开发,创新旅游商品市场引导开发机制,建立广西旅游商品研发基地,培育和壮大旅游商品生产基地,建立和完善旅游商品营销网络,实现广西旅游商品的产业化发展。

(6)在"娱"的方面,充分挖掘广西民族文化特色,完善提升广西文化休闲娱乐设施,建设文化休闲娱乐精品,打造节庆旅游品牌。

三、提高旅游产业结构的关联性，增强风险防范能力

旅游企业要按照建设资源节约型和环境友好型社会的要求，组合运用各种自然和文化资源，推动旅游产业与其他产业相互渗透、相互促进，形成吃、住、行、游、购、娱协调发展的和谐格局，走生态文明的旅游发展之路。

（1）深化旅游与商业、餐饮的融合

规范发展旅游购物市场，建设一批旅游商品批发市场及购物店，提高旅游购物在旅游总收入中的比重。积极扶持特色餐饮开发，提高旅游业的附加值，进一步拉动内需。

（2）推进旅游与房地产的融合

发挥广西生态宜居特色，集聚人口和产业，大力发展旅游地产、景观地产、田园地产、第二居所、产权酒店、分时度假地产等地产新业态，综合配套康体疗养、休闲度假、餐饮娱乐等度假设施，形成度假地产集群，推动旅游地产业的快速健康发展。

（3）开拓旅游与交通物流的融合

依托广西地理区位和交通区位优势，配合广西区域旅游集散中心的建设，加快广西与周边旅游资源的交通建设、物资配送与运输业建设。广西区内旅游交通体系日益完善后，可推动旅游汽车公司的发展，同时加快发展面向自助游客的租车服务，包括越野车、自行车以及旅行车等。

（4）提升旅游与建设的融合

建设部门在进行城市建设、乡镇建设的时候要结合旅游发展，充分考虑旅游功能，在环境营造、建筑控制等方面满足旅游发展的要求，积极创建一批国家级和自治区级旅游特色名镇名村。

（5）加快旅游与林业的融合

依托广西得天独厚的森林生态旅游资源、舒适的气候资源优势，通过与旅游业嫁接，将生态优势、气候优势转变为康体养生经济，发挥广西生态优美优势，大力开展森林旅游，建设生态旅游示范区。

四、保护民族特色，发展文化旅游产业

为了避免民族地区文化旅游资源可能出现过度商业化的问题，一是要立足于本地实际，保护、挖掘民族文化资源，运用民族文化资源进行旅游产业创意，促使旅游产业升级。如依托旅游和演艺文化，综合大型山水"实景"和现代多媒体声光与舞台技术，以情景歌舞为演出形式，以彰显历史文化或地域民俗为目标诉求的文化创意产业项目《印象·刘三姐》、《印象·丽江》、《印象·西湖》等印象系列作品，就是一种新型的创造性的大众文化形式，将各种高科技手段糅合在艺术性中，再将这样的艺术性与产业化运营结合起来，形成一个文化产业链条。既拉动了地方经济的增长，又使得大众百姓在艺术的熏陶中潜移默化地提高了自身的审美素养，而且还推动了民族旅游文化产业的创造性发展，为民族文化的发展提供了一种积极良好的范式。二是对现有的民族语言、文字、服饰、民歌等多姿多彩的民族文化进行存储和保护，让优秀的民族民间文化得到传承和弘扬。要坚持保护为主、合理利用的原则，既要保留文化遗产（包括物质和非物质文化遗产）的原生态和本真性，又要通过旅游开发向外界宣传推广。对传统技艺类非物质文化遗产，通过生产性保护方式，加以合理利用，为旅游业和文化产业发展注入新鲜元素。对传统表演艺术类非物质文化遗产，一方面注重原真形态的展示，另一方面通过编排，使之成为具有地方民族特色和市场效益的文化旅游节目。在广西出现了一批保护与利用相结合的典型，如灵川县江头村群众自办的"博物馆"、靖西县的"绣球村"、阳朔县高田镇的"民间雕刻"和福利镇的"画扇"、融水县的苗族芦笙队等。这些都是传承和保护文化遗产的有效手段。三是要积极调动和提升当地居民的积极性和参与层次，举办各种文化论坛，举办文化创意大赛，引导全民参与。如打造以南宁国际民歌艺术节、南宁国际半程马拉松赛、桂林国际山水文化旅游节、柳州国际奇石节等为代表的具有国际影响力的节事节庆品牌，培育北海国际沙滩旅游文化节、崇左边关节、贺州客家文化旅游节、钦州荔枝节、河池铜鼓山歌艺术节、河池巴马长寿文化旅游节、防城港京族哈节等具有全国影响力和地方民族特色的节庆活动，鼓励和培育旅游节庆的市场采购行为。

以中国—东盟博览会为核心,拓展广西会展商务、会展节庆旅游,促进南宁国际学生用品交易会、玉林的玉博会、中越边境(东兴—芒街)商贸旅游博览会、梧州国际人工宝石节等常态会展商务节庆活动的发展,构建广西特色文化的多内容的旅游节事节庆体系。

五、做好旅游产业突发事件的应急预案

当前,我国旅游产业突发公共事件出现增多的态势,为了尽可能地减少损失,一是要重视旅游突发事件的危害性,提前制定相应的规章制度,建立旅游突发事件处理的应急机制。如在2008年的大地震以后,四川、陕西等省市都出台了相应的旅游业突发社会安全事件应急预案实施办法,但是还不够精细,实施中还存在诸多问题,还需要不断地进行完善。二是在处置突发事件的过程中,要坚持以人为本的原则,实行属地救护和就近救护。并运用一切力量,力争在最短时间内将危害和损失降到最低程度,同时对突发事件及时报告,在第一时间向上级部门及相关单位报告,并及时做好有关善后工作。三是做好突发事件的应急保障工作。首先,要建立相应的应急队伍,旅行社、旅游星级宾馆、旅游汽车公司、旅游景区(点)等相关旅游行业的企事业单位应当组建专门的救援队伍。其次,各相关旅游行业企事业单位应当做好事故应急救援必要的资金准备,旅游伤亡事故应急救援资金首先由事故责任单位承担,事故责任单位暂时无力承担的,由当地政府协调解决。再次,各旅游企业要围绕旅游突发事件应急救援工作,加强工作人员的培训和学习,做到熟悉相关应急预案和程序,了解应急支援力量、医疗救治、工程抢险等相关知识,保持信息畅通,保障各部门相应的相互衔接与协调。再次,还要主动做好公众旅游安全知识、救助知识的宣传教育,不断提高旅游全行业与旅游者预防和处置旅游行业突发公共事件的能力。最后,旅游部门应该针对旅游突发事件,实施有针对性的演练,并及时总结经验。

第六章 广西旅游产业转型升级的措施

第一节 政府政策保障措施

一、强化组织领导

旅游产业的转型升级,对加强组织领导提出了更高的要求,必须以全新的思路、强有力的措施,健全组织领导,强化目标考核,为旅游产业跨越式发展提供组织保障。

成立全区旅游产业发展指导委员会,定期召开全区旅游产业发展大会和全体成员会议。各级党委、政府要建立相应的领导协调机构,把旅游业发展列入重要议事日程,形成主要领导亲自抓、分管领导全力抓、相关部门具体抓的工作机制。例如:成立自治区加快广西北部湾经济区大旅游发展工作领导小组,由自治区党委、自治区人民政府主要领导担任组长,自治区各有关部门及各市主要领导为成员。领导小组下设办公室,具体统筹和组织相关工作。各市也要成立相应的领导机构和办事机构。如成立由市长任组长,市委、市政府分管领导任副组长,相关部门和单位主要负责人为成员的市旅游产业发展领导小组。主要职责是研究制定全市旅游业发展战略与改革措施,指导编制旅游业发展规划并组织实施,协调解决旅游业发展中的重大问题。同时,领导小组各成员单位细化工作方案,加强贯彻落实;各县区也成立相应的领导机构,加强对旅游工作的领导,重视旅游干部队伍建设,建立健全市、县区旅游管理机构。全市上下形成各级党政一把手亲自谋划、部署、推动旅游工作,相关部门密切配合,上下联动、条块齐抓共管的新格局。进一步明确工作责任,细化工作目标,强化督促检查,使各项工作落到实处。把旅游发展建设纳入各级各有关部门干部绩效考核范围,建立绩效评价考核制度。例如:每年把旅游接待人数、综合收入、生产总值占比、旅游发展资金、景区创A、酒店评星、旅游项目建设、旅游厕所改造和吸纳就业人数等旅游产业发展指标纳入政府年度目标责任考核指标体系,区政府、市政府与各县区和相关部门签订目标责任书,对各县区和市直有关部门进行年度考核;市旅游产业发展领导小组办公室制定了旅游企业和旅游从业人员的考核奖惩办法,对升级达标,经营业绩突出,获得国家、省级和市级表彰的旅游企业和旅游从业人员,对开拓市场、组织客源、招商引资等方面取得重大突破和有突出贡献的旅游企业和相关人员给予补助和奖励;对游客投诉率高、经营管理不善、破坏资源环境的旅游企业和从业人员,取消从业资格,责令退出旅游市场,情节严重的依法律法规严肃处理。市旅游产业发展领导小组办公室根据《考核办法》,加大督查力度,强化日常考核和年度考核,为兑现奖惩提供了客观、真实的依据。

二、凝聚发展合力

旅游主管部门要切实承担起旅游规划布局、市场促进、行业监管、队伍建设等行业发展职责。发展改革部门要把旅游业纳入国民经济和社会发展计划,推动落实旅游业发展改革、重点项目建设、重大旅游区域规划编制等重要任务。财政部门要不断加大对旅游业发展的支持力度,研究落实对旅游业加大投入的政策措施,不断改进支持方式,引导和鼓励更多社会资金投向旅游业。宣传部门要把旅游宣传纳入年度宣传重点,重大境内外宣传活动要增加旅游形象宣传,区内媒体要加大旅游公益性宣传。交通运输、铁路等部门在编制"十二五"发展专项规划时,要结合我区相关旅游发展规划,充分考虑旅游交通发展问题,建立方便快捷的立体旅游交通网络。住房和城乡建设部门要做好风景名胜区和重点旅游城镇总体规划,积极推进风景名胜区建设。环保部门要抓好旅游景区和周边环境治理、污染防治和生态保护。林业、水利、文物等部门要在有效保护资源的前提下,积极开发旅游项目。质监部门要加大对旅游业服务名牌的培育力度,激励引导旅游企业提升服务质量和竞争实力。金融部门要研究制订旅游业投融资整体方案,推动旅游保险体系建设。税务部门要研究落实税收政策、支持旅游业发展的具体实施办法。公安、安监、物价、工商等部门要加强对旅游景区的社会治安、公共安全、价格和旅游市场秩序的管理。气象、国土资源部门要向社会及时发布旅游城市和重点旅游景区气象、地质灾害预警信息。人力资源和社会保障、教育部门要将旅游教育和从业人员培训纳入全区教育培训计划。工业和信息化部门要积极推动工业旅游发展,把"数字旅游"工程纳入全区信息化发展规划。农业、体育、科技等部门要强化与旅游部门的合作,推动乡村旅游、体育旅游、科普旅游、会展旅游等工作的开展。

三、提升产业地位

旅游部门要积极推动各级政府认真学习《国务院关于加快发展旅游业的意见》,将文件明确提出的"把旅游业培育成为国民经济的战略性支柱产业和人民群众更加满意的现代服务业"、国家重大区域战略提出的旅游发展重大目标等纳入政府的"十二五"发展战略和规划,作为地方经济转型升级的重要抓手。把握旅游发展思路,深刻认识旅游产业对广西经济社会发展的贡献。加速旅游产业发展,推动全区第三产业经济结构调整。加速旅游产业扩张,延伸旅游产业链,提升旅游业在第三产业中所占的比重。

(1)促进经济社会发展

一是要调整优化经济结构。在全区工业化、城镇化推进过程中,实现旅游业千亿元产业发展目标,促进服务业比重提高,基础设施支撑能力大大提高,城乡区域发展协调性增强,旅游经济增长的科技含量提高,投资结构优化,居民旅游消费水平大幅度上升,促进经济结构调整取得重大进展,实现统筹协调、均衡发展。发展旅游新业态,拓展服务业发展新领域,发展新业态,培育新热点,推进规模化、品牌化、网络化经营,推动国民经济和现代服务业的发展与创新。二是要促进旅游就业。大力发展旅游业,大量增加就业岗位,扩大社会就业,加强职业培训、人力资源管理,形成合理的职业资格和社会保障体系。拓展农业功能,发展特色高效农业、休闲农业、乡村和森林旅游,转移农村剩余劳动力,增加农民工资性收入。加强对农民、大学生等群体就业的指导和支持,健全广西旅游就业信息网络,提供旅游就业信息服务。三是拉动内需促消费。把扩大旅游消费需求作为扩大内需的重点工作,增加旅游产品供给,延伸旅游产业链,建立扩大旅游消费需求的长效机制,进一步释放城乡居民消费潜力,满足新时期旅游刚性消费需求,适应居民消费结构变化,满足人民日益增长的精神文化需求,促进和谐社会建设。

(2)促进产业融合发展

一是提升旅游与建设的融合。建设部门在进行城市建设、乡镇建设的时候要结合旅游发展,充分考虑旅游功能,在环境营造、建筑控制等方面满足旅游发展的要求,积极创建一批国家级和自治区级旅游特色名镇、名村。二是优化旅游与农业的融合。借助社会主义新农村建设的良好发展机遇,组织各地充分挖掘旅游潜力,把农业旅游作为区域内农村新的经济增长点加以发展。大力发展休闲农业和乡村旅游等富民工程,联手创建一批休闲农业和乡村旅游示范县、示范点,新建100个农业旅游示范点和1000家以上星级农家乐、渔家乐。三是推动旅游与工业、林业的融合。大力开展工业旅游,发展旅游商品制造业,特别要加强面向旅游的农副产品加工、土特产加工业发展,大力发展面向旅游的消费品制造业。创建工业旅游示范点,研究开发、生产旅游食品、工艺品、纪念品,重点开发具有广西特色和文化内涵的"名、特、优、奇、新"旅游商品。并且依托广西得天独厚的森林生态旅游资源、舒适的气候资源优势,通过与旅游业嫁接,将生态优势、气候优势转变为康体养生经济,发挥广西生态优美优势,大力开展森林旅游,建设生态旅游示范区。

第二节 资金保障措施

旅游业要实现跨越式发展,离不开政府的大力扶持。加大政府导向性投入,通过市场手段和政府优惠政策的激励,吸引更多的外来资金和社会资金,投入旅游产业的转型升级。

一、加大财政投入

各级财政要加大对旅游业发展的投入。自治区级财政设立旅游发展专项资金和红色旅游、乡村旅游、旅游扶贫等扶持资金,并根据财政收入增长情况逐年增加。主要支持旅游目的地基础设施建设、旅游宣传推介和奖励、旅游公共服务体系建设和重点项目贷款贴息。其他各类财政性专项资金,要向发挥旅游功能的项目倾斜。保证旅游市场营销专项资金在全区旅游发展专项资金中的需要,并加大对旅游市场营销投入的份额;各级政府将旅游目的地营销列为旅游业发展重要措施,并加大投入力度;引导社会力量参与区域旅游交流与合作的各种公关活动。自治区培育航线航班专项资金要有10%比例用于奖励对重点航线客源组织作出贡献的旅行社。完善"家电下乡"政策,支持从事"农家乐"等乡村旅游农民批量购买家电产品和汽车、摩托车。市、县两级要安排旅游发展专项资金,形成政府加大投入的扶持激励机制。

二、拓宽融资渠道

搭建融资平台,积极开展银企对接,鼓励支持金融机构增加对旅游企业和旅游项目的授信额度,放宽旅游企业享受中小企业贷款优惠政策的条件,对有资源优势和市场潜力的经营困难旅游企业给予信贷支持,加大融资性担保机构对旅游企业和旅游项目的担保力度。鼓励中小旅游企业和乡村旅游经营户以互助联保方式实现小额融资,解决企业或经营户面临的资金不足、信息不对称和手续繁杂的问题。支持旅游企业发行短期融资券、中期票据、中小企业集合票据和企业债券等债券融资工具,采取借壳、参股等方式在主板、中小企业板上市融资。鼓励引导民间资本、社会资本和外商资本特别是境内外战略投资者、上市公司,开发旅游资源、兴建旅游项目、参股旅游企业,推进投资主体多元化。鼓励社会各方采取项目特许权、运营权、旅游景区门票质押担保和收费权融资以及发行短期融资券、企业债券和中期票据融资等方式,参与旅游项目开发。鼓励企业采取建设—经营—转让(BOT)和移交—经营—移交(TOT)等融资方式,进一步扩大融资规模,吸引社会资金参与旅游基础设施建设,帮助旅游企业做大做强。扩大旅游产业对内对外开放的范围和程度,放宽旅游开发准入条件,加强旅游招商引资工作,鼓励引导企业资本、金融资本、民间资本以及各种国内外资金和战略投资者,通过合资、参股、兼并、转让、承包租赁等方式,参股旅游资源开发建设。积极推进地方旅游企业与省内、周边地区和国内有实力的旅游集团加强合作,经过3—5年的培育,力争挂牌上市,增加旅游企业的规模和竞争力。

第三节 人才保障措施

旅游业要转变发展方式,最终要依靠旅游人才支撑。建立旅游业职称评定和职业技能鉴定机制和体系,完善旅游人才教育和培训机制,逐步形成与经济社会发展相适应的旅游人才激励和约束的社会机制。因此要大力推进广西旅游人力资源开发,实施"人才强旅,科教兴旅"战略,确立人才优先发展的地位,建立新型的旅游人才培养与发展机制,人才培养和人才引进相结合,打造旅游人才培训基地,全面提升旅游教育质量,建立起与旅游强省(区)建设相适应的高素质旅游人才队伍。

一、统筹建设旅游业人才队伍

重视旅游人才培养,将其纳入广西人力资源总体规划,逐步建立广西旅游人才信息库,推动人力资源合理配置。围绕"作风正,业务精,素质高"的总体要求,着力建设廉洁、勤政、务实、高效的旅游行政管理队伍,具备驾驭市场能力、管理手段创新的旅游企业管理者队伍,业务精、作风硬、能代表广西旅游业形象的旅游服务人员和导游人员队伍。培养推出一批名导游、名服务员、名厨师、名企业家。

（1）旅游行政管理队伍建设

围绕政府职能转变,以提高旅游行政管理能力为核心,造就一批具有旅游业发展的大局意识、国际视野、专业素质和服务意识的旅游行政管理人才队伍。抓好行政管理队伍的职业道德和能力建设,全面提高旅游行政管理人员队伍的政策水平和业务能力。开展大规模干部教育培训,举办各级领导干部旅游培训专题班、重点旅游市县管理人员培训班、重点旅游城镇领导培训班、干部知识更新培训班等,为行政管理人员创造和提供培训、锻炼的机会,拓展与更新知识,增强创新意识与能力。

（2）旅游企业经营管理者队伍建设

围绕提升企业竞争力,以提高现代经营管理水平为核心,以企业家和职业经理人为重点,加快提升旅游企业经营管理人才的素质,培养造就一批具有全球战略眼光、市场开拓精神、管理创新能力和社会责任感的优秀企业家和一支高水平的企业经营管理人才队伍,推进旅游企业经营管理人才的职业化、市场化、国际化建设。适应产业结构优化升级和实施"走出去"战略需要,积极利用各方面的资源,加强制度化的培训和考核,以提高旅游企业竞争力为核心,全面提高管理者的综合素质和驾驭市场的能力,培养出一批能使旅游企业由数量规模型向质量效益型转变的创新型经营管理人才。

积极引导各旅游企业适应职业化、市场化、专业化、国际化要求,开展多种形式的培训。力争五年内,对景区、饭店、旅行社的管理人员和职业经理人进行轮训1—2次。

（3）旅游服务人员和导游员队伍建设

改革完善导游等级制度,规范和落实导游薪酬和社会保险制度。围绕提升客户满意度,以提高导游人才素质为重点,扩大高层次导游人才的数量,规范导游人才队伍建设。适应旅游产业结构优化升级的要求,以提升职业素质和技能为核心,以宾馆饭店、旅行社、旅游景区等旅游企业一线技能服务人员为重点,培养一支门类齐全、技艺精湛的高技能人才队伍。围绕社会主义新农村建设,以提高科技素质、职业技能和经营能力为核心,以乡村旅游干部、带头人、乡村旅游能工巧匠传承人、经营业主为重点,培育一支服务农村经济社会发展、数量充足的乡村旅游实用人才队伍。

加强对旅游服务人员和导游员队伍在职业道德、政策法规、服务意识、业务技能等方面的教育培训,组织开展创先争优、岗位服务技能竞赛活动,以优化队伍结构,提高队伍素质。建立和完善从业人员优胜劣汰机制,严把岗位资格准入关。举办各种形式业务培训班,力争每年对导游人员培训1—2次;每年对景区、饭店、车船公司和定点商店的服务人员培训1—2次;对农业旅游示范点和乡村旅游服务人员进行业务技能培训。努力造就一支实用人才队伍。

二、打造旅游教育培训基地

(1)加快桂林旅游高等专科学校配套建设,积极推进桂林旅游高等专科学校"升本"工作,将其建成广西中高级旅游人才培养基地、大湄公河次区域高层旅游管理人才培训基地乃至中国和世界旅游组织指导、联系的旅游人才培训基地。

(2)充分利用桂林旅游高等专科学校、广西大学、桂林理工大学、广西师范大学、广西民族大学、北京航空航天大学北海学院等大专院校的优越条件,建立旅游专业技术人员继续教育培训基地。

(3)依托大型旅游骨干企业、重点职业院校和培训机构,建设示范性国家级旅游高技能人才培养基地和公共实训基地。在桂林、南宁、北海、柳州等市,利用现有高、中等职业技术院校(或与旅游企业分工合作的方式),建立高、中、初级旅游技师、技工人才培训基地。

(4)大力拓展境外师资培训渠道,举办各种培训研讨班,与教育部门合作创建旅游师资培训基地。

(5)充分发挥广西民族大学非通用语种和桂林旅游高等专科学校旅游专业学科优势,建立中国—东盟旅游人才教育培训基地。

(6)在少数民族聚居地对居民进行导游知识方面的培训,在百色、河池、崇左等市,建立民族旅游人才培训基地。

(7)在南宁市和桂林市建立师资强、办学条件好的导游培训基地和旅游职业经理人培训基地。

三、加强旅游科研工作

鼓励广西区内桂林旅游高等专科学校、广西大学、桂林理工大学、广西师范大学、广西民族大学、北京航空航天大学北海学院等高校和广西社会科学院等科研院所结合学科建设与人才建设,加强对旅游基础理论和旅游业发展中的重大问题及热点、难点的研究。提升旅游企业的科研能力和自主性,促进科研与产业互动,与创新人才培养相结合。每年围绕旅游业发展的重点、难点问题开展课题研究,开展课题招标活动,形成一批有指导性、实践性的科研成果,为广西旅游业发展提供理论和智力支持。

(1)加快科技创新体系的队伍和基地建设

一是要进一步加强学科建设。稳步发展广西各大高校优势和特色学科调整学科结构布局,大力扶持新兴学科和应用学科,并在政策和经费分配方面给予必要的倾斜,使各高校的学科建设和科研工作更加贴近社会发展和经济建设的主战场。二是加强学科学术带头人和学术骨干的培养,形成年龄、学历、学位、职称结构合理的学科队伍。三是进一步加强广西各高校的硕(博)士点建设,硕(博)士点每年都要承担纵向或横向科研项目;加强研究生、本科生的科学研究,大力培养学生的创新实践能力,加大对大学生创新教育工作的支持力度,继续抓好大学生"创新杯"活动,重点扶持计划参加全国"挑战杯"竞赛的研究项目;研究生在校期间必须有公开发表的学术论文作为获得学位的基本条件。

(2)加大投入,促进科研工作健康、稳定和可持续发展

一是各高校设立院级科研项目,主要从本院教工每年申报各级各类科研项目但未获立项资助而又适合学院学科建设发展需要的课题中由院学术委员会筛选立项,资助经费从申报者所在学科建设经费中报账支付,暂无学科建设经费的学科从其他学科建设经费提成中报账支付。二是加大对科研工作绩效的奖励力度,对科研负责人、论著成果丰富等有突出绩效的科研人员将优先考虑其在所属学科或学位点建设经费的支付使用,但必须符合学科建设经费的使用范围。

第七章 实证研究

第一节 微博时代的官方旅游营销创新研究

根据中国互联网络信息中心（CNNIC）2012年6月发布的《第30次中国互联网络发展状况统计报告》，截至2012年6月，中国网民总数已达5.38亿，较2011年6月增长10%，互联网普及率为39.9%，较2011年提升了1.6个百分点。网民规模及在居民中的普及率已经达到较高水平。自2009年8月新浪网推出微博内测版以来，微博正式进入中文上网主流人群视野。2011年4月中国旅游官方微博的开通，在业界引起了不小的轰动，如今粉丝已达28万多人。以新浪微博为例，目前微博中已有500多个旅游类微博通过新浪认证，包括境内外旅游局、景区、博物馆等。微博已经成为重要的旅游信息发布、旅游营销、驴友交流的平台。

微博信息的即时性、共享性以及基于即时、共享信息形成的动态信息传播网络使得微博的营销作用被包括旅游业在内的众多领域所关注。喻国明认为微博是一种蕴含巨大能量的新型传播形态，提供给一个体量无限广泛的社会群体进行"喊话"和广播的手段。乔治敦大学的Alex Budak认为只有与传统媒体相结合，微博才能发挥更好的效果。但是，也有更多的企业对于微博还保持谨慎的态度。微博言论的不可控性，使得企业害怕听到负面的声音。也有认为逃避不能躲避风险，坦诚、积极和直面才是应对微博的正确态度。本文从市场营销的角度深入探讨官方微博旅游营销的手段与策略，以及在营销过程中如何有效地规避风险，旨在为借助微博这样一种新型媒体，使得旅游营销方式更加多元化建言献策。

一、官方微博旅游营销特点

（1）个性鲜明，注重本土化

首先，无论是在版面设计还是在微博内容上都突出了显著的地方特色，具有很高的可辨识度。如山东旅游局的头像是"Friendly Shandong"和"好客山东"中英文相结合，突出山东人的好客与热情。而且在内容上体现得也相当明显，从山东方言、青岛话、好吃山东、五月青岛樱桃季等热门微博内容的关键词中可以看出句句不离山东，这些内容仿佛就是为自己的本土化粉丝量身打造，也为人们观察山东提供了一个很好的视角。据中国旅游研究院对省级旅游局微博粉丝地域分布的调查统计，山东的本地粉丝达到55%。由此可见，山东旅游局的营销具有较为明确的受众定位与灵敏的市场反应。

（2）内容丰富多样，体现人文关怀

微博内容不仅图文并茂，而且涵盖娱乐、搞笑、视频、音乐等各个方面，给人一种轻松幽默的浏览氛围。例如，浙江旅游局发布的一条微博中说"杭州的朋友跑马拉松，坐地铁；嘉兴的朋友到绮园景区找三毛；宁波的朋友不闲着，万人微博相亲走起来，偷偷告诉你，参与互动还有鼓浪屿浪漫双人游哦"。这样一种幽默温馨的推销方式，不仅不会让人产生反感，反而会有一种想一探究竟的冲动。还有，杭州旅游局在一条微博中写道："上周末的2012杭州国际马拉松赛你参加了么？健康长跑，快乐一生哦！"通过贴心的人文关怀，让粉丝完全沉浸在被关怀的温暖中。这种灵动、活泼不拘泥于模式化的官方宣传，将更多的人文元素融入微博内容中，符合网民浅阅读、喜好猎奇的心态，能够得到网民的高度认可。

（3）突出服务功能，彰显草根特性

旅游官方微博不仅提供丰富的旅游信息，还是一种提供服务的渠道。通过提供贴心的人性化服务，拉近了政府机构与公众之间的心理距离。如广西旅游局在一条微博中写道："今日有雨，亲们注意喽~"并链接到广西气象；还有"回复@涠洲岛港岛酒店：所有人说的都算~""健康的作息时间表""饭后谨记八不急"等微博内容，都体现旅游官方微博贴近生活的内容以及人性化的回复,打破了以往政府机构严肃、中规中矩、一板一眼的面孔,给人以平易近人、和蔼可亲的感觉。

二、官方微博旅游营销存在的问题

(1)微博内容枯燥、单调,推销色彩过浓

内容单调,毫无新意,只是简单地像推销广告一样地公布信息,而且平铺直叙,没有起承转合,缺乏休闲性、娱乐性,这样的微博被粉丝转发与评论的几率往往较低。官方微博,最大的忌讳是急功近利地给自己的信息做硬广告。以目前态势来看,只要你斗胆在官微上做硬广告,你的粉丝必会产生逆反心理,如果硬广告的次数过多,就会对自己的粉丝数量和质量造成巨大的影响。目前部分省市旅游局官方微博已注意到这个问题。

微博营销具有"人"的性格特征,政府需要通过微博这样一种大众化的平台与公众建立起一种不同于传统的卖方与买方的关系,更像是朋友之间的沟通交流。必须将产品通过合适的包装,赋予其更多的个性和色彩,呈现出鲜明的"人"的性格特征,才能使公众更容易接受。

(2)与粉丝互动不足,回复率较低

与传统的互动营销相比,微博的互动形式可以打破地域人数的限制,全国甚至全球的受众都可能成为互动营销的参与者,对微博营销者而言,这是一个快速扩大影响力与知名度的途径。然而,从目前的运作模式和内容看,国内的官方微博仍然停留在传统公关的沟通方式,部分官方微博依旧使用官方的语调,导致很大部分微博内容的转发和评论仅在个位数,基本没有互动。据调查,部分官方微博与公众的交流停留在一次对话阶段,有的甚至是充耳不闻,无视粉丝的转发和评论,这种偏于单向的对话机制在短期内的负面效果可能不太明显,但从长期来看,会降低粉丝的忠诚度,有的粉丝甚至会取消关注。

(3)营销方式单一,传播能力有限

微博内容仅限于140字加图片或者视频,有时候很多产品或者活动无法涵盖具体内容,导致公众无法及时全面地了解信息,这是目前客观存在的问题。这就要求微博营销人员要具有很高的语言概括能力,并配合多种营销方式,从战略管理的高度对旅游产品进行整体营销。但是很多官方微博仅仅只是在微博上面发布一些旅游公告或是景区举办的活动,营销方式单一,传播能力有限,不仅不能起到微博营销的作用,还可能发出与景区其他渠道营销不一致的声音,影响景区的品牌形象。而且微博营销不像其他媒体广告和促销那样能迅速得到反馈,对公众感知的影响也较慢。

三、微博旅游营销的创新策略

(1) 策划热点事件进行事件营销

事件营销是通过把握新闻的规律,制造具有新闻价值的事件,并通过具体的操作,让这一新闻事件得以传播,从而达到广告的效果。进行事件营销,必须整合本身的资源,通过制造具有吸引力和创意性的活动或事件,使其成为大众关心的话题,从而吸引媒体的跟踪报道与公众的参与,进而达到营销的目的[6]。事件营销具有两种模式:一种是借力模式,是指企业将自己的议题向社会热点话题靠拢,从而实现公众从关注热点话题转变为关注企业议题;一种是主动模式,是指企业主动设计一些自身发展所需要的议题,通过恰当的宣传,使之成为公众所关注的热点[7]。

微博作为一种新兴的具有巨大能量的网络媒体,为事件营销提供了良好的实施平台。旅游部门可以在其官方微博上策划各种与热点和时节相结合的创意性的文化旅游活动,从而吸引大量受众的参与,引发社会公众及媒体的广泛关注和深入报道,增加微博的人气,提高微博的影响力。

江西旅游局举办的"新鲜旅计划"就是一件非常成功的事件营销案例。通过组织新鲜旅达人去免费旅游全程体验当地旅游文化,增强用户黏性,提高网友对账号的信任感依赖度,并各站联动推广以使此活动覆盖全国。新浪全程参与活动的策划与推广,特别制作了"博动江西"新鲜旅特刊,将特刊推广到新浪城市频道和新浪微博,利用自身的微博资源推广此活动,营造出良好的活动氛围。并邀请知名微博达人,其中包括知名作家、企业家、撰稿人、媒体人、旅行家、草根红人等身份人士。这些知名达人的粉丝数量总和超过150万,直接为江西活动带去超强的人气和传播氛围。

(2)通过提供服务及互动进行关系营销

所谓的关系营销就是把营销活动看成是一个企业与消费者、供应商、分销商、竞争者、政府机构及其他公众发生互动作用的过程,其核心是建立和发展与这些公众的良好关系[8]。微博的即时信息共享的特色功能满足了好友继续交往的需求,而且基于共享信息形成比较稳定的"关注—被关注"关系,即微博主和自己的粉丝之间以信息为纽带建立了一种比较松散的契约关系。当微博主展示的信息有较高的质量并形成一定的风格后,很可能以微博主为中心形成一个松散的网络。而微博主的粉丝之间也会产生一定程度的互动,于是会形成以微博主命名的某个圈子,这为关系营销创造了良好的条件。

政府旅游部门应该充分利用微博的交流和互动功能,进行关系营销。营造良好的属于自己那个圈子的氛围,并尽量拓展它的延伸功能,使其影响范围更广和传播能力更强。进行关系营销需要注意的是:一要及时回复粉丝的反馈信息,进行互动和交流,有了沟通交流才会维系感情,增强粉丝的忠诚度,否则,粉丝随时都可能会取消关注;二是要定期在微博上举行各种主题讨论和有奖互动活动,以加强受众对该微博的信任度,从而与粉丝建立长期稳定的关系。例如"玩转安吉粉丝培养计划"使安吉的官方微博与诸多省市级旅游局、国外旅游局并驾齐驱,使它的账号影响力升至第8位。观察玩转安吉的微博内容,转发数排在前5名的都是赠奖活动,这种活动参与门槛较低,方式简单,转发即可赢奖,激发很多网友参与其中。而且安吉在奖品设计上更加用心,所赠奖品均是当地特色产品,在进行礼品展示的时候还突出"中国美丽乡村"表述,在潜移默化中,网友就记住了安吉的旅游特色和个性化旅游商品。

(3)借助名人进行病毒式营销

病毒式营销是通过用户的口碑宣传网络,信息像病毒一样呈几何倍数地传播和扩散,利用快速复制的方式传向数以千计、数以百万计的受众[9]。而微博是实施病毒式营销非常好的平台,它的关注"@"及转发功能是最有利于这一营销方式的。意见领袖、社会名流、娱乐明星、微博达人等人士的参与会使病毒式营销达到事半功倍的效果。他们是大众传播效果形成过程的中介,借助他们将信息传播给受众,就形成了信息的两级传递,甚至多级传播。因为有的意见领袖、明星、达人等有几十万,甚至几百万的粉丝,通过他们传播给自己的粉丝,而每位粉丝基本上又都有属于自己的粉丝群,因此就会形成多级传播,这种影响力和扩散力是十分强大的。

政府旅游部门可以对有知名度及影响力的微博达人加以关注,也可以与他们建立长期合作的关系,使其帮助该官方微博进行病毒式传播,以此来扩大该微博的影响力和提升营销效果。例如山东省官方微博除了关注一些旅游行业从业者和部分省市官方旅游微博之外,还关注了新闻从业者、作家(安妮宝贝)、娱乐明星(黄晓明、黄渤)等。还有,新西兰官方旅游微博在这方面也做得很好,如它通过大量转发姚晨在新西兰旅游的所见所闻,通过姚晨把新西兰的旅游信息传递给中国,引起了大量粉丝的评论和转发。

(4)与传统媒体相结合,进行整合营销

整合营销是一种对各种营销工具和手段的系统化结合,根据环境进行即时性的动态修正,以使交换双方在交互中实现价值增值的营销理念与方法。通过微博能够为旅游目的地与广大网民搭建沟通的平台,以便于使其进行有效的交流与沟通。微博的转发与搜索功能能够刺激潜在旅游者,并激发其出游欲望。此外,还能根据移动的游客的临时需求提供最快的个性化、自助式旅游服务。如,游客可以通过微博及时了解旅游目的地的即时情况,包括天气、客流量等,从而可以及时调整旅游计划,避开旅游高峰,节省时间。但是微博的这种宣传模式无法取代传统的旅游营销方式,仍然有大部分人通过传统的报纸、电视、旅游杂志来获取旅游信息和资讯。因此,将微博这样一种新型的传播媒体与传统媒体相结合,才能够取得最好的营销效果。

(5)运用流行和贴心语进行软营销

软营销即人性化营销,是网络时代最重要的营销方式之一,也是生命力最强、很有技巧性的一种广告形式。软营销主要是"攻心",它不需要华丽,也无须震撼,但一定要推心置腹地说家常话,因为最能打动人心的还是家常话,绵绵道来,一字一句都是为顾客着想。它追求的是一种春风化雨、润物无声的传播效果。因此,官方微博不能过于"官方",不能是新闻发言人的口吻,也不能是市井气质的油腔滑调。官方微博,最重要的是掌握好分寸,进行人性化的表达,尊重网络上的每个人,将每个人都视为意见领袖,对于每一个粉丝的评论,都应及时给予回复。

单一的信息公布缺乏大众的共鸣,纯粹的广告推销容易引起粉丝的反感。因此,官微的管理者要抓住时事热点,利用流行语和贴心语,吸引公众的关注。如近期较多使用的"有木有"、"神马都是浮云"、"鸭梨山大"、"元芳,你怎么看?"等。坚持新鲜、生动、有趣的原则,构建自己的微博个性,尽量坚持原创,避免拷贝、枯燥、无趣的帖子。官方旅游微博可以尝试经常发布一些不涉及具体的宣传营销对象的知识、哲理感悟和生活常识等内容,这样可以拉近与粉丝之间的心理距离,让粉丝们感受到温暖、贴心的人文关怀,加强受众对官方微博的信任度和忠诚度,达到软营销的效果。

微博,看似不起眼,但却几乎在一夜之间在全世界风生水起,迅速成为一道亮丽的景观,成为互联网应用的一股潮流。纵观互联网的发展,门户网站解决了人们"一站式"的消费需要、搜索引擎解决了人们对海量资讯的有效选择、即时通信解决了人们随时随地点对点沟通的需要、博客解决了人们自我表达的需要、MSN 网站则便利了"同缘同道"的聚合关联等。而微博则是提供了一个个体向无限广泛的社会群体进行"喊话"和广播的手段,它的即时性、共享性、动态性改变了人类信息传播和获取的方式,是一种独特的信息渠道,一种蕴含着巨大能量的新型传播形态。因此,政府旅游部门应充分抓住这一机遇,利用微博这种新兴的网络媒体,通过优秀的管理团队、专业的营销机构、科学的营销方法,在此基础上加以创新,将会取得巨大的营销成效。由于政府旅游微博营销还是一个新兴的营销方式,目前尚处于开创和探索阶段,因此遇到诸多问题和面临一些挑战也是在所难免的。

第二节　酒店服务质量提升研究

　　一家酒店打动客人的地方不是它高大雄伟的外在形象和良好的硬件设施,而是它的"随风潜入夜,润物细无声"的用心服务。科学有效的酒店管理及优良的酒店服务,是现代酒店稳定客源、保持良好声誉的重要途径。我国的酒店行业经历了20世纪80年代的萌动阶段,90年代的成长阶段,直到近几年的加速扩张阶段,发展速度惊人。进入WTO后,随着我国各个领域的逐渐开放,旅游业也面临着巨大挑战,如何使酒店在旅游发展中发挥更大的作用也是当前要解决的一个重要问题,因此酒店管理应成为我们重视的一个重要领域。假日酒店公司创始人凯蒙斯·威尔逊的名言是:优质服务是构成最终胜利的因素。国际酒店业巨子拉马达公司总裁杰里·马尼昂曾说:"向客人提供卓越的服务是拉马达公司未来成功的关键所在。"客人入住酒店,购买的不仅是设施,客人来酒店就餐,购买的也不仅是饭菜,更重要的是购买优质周到的服务。因此,酒店的使命就是为客人提供优质服务,满足客人的需求。如何提高酒店服务质量,使酒店在激烈的市场竞争中处于优势,是酒店管理者的共同目标和基本追求。

　　笔者运用文献查阅法,了解酒店服务质量方面的内容,明确酒店服务质量的定义和内容及重要性。通过实地调查,了解阳朔××酒店服务质量存在的问题,并了解影响酒店服务质量各个方面的因素。统计分析数据,思考阳朔××酒店服务质量目前存在的问题,最终对××酒店服务质量提出改进对策。

一、酒店服务质量概述

（1）酒店服务质量的定义

　　酒店一词的起源可追溯到千年以前,早在1800年《国际词典》一书中就写道:"酒店是为大众准备住宿、饮食与服务的一种建筑或场所。"一般说来就是给宾客提供歇宿和饮食的场所。酒店一词的实际起源肯定会更早,而且在它出现的同时酒店管理的理念也会相应产生,只是人们对这门知识的真正重视比较晚。近代由于人类的生活活动变得频繁,从而使得酒店业有了很大的发展,以致于酒店管理学被越来越多的人所重视。

服务是服务员通过语言、动作、姿态、表情、仪容仪表、行为举止体现出对客人的尊重、欢迎、关注、友好,以及服务员本身的严格认真的服务精神、客人至上的服务意识、热情周到的服务态度、丰富的服务知识、灵活的服务技巧、快捷的服务效率等,这些可以说是酒店服务产品的核心内容。因此,服务也可以理解成 SERVICE(本意亦是服务),而每个字母都有着丰富含义。见表 7-1。

表 7-1 酒店服务含义列表

S—Smile(微笑)	服务员应该对每一位宾客提供微笑服务。
E—Excellent(出色)	服务员将每一道服务程序,每一微小服务工作都做得很出色。
R—Ready(准备好)	服务员应该随时准备好为宾客服务。
V—Viewing(看待)	服务员应该将每一位宾客看作是需要提供优质服务的贵宾。
I—Inviting(邀请)	服务员在每一次接待服务结束时,都应该显示出诚意和敬意,主动邀请宾客再次光临。
C—Creating(创造)	每一位服务员应该想方设法精心创造出使宾客能享受其热情服务的氛围。
E—Eye(眼光)	每一位服务员始终应该以热情友好的眼光关注宾客,适应宾客心理,预测宾客要求及时提供的有效服务,使宾客时刻感受到服务员在关心自己。

酒店服务质量是指酒店为宾客提供的服务适合和满足需要的程序。对于酒店来讲,服务质量的好坏,主要取决于两方面的因素。一方面是物的因素,即酒店的"硬件"因素,包括酒店的外形建筑、设备设施、房间布局、室内装修、家具用具的设置等;另一方面是人的因素,即酒店的"软件"设施,包括酒店员工的工作作风、工作态度、服务技能、文化修养等。这两方面是保证服务质量的关键因素。好的酒店服务质量的真正内涵,不仅是宾客需求得到满足的综合反映,也是酒店"软件"和"硬件"完美结合的具体体现。酒店服务质量,即酒店以其所拥有的设施设备为依托,为顾客

所提供服务在使用价值上适合和满足顾客物质和精神需要的程度。

（2）酒店服务质量的内容

根据酒店服务质量的定义,酒店服务质量实际上包括有形产品质量和无形产品质量两个方面。有形产品质量包括酒店设施设备的质量,酒店实物产品质量,服务环境质量。首先,酒店设施设备的质量。设施设备是酒店赖以生存的基础,是酒店各种服务的依托,反映了一家酒店的接待能力,同时也是服务质量的基础和重要组成部分。其次,酒店实物产品质量。实物产品满足顾客的物质消费需要,通常包括菜品酒水质量、客用品质量、商品质量、服务用品质量等。最后,服务环境质量。通常要求是整洁、美观、有序和安全。无形产品质量是指酒店提供服务的使用价值质量,也就是服务质量,包括礼节礼貌、职业道德、服务态度、服务技能、服务效率及安全卫生等,同时还包括针对客人需要而设计的不同形式、方式的服务程序。如表7-2所示。

表7-2 酒店服务内容分类

	内容	举例
静态服务	酒店内所有供客人使用消费的物品、设施	电视机、餐桌、香皂
有声服务	客房内闭路电视、新闻广播、餐厅乐曲	大厅播放的轻音乐
无声服务	酒店内各种无声标牌、灯饰	飞机、火车时刻表、游览图
及时服务	对客人委托代办事宜要尽快办好,不能拖延	代客人买机票
缓冲服务	在及时服务做不到的情况下,做一些缓解措施	客人等餐时先上小吃
增兴服务	为增加某些场所消费乐趣而提供的服务	进餐中提供卡拉OK表演
补偿服务	造成客人的损失或不快,要想尽办法予以补救	房间备用品不全要及时补充
针对服务	针对某一些类型客人而提供的服务内容	经过无障碍通道可乘电梯到房间
预警服务	服务员委婉地劝阻客人上过多的烟或酒	客人饮酒过度时劝阻客人
引导服务	对于拿不定主意的客人,服务员要加以引导	引导客人选择景点消费方式

二、提高酒店服务质量的重要性

(1) 酒店的生存发展之本

现代顾客需求呈现多样化和个性化的特点,对服务质量的要求也越来越高。服务质量是饭店经营管理的生命线,这一点早已取得饭店业同人的共识。服务质量是酒店生存的基石,是企业发展的原动力。随着酒店市场竞争的加剧,顾客消费意识的提高和对高附加值的追求,酒店间的竞争越来越表现为服务质量的竞争。这就要求酒店要从顾客需求出发,不断提高服务质量,满足不同顾客在不同时间的各种需要。中国酒店业近年来发展迅猛,数量大量增加,但同时,业内竞争也愈来愈激烈。提高服务质量、提升自身竞争力,是酒店在激烈竞争中取得相对优势的最为直接途径。从根本上说,服务质量是酒店生存与发展的基础,酒店之间的竞争,本质上是服务质量的竞争。

(2) 酒店降低顾客流失率和赢得更多新顾客的有效途径

消费者需求已成为酒店一切经营和营销活动的出发点和落脚点。因此,降低顾客流失率和赢得更多的新顾客对酒店的持续发展显得尤为重要,提供良好的服务是实现这一目的的有效途径。由"漏桶效应"可知,酒店为了保住原有的营业额,必须从桶顶不断注入"新顾客"来补充流失的顾客。而每开发一个新客户的成本是挽留一个老客户的6倍。因此,酒店应更多地关注客户的忠诚度和客户生命周期的开发与管理,从第一次销售开始与客户建立良好的互动关系,有效地建立防线,将发展隐患消灭在萌芽状态,增加客户重复购买的比率,并依托老顾客的人际关系网,开发出越来越多的新顾客,从而降低酒店的开拓成本。

(3) 能促进酒店利润持续增长

如前所述,良好的服务能够有效巩固现有的顾客,赢得更多的新顾客,获得顾客的长期忠诚,这样就会促使顾客重复购买,从而促进酒店的销售额不断增长。根据著名的80/20法则,注重提高服务质量有助于企业进入占有80%的市场份额的约20%的优秀企业行列。此外,一个企业的80%的利润来源于20%的销售机会,而拥有良好的服务有助于企业把握住这20%的销售机会,赢得能够给企业带来大多数利润的少数大客户。

(4)有助于酒店获取反馈的信息,指导决策

在对客服务的过程中,消费者所提供的不仅仅是抱怨,更有对酒店的发展有积极促进作用的忠告和其他市场信息,他们可以帮助酒店发现产品在质量、性能等方面的缺点或不足,从而为酒店进一步的产品开发、服务创新、市场竞争等提供决策上的指导。尤其是良好的售后服务,有助于酒店了解客户对产品和服务的真实意见,包括客户的潜在需求,从而为酒店的产品开发和服务创新提供指南。

(5)酒店的核心竞争武器与形成差异化的重要手段

在现代酒店标准化程度增强、差异逐渐消失、附加价值较小的情况下,酒店唯有通过加入服务要素寻求更大差异化,并增加自身的产品附加值,服务业务在很多酒店中创造的价值日益增加。目前像汽车等制造业与信息技术产业也已认识到进行全球竞争需要提供优质的服务。同时,这些企业也意识到其大部分的利润来自于服务。

三、阳朔××酒店服务质量现状

阳朔,山水秀丽,闻名天下,是融自然、历史、人文、生态为一体的理想的休闲旅游目的地。随着国家经济的发展,阳朔旅游业也在西方游客与珠江三角洲发达地区休闲游客的大力推动下,正以较快的速度蓬勃地发展起来。1996年阳朔仅有旅游饭店15家,旅行社1家(驻桂林),目前已发展到全县拥有旅游饭店400多家,增加了20多倍。阳朔酒店业发展之快,令人难以想象,全国没有哪一个地方能够赶上。阳朔××大酒店是上海华敏集团旗下的一家集客房、餐饮、会议中心于一身的综合性酒店,是阳朔首家按国际四星标准建造的全江景豪华酒店。酒店坐落于风景如画的阳朔县城中心,交通便利,前临景色迷人的漓江,北望碧莲,南面书童山,远眺东岭,离张艺谋印象刘三姐大型山水实景仅500米,与世界闻名的洋人街西街仅百步之遥。酒店内外环境优美,设施齐全,装饰古典豪华。

酒店对内管理非常严格。工作态度方面，要求员工按酒店操作规程，准确及时地完成各项工作；员工对上司的安排可以有不同意见但不能说服上司，一般情况下应先服从执行；工作认真，待客热情，谦虚谨慎；员工应遵守规定的上班时间并适当提前到达岗位作好准备工作，工作时间不得擅离职守或早退，在下一班员工尚未接班前当班员工不得离岗，员工下班后，无公事，应在30分钟内离开酒店。制服及工作牌方面，所有员工应佩戴作为工作服一部分的工作牌；不戴工作牌扣人民币5元，员工遗失或损坏工作牌需要补发者应付人民币10元；员工离职时须把工作服和工作牌交回到主管部门，如不交回或工作服破损，须交付服装成本费。出勤方面要求员工如有急事不能按时上班，应电话征得部门主管同意，补办请假手续，否则，按旷工处理；须依照部门主管安排的班次上班，如要变更班次，须先征得部门主管允许；所有员工上、下班都要签工卡，等等。这些管理制度使得酒店在管理上井然有序，富有个性的服务给酒店带来了极大效益。"客人的满意是每一个君豪人永远不变的追求，豪华客房，让每一位宾客享受如沐春风的服务并留下美好温馨的回忆"是阳朔君豪大酒店的服务宗旨。下面是发生在君豪酒店的案例。

案例1：午夜时分，前台小李接到某公司一位客人的电话，询问公司会议活动预订事宜，小李心想，此时负责会议活动的经理不上班，只能由自己回复客人的咨询。小李是一个有心人，平时已将酒店的会议活动安排了解得一清二楚，于是她马上热情、细致地把有关情况向客人一一作了介绍。客人听后非常满意，并表示他们公司将活动就定在该酒店了。

小李接到客人的电话，尽管此事并非在她直接负责的工作范围内，但是脑海中立即意识到这事关酒店形象，做好咨询服务是自己应尽的责任和义务，处理得当还能促进酒店的销售和提升酒店形象。由此可见，自觉的促销意识正是小李的可贵之处。她平时做有心人，关心酒店的促销活动，对酒店会议活动的各项内容了解得清清楚楚，因而面对客人的询问，她胸有成竹，详细解答，抓住了这个意外的促销机会。

××酒店所倡导的全员营销意识就是要让每一名员工懂得，自己工作的好坏直接关系到酒店的形象、声誉和生命，人人做好自己的本职工作就是在促销酒店产品，并且要在此基础上有意识地针对顾客需求，推销酒店的产品和服务，通过顾客满意来实现最佳的销售效果。顾客在酒店消费前和消费过程中,往往不是很了解酒店的产品,这也就是常见的信息不对称现象。酒店员工及时地提前了解、主动向顾客推荐介绍有关的产品和服务,礼貌地将选择权交给顾客,从而使酒店与顾客的信息由不对称趋于对称,这才是真正意义上的"全员营销"。

正是富有特色、深具个性的服务,使××酒店为客人心之所系,情之所牵。较为系统的质量管理工作,培养了员工勤勤恳恳的工作态度。但是在笔者实习期间经调查发现,酒店也存在很多不足之处。

四、××酒店服务质量存在的问题

(1)服务态度差,服务质量水平欠缺

服务态度是指酒店服务人员在对客服务中所体现出来的主观意向和心理状态,其好坏是由员工的主动性、积极性、责任感和素质高低决定的。经过实习,笔者了解到,××酒店对质量的追求更多停留在口头上,没有真正把质量视作酒店发展的生命线。酒店存在"三不"现象,即员工服务不热情、不主动、不愿微笑。以貌取人,即员工对顾客不能"一视同仁"。团队精神、职业责任感、敬业精神差,部门之间的合作、协调不到位,遇到问题相互推诿、处理问题不及时,给人造成五星级酒店三星级服务的印象。

酒店内的服务人员与顾客之间的界限似乎十分清晰,平时碰到客人时,服务人员要么会例行公事般地对客人打声千篇一律的招呼"您好!"而酒店内的高层管理者一般不会来到一线服务场地,因而也就更没有与客人交流的机会了。酒店员工服务态度的好坏是很多宾客关注的焦点,尤其当出现问题时,服务态度常常成为解决问题的关键,宾客可以原谅酒店的许多过错,但往往不能忍受服务人员恶劣的态度。所以我们说,在对客服务中,态度最重要。

(2)服务质量管理效率低

服务效率是指在服务过程中的时间概念和工作节奏。应根据客人的实际需要灵活掌握服务效率,要求在客人最需要某项服务之前及时提供服务。酒店产品服务质量比一般实物产品多了无形服务内容,所以质量控制更难把握。缺点二是管理抓表面轻实质轻效果。

案例2:××酒店6月份正在评选"幸运之星"活动,一位客人随手在前台拿了一张酒店评选"微笑大使"的选票。一进卫生间,客人问清洁工"这个活动搞多久,评选多少,评上后是什么奖",清洁工一问三不知。用同样的话再问大堂吧的服务员,服务员也是什么都说不清楚。

此案例说明,酒店千万不要以为自己搞了许多次质量活动,口号定出来了,质量就没有问题了。两者没有必然的联系。

效率的具体化就是明确的时间概念,上菜是几分钟、叫出租车是几分钟内到、客房内设施坏了多长时间内维修好、总台结账几分钟内完成等大大小小的服务都有着定量的服务标准,尽管在具体数量上有所差距,但快捷简便是共同的原则。××酒店未树立服务效率的意识,在最需要体现效率的地方往往是通过模糊的言语来表达的,诸如"差不多"、"马上"、"很快"之类的不确定的时间用语。这必然造成对客户的不负责,也不能使得客户满意和认可其服务。

(3)部门协调性差

××酒店服务产品由不同部门、不同员工共同提供,由此可知,酒店产品的质量必然具有综合性的特点,即酒店产品质量不仅涉及到酒店各部门的工作质量,而且取决于各部门之间、员工之间的密切配合和高度协调。××酒店各部门协调性差的首要原因在于员工缺乏协作意识、部门之间缺乏良好沟通。如果酒店所有员工,无论是前台服务人员还是后台服务人员,无论是客房服务人员还是餐饮服务人员都能够以"全心全意满足宾客需要"为指导思想,酒店内部的协调度将大大提高。员工不了解其他部门的工作程序和规范,必将影响酒店内部协调性。

(4)管理者缺乏战略眼光,注重价格战

××酒店管理者对服务质量重要性认识不够。管理者往往关注能直接增加酒店收益的内容,对服务质量的重要性视而不见。并且认为服务质量管理投入资金大,得到的效果不明显,倒不如把资金投入到可看见可触摸的硬件设施上。结果是五星级的设施,三星级的服务。管理者漠视服务质量管理,对酒店的伤害无疑是致命性的。

　　阳朔旅游业发展过快,政府宏观管理却跟不上快速发展的步伐,出现了这样或那样的问题,酒店之间多是在打价格战,而对服务质量管理流于形式。用"虎头蛇尾"来形容目前酒店的服务质量管理尤为贴切。酒店管理者开始抓得很紧,一些规范和制度随之出台,效果也较明显。但由于没有对未来进行科学规划,制定各阶段的计划措施,缺乏对服务质量全过程、全员、全方位的管理,时间一久,质量意识慢慢淡化,问题随之出现,服务质量管理流于形式。

　　(5)酒店员工整体素质不高

　　据调查,酒店员工培训较少,而且效果都不明显。酒店领导关心更多的是培训后能否带来更好的经济效益而不是员工技能的提高、个人的发展和兴趣的培养,而且越来越多的员工流失率更使他们怀疑培训投资的必要性,因为管理者认为企业培训员工就是给别人做嫁衣,现在企业员工流动得很快,如果对他们进行培训会造成企业的损失。同时,他们认为培训只是针对员工的,对于自己则不需要进行培训,这种想法在目前日益激烈的市场竞争背景下已经落后了。其实酒店管理者对培训的需要应该比其下属更加迫切。因为他们在酒店中的作用和地位决定了他们在知识、技能、态度等方面的水平对酒店的命运有着更大的影响力。酒店员工培训实行的是"师带徒",新员工进入酒店以后就跟着老员工学习,主要学习他们在工作时的操作技能,然后顺利进入服务现场,尽早发挥独立作业的能力,但是却忽略了对员工基础知识的培训。

　　案例3:一天2位刚入住酒店的客人进餐厅用餐,点菜完毕待服务员上菜后,客人却要求退餐。原来2位客人是回民,而服务员上的菜中放了少许猪肉,这明显是犯了他们的大忌。待服务员诚心致歉后,客人同意换菜。不久,服务员将新上的菜放在客人面前,谁料想客人更恼怒了,原来新上的菜只是把刚才那盘菜的肉挑拣出去再重新炒过。客人强烈要求投诉,最后餐厅和大堂经理亲自赔礼道歉并送上鲜花水果,才平息客人的怒火。各部门员工缺少最基本的知识和素质,以至于犯了如此低级的错误,可以想象这件事对酒店带来的负面影响之大。

五、提高酒店服务质量的对策

（1）坚持细致服务原则，提高服务质量水平

"细致服务"几乎在每家酒店的标准和要求中都有规定，但真正能够做到、做好，不是件容易的事情。在酒店里，客人有着各式各样的"小"需求，如果一件事处理不当，一个细节有所疏忽，就会引起客人的不满而远离酒店。在行业竞争激烈的今天，客源就是财源。要想留住客人就必须靠优质服务，而优质服务往往都体现在许多细枝末节之中。酒店无大事，小事能通天。服务员每天都在做着重复的工作，承担着客人的各种需求，但就服务而言，酒店更无小事，服务工作是不允许有丝毫差错，不允许有丝毫"小"的失误的，把小事做到位，大事自然成。所以要留心身边的小事，用小事创造优质，用细节成就卓越。

（2）完善酒店服务质量管理体系

为提高酒店服务质量管理效率，酒店必须建立完备的服务质量体系，使酒店服务质量管理和质量活动系统化、标准化、制度化。中国国家技术监督局颁布的ISO9004－2《服务指南》将影响或涉及服务质量的因素分成四大部分、二十个运作程序，形成服务质量保证的运行体系，并将其具体化。酒店服务质量体系通常应包括以下几方面，即质量管理组织机构、质量方针与质量目标、人员和物质资源，而这些方面的交互点是酒店与宾客的接触互动。

为使质量管理体系有效运转，酒店应设立质量管理专职机构，作为质量体系的组织保证。设立质量目标有利于形成统一的企业形象和提高酒店市场竞争力，有利于形成酒店成员共同对服务质量承担责任的机制和氛围。酒店要对各服务项目的日常管理和服务环节建立质量标准，制定工作规范和工作程序，使员工的服务行为有章可循。在酒店资源中，人是最重要的因素。一方面，为使酒店质量管理体系有效运转，达到质量管理的目标，酒店应配备合格的人员；另一方面，酒店的质量体系建设也应当充分重视管理人员和员工的素质建设。酒店的物质资源包括提供服务所需的各种设施、设备和用品。在质量管理过程中物质资源的配备要根据酒店宾客

的需求和酒店的规格档次,强调适用性。要改善酒店与宾客的互动关系。酒店与宾客建立起相互信任、相互协作的良好的互动关系,能使宾客在接受服务的过程中感受到良好的服务质量。

(3)实行首问责任制

首问责任制是指凡是酒店在岗工作的员工,第一个接受宾客咨询或要求的人,就是解决宾客咨询问题和提出要求的首问责任者,首问责任人必须尽己所能给顾客提供最佳和满意的服务,直至问题最后解决或给予明确答复的责任制度。具体有几点要求:第一,如是属于本人职责范围内的问题,要立即给宾客询问以圆满答复,对宾客的要求妥善解决;第二,虽是本人职责范围内的问题,但因宾客的原因,目前不能马上解决的,要耐心细致地向宾客解释清楚;第三,如是属于本人职责范围之外的问题和要求,不得推诿,要及时帮助宾客联系有关部门给予解决。

如案例1中小李接到客人的电话,尽管此事并非在她直接负责的工作范围内,但是她意识到这事关酒店形象,最后做好咨询服务工作,促进了酒店的销售。就顾客而言,到酒店是花钱来买享受的,没有兴趣也没必要了解酒店中哪个事情该找谁来办,有权利认为任何一个员工都代表着酒店,都应为他们解决问题。为此,应大力提倡首问责任制。

推行首问责任制的关键是要通过有针对性的培训或交叉培训活动,让每一名员工、特别是一线员工,全面清楚地了解酒店内不同岗位的大致服务内容和服务项目,以及各个服务流程之间相互衔接的关系。首问责任制不局限于一线员工的对客服务,也包括二线员工的后勤保障服务。

(4)提高酒店内部协调性

案例3中,如果酒店前台和餐厅部门相互协调好,就不会发生那样不愉快的事。部门合作以沟通为基础,没有沟通,人与人之间会陷入一种相互隔绝的心理状态,就不可能形成默契的配合。酒店沟通包括上下级之间、部门之间、部门内人员之间的沟通等。可通过各种集体活动来促进酒店内部沟通,如管理人员与服务人员一起用餐、设立员工意见箱等都是实现内部有效沟通的具体方式。

酒店属于劳动密集型企业,很多岗位的工作重复劳动量非常大,很容易导致员工出现过度疲劳或反应迟钝的倾向,需要管理者采取岗位轮换方式进行有效调节。这有助于开发员工潜在工作能力,打破不同部门间的隔膜,为协作打好基础。

(5) 加强员工素质管理

要根据经营发展需要,结合酒店实际情况,调查各部门岗位分布、人员安置情况,制定出较为完善合理、科学的岗位人员编制,根据编制,采取不同形式的招聘方式,吸收有经验的管理人才及有朝气的大中专毕业生加入酒店。严把员工进入质量关,酒店的服务质量才有保证。提高员工素质是酒店服务质量管理的当务之急,培训能够起到好的作用。培训有两点是应该特别注意的:一是培训员工技能的同时要进行适当的知识性培训。只有将技能培训与知识培训有机结合,才能真正全面提高员工的素质与技能,也才能真正提升其服务品质。二是培训应该伴随员工在酒店的职业生涯。从案例3中可以看出,服务人员具备良好的素质对酒店来说是非常重要的。酒店人员要树立正确、全面的服务观念,对主要客源国或民族的礼仪风俗,在接待过程中要做到心中有数,针对客人的不同特点和风俗习惯,做好针对性服务。每个国家、每个民族都有自己的风俗习惯,在服务过程中,了解和尊重各国、各民族的风俗习惯,能达到事半功倍的效果;相反,就有可能事与愿违,使酒店蒙受不必要的损失。此外,关注员工职业健康、提高员工满意度,是企业留住员工,提高企业管理水平和服务水平的有效途径。

(6) 酒店要致力于创造品牌,而不要热衷于价格竞争

阳朔旅游业发展迅速,给酒店业带来了良好机遇。然而,正因为阳朔旅游业发展过快,政府宏观管理却跟不上快速发展的步伐,酒店之间多是在打价格战。酒店业缺乏有效的市场监管,发展迷失了方向。

酒店要想与国际市场接轨,就必须努力跻身于品牌层次的竞争。实践告诉我们,价格竞争虽然简单,但绝非竞争之上策。一家酒店要想永立潮头,必须苦练内功,致力于酒店的品牌建设。阳朔酒店要想向良性发展,政府必须出台一些规则或成立酒店行业协会,进行一些宏观的管理和调控。比如加大酒店进入的门槛,规定房价在某个范围内浮动,不能低于或高于规定的价格标准。

第三节　大学生旅游心理及行为特征分析

近年来,旅游消费正逐渐成为大学生消费的热点。大学生作为特殊的消费群体,孕育着庞大的消费市场,其消费行为对整个社会有着强烈的示范作用。大学生的旅游行为是指大学生在大学期间进行的旅游活动。大学生处于校园向社会过渡的亚社会生活状态,处于特殊的心理阶段,有着其特殊的心理特征及行为方式,这些都导致这一特殊的群体产生独特旅游心理及行为特征。随着旅游越来越成为一种大众性的消费活动,无论是家庭支持,还是学生自己兼职或是学校提供的各种奖学金、助学贷款、勤工俭学等机会,都在一定程度上增强了大学生的出游动力。大学生的余暇时间与其他旅游者相比,可以说是最充裕的,时间上基本上没什么障碍。另外,大学期间大学生们面临着考试、就业等压力,仍无法逃脱宿舍、教室、食堂三点一线的生活模式,日复一日,不少大学生便感到乏味。再加上随着大学生们身心的迅速发展和生活领域及交往范围的不断扩大,特别是伴随着社会的进步和自身年龄的增长,大学生对自我、社会均有了独立的认识,他们渴求获取更多的新知识,希望通过旅游接受教育、增长知识、陶冶情操,获得新、奇、美、特的感受,从而发展自我、实现自我和完善自我。我国大学生出游市场的规模已经在不断扩大,并且已逐渐成为旅游市场的新亮点,每年数以百万计的大学生作为一支旅游生力军的地位不容忽视。然而,这样一个蕴含着巨大商机的、庞大的潜力市场,却正在有意无意地遭受着冷落。旅游企业普遍认为,大学生旅游市场是一个消费水平低、利润薄、风险大、责任重、管理难的市场,因而对这一市场的开发热情不高,推出的旅游产品针对性不强,产品开发设计带有很大的盲目性,与大学生的旅游需求相脱节。同时,政府及其职能部门出于安全和健康问题的考虑,对大学生旅游往往采取保守的态度,不主张大学生出游。为此,出台的针对大学生旅游的优惠政策很少,这一方面压抑了大学生的旅游需求,另一方面使旅游企业不能放手大胆地去做大学生旅游市场。大学生旅游市场没有得到应有的重视与鼓励,缺乏一个宽松的发展环境,使大学生旅游市场陷入发展的不良循环。因而,要真正做好大学生旅游市场,就必须为大学生提供满足其发展需求的旅游产品与服务,这就要求旅游相关部门必须了解到大学生旅游心理及行为特点,掌握他们的内在需求和旅游偏好等,以便于旅游相关部门进行旅游资源的开发、旅游产品的设计、旅游市场的营销时能做到投其所好,吸引大学生参与到旅游活动中去,促使大学生旅游市场规模不断壮大。

针对以上情况,为了更好地开发大学生旅游市场,详细地了解桂林市大学生的旅游心理及旅游行为特征,本文主要通过网络问卷调查形式,对桂林市八大高校的大学生旅游的基本情况进行抽样调查研究,得出桂林市大学生旅游的一般规律,并结合大学生旅游市场的现状,提出开发大学生旅游市场的建议,如大力开展大学生旅游特色项目、采取多种优惠方式拓展大学生旅游市场、培育潜在的旅游市场等,最后根据调查的结果就大学生旅游市场发展的情况得出结论。

一、国内外研究进展

(1) 国外

关于旅游者心理及旅游行为这一课题,从国外的研究情况来看,学术界比较重视研究旅游者消费的全过程,目前在这一方面的学术热点主要集中在:影响旅游目的地选择的相关因子,旅游决策过程中的旅游目的地形象与约束条件感知;旅游者的满意度评价与顾客忠诚的建立;家庭生命周期与旅游决策模式;跨文化的旅游行为等方面。从研究方法上来看,主要有心理学、社会学、人类学、经济学等多种方法。主要的研究成果有戈登·尤因和沃尔夫冈·海德的《旅游目的地选择的影响因子评估》,阿兰·迪克洛普的《旅游者的决策制定和行为过程》,约翰·C.克罗兹的《消费者决策与购前信息搜寻》,塞欧·厄姆和约翰·L.克朗普顿的《旅游目的地决策过程各阶段中的形象和感知约束》等。

大学生旅游者是整个旅游市场中的一个重要而又独立的组成部分,尽管国外不少学者认为在青年旅游者中,至少有半数以上是青年学生(主要指大学生),但目前缺少令人信服的具体数字及其旅游行为研究的成果。

(2)国内

从国内来看,对于旅游者心理及行为特征,许多学者都已做过深入的探讨。如保继刚(1987)从旅游动机、偏好、决策等角度综合研究了旅游者行为;陈健昌(1988)用假设检验法对旅游者决策行为和空间行为作了开拓性研究;金平斌、郎富平(2004)以杭州市高校为例,对杭州市大学生旅游行为特征进行了分析研究,通过非线性的回归分析方法,从与大众旅游者对比、性别和月生活费差异三个侧面来剖析大学生的旅游行为及特征,并在此基础上对如何开拓大学生旅游市场提出一些意见;蒙睿、刘嘉纬(2004)对在校大学生旅游行为进行研究,从大学生的旅游消费、出游方式、出游时段、目的地等方面分析其旅游行为特征,文章的重点放在了开发大学生旅游市场的优势、限制性因素和相关对策方面,其不足之处在于对大学生旅游消费行为的研究不够全面,所应用的方法也主要局限于定性分析,缺乏定量的研究和应用数学方法对研究结果的检验;朱仁鹏(2008)以西安高校大学生为例,对西安市在校大学生旅游行为模式进行实证研究;陈顺明、王兆燕(2006)以长沙市高校为例,对长沙市在校大学生旅游行为特征进行分析并提出市场开发建议;孙晓(2009)以河南高校为例,对河南省在校大学生旅游行为及其市场细分进行研究;瞿亘(2006)以桂林为例,通过对桂林市大学生旅游行为的调查,运用SPSS软件对影响桂林市大学生旅游目的地选择的旅游区位、特色、旅游花费、知名度、交通等因素进行分析并确定了各自的影响权重,并通过对比大学生已经发生过的旅游行为对分析结果进行了验证;张岚瑜(2010)对大学生旅游市场的优势、劣势、机遇和威胁四个方面进行分析,并提出相应的解决对策;沈世伟、任小丽(2009)以宁波市高校为例,对宁波市大学生的旅游行为进行调查,并对调查的结果进行详细的分析;李丽梅、保继刚(2002)以中山大学为例,对大学生旅游行为进行研究,通过对大学生旅游行为的解释分析,找出了一些大学生旅游行为的规律。

总之,以上学者的研究内容主要包括大学生旅游消费心理的研究、大学生旅游行为的研究和大学生旅游市场开发策略的研究。他们从不同的角度分析大学生的行为特征、消费特点,并提出了开发大学生市场的建议。本文是在此基础上分析了桂林市大学生的旅游心理及旅游行为的一般特征,得出桂林市大学生旅游的一般规律,并结合大学生旅游市场的现状,提出开发大学生旅游市场的建议,最后根据调查的结果就大学生旅游市场发展的情况得出结论。

二、调查概况

(1) 问卷设计

大学生旅游问卷主要是围绕两大部分进行设计,即大学生的旅游心理和旅游行为特征。问卷中针对大学生对外出旅游的态度、出游的动机、旅游偏好、获取信息的渠道、制约大学生外出旅游的因素、出游的目的地范围、出游的组织方式选择、出游的时间、出游的天数、出游的次数、旅游费用的来源、旅游费用的支出范围、旅游产品的类型、旅游交通方式的选择、旅游企业对大学生群体的关注程度等22个问题进行设计,其中客观题21个,主观题1个。

(2) 问卷调查

本次调查主要是在问卷星网站上(http://www.sojump.com/jq/593464.aspx)设计桂林市大学生旅游问卷,通过对300名桂林市高校大学生进行网络问卷调查,得出桂林市大学生旅游的一般规律,并进行统计分析。本次调查工作于2011年2月24日开始,4月1日结束。共发送问卷300份,回收问卷300份,回收率100%,其中有效问卷300份,有效率为100%。

(3) 调查对象

本文主要是以桂林市八所普通高校的在校学生为调查对象,分别是广西师范大学、桂林电子科技大学、桂林理工大学、桂林医学院、漓江学院、桂林旅游高等专科学校、桂林航天工业高等专科学校、桂林师范高等专科学校。通过借助其同学、朋友的力量,随机发送网络调查问卷《桂林市大学生旅游问卷调查》,共300份,调查的结果中,男女比例为45:55,主要集中在大二、大三年级,一共有209人,占69.6%。

三、调查结果分析

（1）大学生旅游消费心理分析

大学生旅游消费心理是指大学生消费者在旅游产品购买行为全过程中发生的一系列的心理活动,它是消费者对客观消费对象与其自身主观消费需求的综合反应。心理学家按照它发生的先后将其概括为认识过程(感觉、知觉、记忆、思维、想象)、情感过程和意志过程三个阶段。消费心理从认识过程经历情感过程直至发展到意志过程,是一个消费者购买的决策过程,该决策过程除消费者本人外,其他人并不知道,但是却可以通过外现的消费行为来观察分析。由于大学生群体体力充沛、精力旺盛,思维活跃,好奇心强,具有冒险精神,对旅游怀有极大的兴致,一方面,外面精彩的世界对大学生有着一种强烈、神奇的吸引力,充满着大学生所向往的魅力和冒险的色彩,另一方面,随着学习竞争的激烈,大学生的活动范围往往局限于三点一线,这种狭窄的活动空间使学习生活变得单调、枯燥,旅游在获得美的享受的同时,也可消除知识经济时代所面临的各种紧张和压力,因此,他们有外出旅游的心理愿望,同时他们希望旅游的内容丰富多彩。

自身心理的需求。谈恋爱、上网、旅游成为新时期大学生活的三门"必修课"。大学生旅游行为更是成为了大学校园的流行行为。一方面,大学生出游为了满足自身的求知和好奇心理;另一方面,当今大学生很多是独生子女,父母的掌上明珠,一些家庭条件优越的大学生率先融入到大千世界去享受生活,这样的示范效应自然刺激了一些好奇心强的同学的攀比心理,甚至有些同学根本不考虑自身的经济情况,借钱也要潇洒游一回。

对旅游目的地的要求。主题公园、山水风光、滨海沙滩等各种旅游资源和旅游产品最受桂林市大学生的青睐,从调查的结果中可以看出,桂林市大学生对于主题公园和山水风光尤其喜爱,分别占到了68.3%(如表7-3所示)。此外,大学生对旅游目的地的选择符合距离衰减规律,即随距离的增加而衰减。调查结果显示,选择桂林市及周边县域的学生达46.3%,偏向广西区其他城市旅游景区的学生达

37.3%,选择外省旅游景区的学生为14.7%,而选择其他的就更少了,仅占1.7%。这显示出桂林市大学生在对旅游目的地的选择上,距离衰减趋势非常明显。结合以上两项数据我们可以得出结论,桂林市大学生对于桂林市及周边县域的旅游资源的喜爱程度偏高,这主要是由于在我们桂林有主题公园兴安乐满地和桂林阳朔自然的山水风光。当然,从制约桂林市大学生出游的因素当中,我们可以看出,旅游费用是制约大学生出游的关键因素,占到了63%,而时间、安全问题、健康状况及其他因素仅占到37%,所以旅游费用也成为影响大学生出游及对旅游目的选择的一大因素。

表7-3 桂林市大学生的旅游偏好

旅游偏好	小计	比例
主题公园	205	68.30%
山水风光	205	68.30%
民俗风情	133	44.30%
历史遗迹	77	25.70%
滨海沙滩	179	59.70%
草原森林	54	18%
宗教圣地	4	1.30%
其他	9	3%

对旅游产品的要求。虽然通过对桂林市高校大学生旅游目的地选择的调查,可以得出桂林市大学生出游距离较近的结论,但旅游企业在重视大学生的双休日短途旅游的同时还必须抓住时机推出中长途的旅游产品。针对大学生特殊的行为特征及心理爱好,以及目前各旅游景区参观游览性的项目多、参与性的项目少、适宜大学生的更少等情况,可以推出一些具知识性、趣味性、刺激性的适合大学生层次和兴趣的"超常规"的旅游产品组合,以满足大学生这一旅游市场群体的丰富需求。

(2)大学生旅游行为特征分析

桂林市大学生旅游动机。如果条件允许的话,大学生对旅游的积极性是相当高的。在被调查的300名对象中,表示非常喜欢的有52人,占17.3%,表示喜欢的有171人,占57%,两者占总数的74.3%。一般喜欢的有68人,占22.7%,而不喜欢的有9人,仅占3%,很不喜欢旅游的大学生为零,这表明大学生对于旅游的态度是肯定的,大学生旅游市场不可忽视。

桂林市大学生旅游偏好。由于不同人的兴趣爱好不同,因此在出游动机和旅游目的地的选择上就呈现出了较大差异性。调查结果显示,桂林市高校大学生虽然是来自五湖四海,但出游动机主要集中在观光游览、休闲度假和探险(如表7-4所示),而在旅游目的地的选择上主要集中在主题公园、山水风光和滨海沙滩。由于被调查对象是在桂林市读书的高校生,因此在旅游目的地的选择上大多集中在广西区内比较具有代表性的旅游特色景点景区。但作为大学生这一特殊群体,往往也表现出一些共同的心理特征和需求,大学生群体对旅游产品的偏好倾向体现了大学生的旅游需求与旅游动机。

表7-4 桂林市大学生出游的动机

出游的动机	小计	比例
观光游览	233	77.70%
休闲度假	198	66%
探亲访友	28	9.30%
学术活动	28	9.30%
考察学习	19	6.30%
探险	123	41%
宗教朝拜	19	6.30%
购物	33	11%
一时冲动	34	11.30%
其他	12	4%

制约大学生出游的因素。制约大学生出游的因素很多,通过调查研究,影响大学生出游的因素主要集中在旅游费用的来源和时间因素上。对大学生这个纯消费的群体而言,限制其外出旅游的关键是金钱因素,也是制约大学生出游的最大因素,占旅游影响因素的63%,其次是时间因素,占24%,安全问题、健康状况及其他因素

所占的比例较小。

大学生旅游费用来源及支出。调查显示,大学生外出旅游的费用来自于奖助学金、活动经费及其他方面的较少,占总数的8%,来自于兼职的有62人,占20.7%,来自于平时节省下来的有79人,占26.3%,而来自于家庭支持的有135人,占45%。这可以说明大部分大学生在经济上是不能自立的。虽然大学生具有很强的旅游愿望,然而受经济因素的影响,他们的旅游费用大多是来自于家庭支持,所以根据每个家庭情况的不同也就决定了每个人可自由支配的旅游费用不同。因此,家庭富裕的大学生可能会有更多的外出旅游机会和更高的旅游消费。从大学生旅游支出的调查结果来看,大学生外出旅游的实现除了要具有足够的闲暇时间外,还应有足够的资金用于旅游消费。大学生年旅游支出范围在100元以下的有7人占2.3%,100—399元的有68人,占22.7%,400—699元的有91人,占30.3%,700—999元的有83人,占27.7%,1000元及以上的有51人,占17%。当然大学生年旅游的消费范围,不仅仅是受到旅游费用的来源影响,与大学生每次出游的天数、每年出游的次数、外出旅游的交通方式选择等都是息息相关的。

从桂林市大学生每学年出游的次数及天数来看,大学生每学年出游次数主要集中在三次,出游天数也主要集中在1—3天,占43.7%。调查结果说明,大学生每次外出旅游的天数并不长,选择7天及以上的仅占6.7%,选择1天以内和1—3天的相对比较多,分别为91人和131人,占30.3%和43.7%。当然,出游时间的长短与大学生的旅游开支有一定的关系,因为大多数学生无法承受过高的旅游费用,他们往往通过缩短时间和节约开支来满足自己的需求,所以在时间选择上都比较短。

此外,大学生在旅游产品的类型选择上选择经济型(吃住行不讲究,主要在乎游)的有204人,占68%,选择舒适型(吃住行有一定标准,更在乎游)的有93人,占31%,选择豪华型(吃住行游均有较高标准)的有3人,占1%。从以上数据可以看出大学生受经济条件的限制,对旅游产品的选择是物美价廉的,其消费行为是理智、符合现实条件的。

大学生出游的方式。大学生出游的方式以个人自助游和学校或班级组织为主。调查结果显示,选择个人自助游和学校或班级组织的有224人,占到总数的74.7%,

而选择与亲人参加旅行社的仅有5人,占1.7%,选择与亲人自助游的有22人,占7.3%,选择参加旅行社的有49人,占16.3%。说明大学生出游的方式更加追求个性化、自由化。从旅游企业对大学生群体的关注程度的调查结果来看,大学生大多认为旅游企业对于大学生的关注程度一般,占总数的55%,认为旅游企业重视和比较重视的有130人,占总数的43.3%。说明旅游企业对于大学生的关注程度还不太够,所以,旅游企业应对大学生旅游市场加大改善力度,让更多的大学生参与到旅行社组织的旅游活动中。

旅游交通方式是旅游者外出旅游的六大基本要素之一。根据调查,桂林市大学生在外出旅游时最主要的交通方式是汽车,有171人,占总数的57%,其次是火车,有99人,占33%,选择徒步游、自行车、飞机和轮船的仅30人,占总数的10%。见图7-1。可见,桂林市大学生更喜欢乘坐汽车和火车外出旅游,这主要是因为乘坐这两种交通工具出游花费较低。而选择飞机的仅有5人,这主要是因为大学生是纯旅游消费群体,无经济收入,所以相对来讲数量极少。从以上数据可以看出,大学生旅游受出行费用的限制在旅游交通方式的选择上也得到体现。

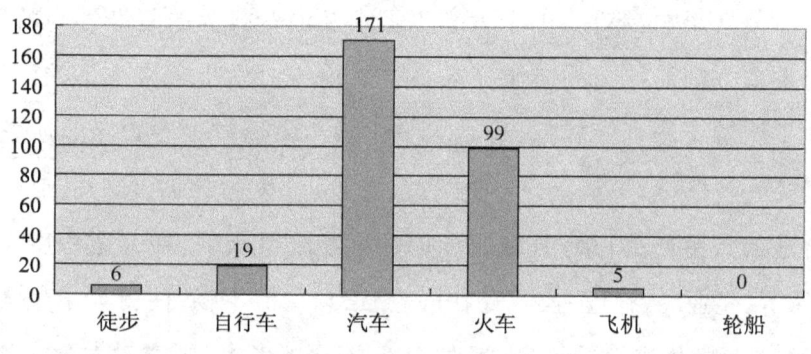

图7-1 旅游交通方式的选择

大学生获取旅游信息渠道。大学生获取旅游信息渠道的范围较广,但主要集中在互联网和亲友介绍两方面。300名被调查对象中,有237人是通过这两种途径获取旅游信息的,占79%。而通过电视台、旅游公司宣传、报刊杂志和其他的渠道获取信息的仅有63人,占21%。由于大学生的闲暇时间较多,大多在宿舍上网,据有关调查数据,大学生平均每天用于上网的时间达到了3小时,因此,大学生外出旅游获取信息的渠道相对集中在互联网,这也提醒了旅游宣传公司应更多地将一些旅游信息放在互联网上,如各地的官方旅游网、驴友网、携程网、艺龙网等。此外,大学生选择亲友介绍的比例也是很高的,占33%,说明旅游口碑宣传是大学生获取信息的另一主要渠道。因为大学生和一般的旅游者一样,不仅注重自己在旅游产品的消费过程中的感受,更加注重亲朋好友对旅游产品的评价。而朋友推荐、提供的旅游信息以及他们讲述的亲身的旅游经历可以降低大学生购买该产品的社会性风险,因此成为大学生选择出游的主要依据之一。所以,旅游经营企业应当建立起各种畅通的旅游信息渠道,为大学生旅游提供可靠而便捷的旅游信息。

四、大学生旅游市场开发建议

目前,大学生旅游市场发展还不是很完善,大学生旅游还没有像中老年人旅游那样形成潮流。大学时期是大学生由学校走向社会的过渡期,他们相对缺乏社会经验,对外界充满好奇,较其他成年人具有更强的出游动机。但是大学生旅游市场开发受诸多方面因素影响:第一,由于大学生需求及消费行为的复杂性与特殊性,旅游企业很难提供双方都能接受的旅游产品;第二,由于大学生经济水平的限制,旅游企业经营大学生旅游市场利润较低,导致大学生旅游市场被大多数企业所忽视;第三,大学生易于接受新事物,不满足于一般的旅游景点,使得旅游企业很难针对大学生需求提供合适的旅游产品;第四,缺乏相应的优惠政策吸引,在一定程度上阻碍了学生的出游;第五,企业经营管理模式存在问题,信息交流不畅,使得大学生无法得到旅游企业最新的关于学生出游的信息;第六,出于安全的考虑,国家对大学生旅游既不提倡也不反对,没有出台相应的优惠政策,在一定程度上也制约了大学生的出游。因此,开拓大学生旅游市场需要进行综合分析,要以科学的发展观开发大学生旅游市场。

(1)大力开展大学生旅游特色项目

从对大学生旅游信息的调查结果中,可知大学生的出游距离较近,因而旅游企业在重视大学生的双休日短途旅游的同时,还必须抓住时机推出中长途的旅游产品。针对大学生特殊的行为特征及心理爱好,以及目前各旅游景区参观游览性的项目多、参与性的项目少、适宜大学生的更少等情况,可以推出一些具知识性、趣味性、刺激性的适合大学生层次和兴趣的"超常规"的旅游产品组合。例如,团体自行车自驾游、野外生存训练、有专家带队的科学考察、徒步旅行等。旅游相关企业还可以根据大学生有较高的文化水准这一特征,开发出旅游费用较低的大学生文化旅游专线。比如游访老街老巷,历史文化古镇等,这些文化味十足、门票相对较便宜甚至不需要门票的旅游景点是很受大学生喜爱的。同时,开发大学生专项旅游产品可以与"三下乡"、"服务西部志愿计划"等社会公益活动结合起来,让大学生的旅游活动与奉献社会、体现自身价值有机结合。因此,在开发大学生旅游市场过程中,旅游部门应该与教育部门联手,加快推进大学生旅游市场的成长。

（2）采取多种优惠方式拓展大学生旅游市场

无论是从大学生的心理承受能力、实际消费能力、还是影响出游的原因来看,都可以得出一个明显的结论:经济因素在影响学生出游决策的因素中居于首要地位,因此可以推出经济型旅游套餐。同时旅游企业还可以针对这一特殊情况,在特定的时候制定特殊的优惠价格,以吸引大学生市场。比如在旅游淡季,旅游企业就可以通过降价优惠、与学生社团联合倡导推出户外运动等措施来吸引学生出游。事实上旅游企业若能以优惠价格吸引大学生出游产生的综合效益与潜在利益应该可以弥补价格让利所带来的损失。在调查问卷主观题的回答中,大学生提出的建议主要是集中在希望旅游企业能为大学生提供价格低廉的旅游产品和服务。由于目前许多景点的门票价格过高,而且部分景区门票的价格还存在继续上涨的趋势,这也严重阻碍了大学生的出游。

（3）培育潜在的旅游市场

提高旅游市场占有率的关键就是要提高游客的回头率,这就要求旅游企业所提供的旅游产品要保质保量,同时要多提供个性化的服务,不能因为大学生的消费能力不高,而对此不重视,甚至偷工减料,否则会让此群体心目中旅游企业形象甚至是当地旅游业形象打折扣。此外,根据马斯洛的人性需求理论,人们希望通过旅游来获得尊重,大学生当然也不例外,而且在某些方面表现得更为突出。因此,对大学生游客切忌怠慢。如果能提供相关的产品使得大学生流连忘返,那么大学生在今后踏上工作岗位后,还有较大可能性故地重游。如果能形成良好的口碑,实际上也是在培育潜在的客源市场。

(4)加强特色项目的宣传力度

大学生出游的距离比较近,旅游企业应当充分重视大学生的双休日短途旅游的同时抓住时机在寒假暑假推出中长途的旅游产品。另外,针对大学生特殊的行为特征及心理爱好,可以加强宣传特色旅游项目。如兴安猫儿山的露营、大圩海洋大野神境的真人CS大战、龙胜龙脊梯田摄影、阳朔情人浪漫游等。

(5)构建高校旅游网络,进行网络动态营销

快速发展的网络时代,使得一些旅游消费者被网络等先进的信息技术所武装,相应的旅游企业也应充分利用信息技术为自身的旅游营销经营提供服务。旅游经营企业不仅要依靠原有的营销手段来开展旅游企业的经营活动,更重要的是要利用网络这一先进的工具开展营销。网络在武装了旅游者的同时,也给旅游经营者提供了反向营销的操作平台,网络时代更是一个消费者导向的时代,所以,旅游企业应当加快转变经营观念,做到由过去的"以生产为中心"转变为"以顾客为中心",从"以产定销"转变为"以销定产"。

目前在各大高校都有关于计算机和网络知识的教学,绝大部分大学生都有上网的经历,很多学生还对网络情有独钟。调查发现,桂林市大学生获取旅游信息的渠道主要是互联网和亲友介绍,分别为138人和99人,占46%和33%。虽然现在我国有不少的大学生旅游网,但大部分为非营利性自发组织。很多传统旅游企业还未与网络完全接轨,总体发展水平较低,网络信息更新缓慢、服务项目单一,主要是一些介绍性的旅游服务,信息以旅游者被动接受为主,缺乏学生专栏,缺乏即时服务功能等。旅游企业应当认识到网络的广泛传播性,并且可以在各高校网络建立友情链接或建立网站,组成一个高校旅游网络。利用大学生的旅游偏好,追求新奇的特点,旅游企业应在不同时段结合各地开发的旅游项目在网站上推出以时尚旅游、户外运动等为主题的网络动态营销活动,以吸引广大学生的积极参与。同时,当大学生了解到某些目的地具有旅游的价值,也可以在网站上发表看法,旅游企业在实地考察后,认为具备可行性,可根据大学生的需要推出相应的旅游产品。因此,旅游企业应

当重视旅游电子商务,做好网络互动营销。

(6)提高服务质量,树立良好形象

树立旅游企业的良好信誉和口碑,是旅游产品成功营销的基石。有了良好的信誉与口碑才能实现旅游企业在大学生旅游市场的持续发展。根据调查,33%的大学生旅游信息是来自亲友介绍,可见口碑宣传对旅游企业进入大学生旅游市场起着关键性的作用。所以,认真接待好每一位游客,提供优质服务,是最有价值的旅游推介手段。尽管大学生群体的物质消费水平不高,但他们对服务内容和服务水平却表现得较为重视。根据马斯洛的人性需求理论,人们希望通过旅游来获得尊重,大学生当然也不例外,因此,旅游企业切勿对他们怠慢,应当把服务体现在营销的整个过程中,并及时了解旅游信息反馈,以体现服务的善始善终。此外,导游在整个旅游过程中起着举足轻重的作用,因此,针对大学生强烈的求知欲望和较高的审美品位,应该注意选择有经验、高素质的导游,这也是影响大学生对旅行社产生认同的十分敏感的因素。旅行社在派出导游的同时,还可以和高校的院系学生会或学生社团合作,选择有亲和力、知识面较广、具有较强的组织能力的学生作为实习"导游"或"领队",不仅有利于调动学生的积极性,也可以在一定程度上降低旅行社的人工成本。

第四节 《印象·刘三姐》成功典范分析

《印象·刘三姐》是在中国诞生的全球第一部大型常年实景演出。它历时五年零五个月,109次修改演出方案,600多位演员参与演出。自2004年常年演出,获得了良好的社会效益和市场效益。《印象·刘三姐》改变了桂林阳朔县的夜晚旅游格局,大大带动了阳朔的相关产业发展。在《印象·刘三姐》取得巨大的成功以后,张艺谋及他的团队又导演了《印象·丽江》、《印象·西湖雨》、《印象·海南岛》、《印象·大红袍》、《印象·普陀》等五个系列,但是后来的五个系列无论在社会效益和市场效益上都没有《印象·刘三姐》成功。本文对比研究印象系列,能更好地总结经验找出不足,使得印象文化产业能够更好地发展。

一、《印象·刘三姐》基本概况

大型桂林山水实景演出《印象·刘三姐》是中国漓江山水剧场之核心工程,由桂林广维文华旅游文化产业有限公司投资建设并由中国著名导演张艺谋和王潮歌、樊跃执导,国家一级编剧梅帅元任总策划、制作人,历时5年多的艰苦创作完成。它由中外67位著名艺术家参与创作,109次修改演出方案,由600多名演职人员参加演出,是全世界第一部全新概念的"山水实景演出",也是迄今世界上最大的山水剧场。《印象·刘三姐》演出集唯一性、艺术性、震撼性、民族性、视觉性于一身,是一次演出与视觉的革命。它以方圆两公里的漓江水域、十二座山峰为背景,广袤无际的天穹为舞台,以漓江渔民的生活为素材,以当地数百名群众为演员,大写意地将刘三姐山歌、民族风情、漓江渔火等元素创新组合,并将之不着痕迹地融入山水,还原于自然,成功诠释了人与自然的和谐关系,创造出天人合一的境界。因此,《印象·刘三姐》演出被称为"与上帝合作之杰作",一问世就引起全球轰动。这部作品于2004年3月20日正式公演,随后被评为世界旅游组织目的地最佳-休闲度假推荐景区;2004年11月以桂林山水实景演出《印象·刘三姐》为核心项目的中国漓江山水剧场(原刘三姐歌圩)荣获国家首批文化产业示范基地称号。

《印象·刘三姐》自2003年10月第一次上演以来,据统计,截至2011年年初,已演出近3000场,观众约600万人次,票房收入超7亿元。仅2007年《印象·刘三姐》观众已首次突破100万人次,创下了中国文艺演出观众最高年纪录,被誉为中国文艺演出史上的奇迹。

《印象·刘三姐》带动了当地公交、宾馆、饮食、娱乐、商品零售业的增长,带动了其他项目的升值,有效拉动了相关产业的快速发展,形成了良性循环。仅以阳朔县为例,在《印象·刘三姐》公演的两年内,阳朔县的旅游总收入共增加了5亿多元,景区和县城土地增值平均达到5倍以上。广西旅游部门的统计也印证了《印象·刘三姐》对当地旅游的积极影响。

二、《印象·刘三姐》的特点

（1）优美的环境和露天山水舞台与演出的完美结合

传统演出是在剧院有限的空间里进行,但《印象·刘三姐》这场演出则以自然造化为实景舞台,在方圆两公里的阳朔风光美丽的漓江水域上以十二座山峰为背景,加上广袤无际的天穹,构成了迄今为止世界上最大的山水剧场。放眼望去,漓江的水,桂林的山,化为中心的舞台,给人宽广的视野和超凡的感受,让您完全沉浸在这美丽的阳朔风光里。传统的舞台演出,是人的创作,而《印象·刘三姐》这一大型"山水实景演出"则是人与上帝的共同的创作,山峰的隐现、水镜的倒影,烟雨的点缀、竹林的轻吟、月光的披洒随时都会加入演出,成为最美妙的插曲。晴天的漓江,清风倒影特别迷人;烟雨漓江赐给人们的都是另一种美的享受;细雨如纱,飘飘沥沥;云雾缭绕,似在仙宫,如入梦境……演出正是利用晴、烟、雨、雾、春、夏、秋、冬不同的自然气候,创造出无穷的神奇魅力,使那里的演出每场都是新的。演出以《印象·刘三姐》为总题,在红色、白色、银色、黄色四个"主题色彩的系列"里,将刘三姐的经典山歌、民族风情、漓江渔火等元素创新组合,不着痕迹地融入山水,还原于自然,成功诠释了人与自然的和谐关系,创造出天人合一的境界,被称为"与上帝合作之杰作"。尤其是洗浴一场。身着白色纱巾的少女翩然起舞。水镜晨妆,风解罗衫,山水与祖露中的少女彼此呼应,似乎在告诉每一位注视者,灵性就在大自然的深邃处,少女所有的美丽来自山水的赐予。演出把广西举世闻名的两个旅游文化资源——桂林山水和"刘三姐"的传说进行巧妙的嫁接和有机的融合,让阳朔风光与人文景观交相辉映。演出立足于广西,与广西的音乐资源、自然风光、民俗风情完美地结合,看演出的同时,也看漓江人的生活。

由于是山水实景演出,支撑这个超级实景舞台的最直观的是灯光。《印象·刘三姐》同样体现了一种淋漓尽致的豪华气派,利用目前国内最大规模的环境艺术灯光工程及独特的烟雾效果工程,创造出如诗如梦的视觉效果。自古以来,桂林山水头一回让人领略到华灯之下的优美、柔和、娇美、艳美和神秘的美。《印象·刘三姐》

很大程度上说是一次真正豪华的灯会，构建了一个空前壮观的舞台灯光艺术圣堂，从一个新的角度升华了桂林山水。刘三姐歌圩坐落在漓江与田家河交汇处，与闻名遐迩的书童山隔水相望。歌圩几乎全部被绿色覆盖，种植有茶树、凤尾竹、草皮等，绿化率达到90%以上。其中灯光、音响系统均采用隐蔽式设计，与环境融为一体。《印象·刘三姐》景区内的水上舞台全部采用竹排而建，不演出时可以全部拆散、隐蔽，对漓江水体及河床不造成影响。100多亩建设用地上，鼓楼、风雨桥及贵宾观众席等建筑散发出浓郁的民族特色，整个工程不用一颗铁钉，令人叹为观止。观众席由绿色梯田造型构成，180度全景视觉，可观赏江上两公里范围的景物及演出。演出服装多姿多彩，根据不同的场景选用了壮族、瑶族、苗族等不同的少数民族服装。

(2) 演出以歌仙刘三姐为依托

刘三姐，广西壮族民间传说中的歌仙，围绕她有许多优美动人、富于传奇色彩的故事。1961年电影《刘三姐》诞生了，该影片全片在桂林漓江两岸拍摄取景，影片中秀丽的桂林山水、美丽的刘三姐、动听的山歌迅速风靡全国及东南亚，引发了寻找刘三姐的热潮。从此，前来游览桂林山水，寻访刘三姐和广西山歌，便成了一代又一代人的梦想。尔后刘三姐集团、刘三姐香烟、刘三姐景观园……有关刘三姐的企业、产品、项目不断出现。而以张艺谋、王潮歌、樊跃为总导演，梅帅元为总策划、制作人的桂林山水实景演出《印象·刘三姐》，无疑是开发利用刘三姐品牌浓墨重彩的一笔。《印象·刘三姐》是一次与真象无关的艺术呈现，以山水圣地桂林美丽的阳朔风光实景作为舞台和观众席，以经典传说《刘三姐》为素材，集漓江山水风情、广西少数民族文化及中国精英艺术家创作之大成，是全世界第一部全新概念的"山水实景演出"，集唯一性、艺术性、震憾性、民族性、视觉性于一身，是桂林山水的美再一次与艺术相结合的体现和升华。

(3)《印象·刘三姐》对当地经济产生的巨大影响

《印象·刘三姐》直接拉动了整个地区经济链条的快速运转，带动了当地餐饮、宾馆、房地产和运输等产业，而当地的发展又反过来给演出带来大量客源。统计表明，2003年《印象·刘三姐》公演之前，阳朔县的床位仅479张，2005年增加到12016张，旅游收入也从2003年的2.41亿元飙升到2005年的6亿多元。高田镇率先推出民居旅游后,几乎家家搞旅舍,人人做导游,全村 106 户 427 人就有 230 人从事导游业,仅此一项年纯收入人均可达 5000 元以上。现在,《印象·刘三姐》每晚至少演出一场,旅游高峰期每晚要演两至三场。由此可见,《印象·刘三姐》对阳朔旅游业发展的积极影响。据有关专家测算,《印象·刘三姐》的演出给阳朔带来了 1:5 以上的拉动效益。仅演出区域及周边土地增值平均达到 5 至 10 倍以上。据阳朔县有关部门估计,目前全县的劳动力人口中,《印象·刘三姐》产业运作的受益人口占了 5%,《印象·刘三姐》启动的 2003 年,阳朔县上交税收 9400 万元,第二年上交税收就增加到 1.3 亿元,增幅达到 17.4%。

三、《印象·刘三姐》成功典范分析——基于印象系列的比较研究

(1)印象系列总体对比分析

表 7-5 印象系列的总体对比

名称	投资金额	公演时间	总座位数	演员总人数	排练时间
《印象·刘三姐》	3 亿元人民币	2004 年 3 月 20 日	3800	600 多人	五年零五个月
《印象·丽江》	2.5 亿元人民币	2006 年 7 月 23 日	2000	500 多人	一年半
《印象·西湖雨》	1.6 亿元人民币	2007 年 3 月 30 日	1700	300 多人	一年多
《印象·海南岛》	1.8 亿元人民币	2009 年 4 月 14 日	1600	300 多人	一年半
《印象·大红袍》	1.5 亿元人民币	2010 年 3 月 29 日	1988	300 多人	一年多
《印象·普陀》	1 亿元人民币	2011 年 1 月 1 日	2010	200 多人	一年

由表可见,首先,《印象·刘三姐》的投资金额是在六部印象系列表演中最大的,达到了 3 亿多元人民币,并且投资的时间较早货币的购买能力较强。充足的资金又使《印象·刘三姐》无论是在演出投入,还是市场运作上都具有了强大的资金优势,是确保演出成功的有利因素之一。

其次,开发的时间最早。从公演时间上来看,《印象·刘三姐》是最早的,之后的《印象·丽江》公演是在 2006 年,《印象·西湖雨》公演是 2007 年,《印象·海南岛》

公演是2009年,《印象·普陀》公演是2011年。早进入市场的商品往往能更好地抓住消费者的心,利用观众的好奇心与新鲜感使其认知这个品牌,并且将这个品牌宣传给亲朋好友,《印象·刘三姐》就拥有了这个优势。也正是这一辐射效应使《印象·刘三姐》在短时间内迅速占领市场,切实地创造出了巨大的经济效益。

最后,《印象·刘三姐》的策划时间是在印象系列里最长的,历经5年零5个月、67位中外著名艺术家参与创作、109次修改演出方案。而且《印象·刘三姐》有600多名演职人员参加演出、3800多个座位,表演演员人数和剧场座位数在同系列演出中是最多的,而其他印象系列的排练时间都不超过两年,座位总数和参演人员数都与《印象·刘三姐》有较大差距,演员人数有的比《印象·刘三姐》差400人之多,所以其他印象系列是无法与《印象·刘三姐》相比拟的。

(2)《印象·刘三姐》创意最独特

《印象·刘三姐》利用创新思想采用大印象手法,把刘三姐的山歌、民族的风情、漓江自然风景相结合,进行重新的演绎和诠释,打造出令人耳目一新的演出效果,并且依托了1961年拍摄的著名电影《刘三姐》,因而更受游客的欢迎、了解和喜爱。而相对于《印象·大红袍》以及《印象·普陀》,《印象·刘三姐》明显在直观性和宣传效应上拥有足够的优势。虽然《印象·丽江》和《印象·西湖雨》的名气也很大,两场演出分别依托了丽江玉龙雪山和西湖,但由于涉及到所处地深厚的历史积淀,因此对观众的知识面和文化水平有着较高的要求,其演出的直观性势必受到巨大的影响。相对而言,人人都知道广西是山歌的故乡,游客来到歌仙的故乡,山歌可寻、唱山歌的歌者可见,梦中的一切,立刻从梦境中来到了现实世界,心愿得以实现,而《印象·刘三姐》给游客带来的就是最直接的梦境展示。

(3)舞美和灯光最好

《印象·刘三姐》的创作过程中,为了烘托出如雾中漓江山水的艺术效果,创作人员投入巨资建造了目前国内最大规模的环境艺术灯光工程及烟雾效果工程。此外,《印象·刘三姐》表演中渔民演员在水中挥动红绸、桨击水面,在灯光的映衬下红绸格外具有冲击力,还有就是银色印象中的上百名苗族姑娘手拉手身穿民族服饰加上LED串联灯泡的那一幕是演出的高潮。而《印象·丽江》是白天演出的,就丧失了使用灯光创造美感的机会。《印象·西湖雨》的灯光没有《印象·刘三姐》的雨雾效果好,且没有阳朔美丽的山峰作为天然的舞台背景。这些都赋予了《印象·刘三姐》强大的竞争力,使其在同一系列演出中得以脱颖而出、取得最好的经济效益。

(4)主题更突出

《印象·刘三姐》是六部印象系列演出中唯一一部运用独立一条艺术主线的演出。广西的民俗特色本就以歌为主,和歌仙刘三姐这一人物相对呼应。而且《印象·刘三姐》避免了涉及宗教、历史、茶叶等庞杂内容的故事主线所产生的分散感,增加了演出的艺术表现力,使表演更具有冲击力,让人印象深刻。相比其他印象系列演出,《印象·刘三姐》观众群的辐射面更广、导演要表达的创作意图更容易被观众理解。

(5)天然山水背景具有得天独厚的竞争力

桂林的山水逶迤绮丽,是上天赋予地球的一处自然奇迹,而在这片奇迹之中加上炫丽多变的灯光,便造就了《印象·刘三姐》的突出大舞台。虽然其他印象系列演出也有利用天然山水作为舞台的设计,但桂林山水的美却是无法复制与取代的,所以说《印象·刘三姐》有着世界独一无二的天然竞争优势,这便是桂林山水的独特之美。

(6)成立艺术学校降低演出成本

张艺谋在广西桂林当地成立了张艺谋艺术培训学校,学校内的学生经常利用此优势将《印象·刘三姐》演出作为表演及学习的舞台。这样做一来为演出积攒了足够的后备力量,二来使演出的成本得到了有效的降低及控制。尤其在旅游淡季,其他印象系列演出因为游客的大量减少或多或少地出现了亏本的现象,但《印象·刘三姐》却无此后顾之忧。这也使其有更多的资金在淡季优化演出设施、提高演出质量,从而使整场演出得到了持续不断的良性循环。

(7)最受欢迎的印象系列演出

通过对游客的调查我们发现,游客最想看的印象系列演出中《印象·刘三姐》所占比例最高。因为1961年电影《刘三姐》的风靡,加上《印象·刘三姐》是印象系列中导演得最早、排练最好的一部,所以游客会首选桂林、首选《印象·刘三姐》。《印象·丽江》、《印象·西湖雨》是在《印象·刘三姐》后导演的,在经过市场和游客的检验后,它们的知名度也很快提高,但是比起《印象·刘三姐》还有一定的差距,可是知名度远高于《印象·海南岛》、《印象·大红袍》、《印象·普陀》。而《印象·海南岛》、《印象·大红袍》、《印象·普陀》三部印象系列演出,由于导演得相对较晚、时间较短,因此在质量上打了折扣,特别是《印象·海南岛》已经濒临倒闭,其股权也被迫转让了一部分,而《印象·大红袍》、《印象·普陀》则需要进一步地接受市场的考验。

（8）印象系列的观看要求

表7-6 印象表演对游客素质的要求

《印象·刘三姐》	《印象·丽江》	《印象·西湖雨》	《印象·海南岛》	《印象·大红袍》	《印象·普陀》
要求一般了解广西刘三姐山歌文化	要求适中了解云南地理及多民族的情况	较高文化涵养及历史知识	要求很小	对中国茶文化有一定了解	对佛教文化及教义有所了解

茶文化、佛教文化皆带有极强的中国色彩,这一特殊的中国独有文化背景,使得观众要想能完全了解导演藏在演出中的精彩之处需要有一定的知识层次和文化修养作为依托。也正因如此,限制了观众的投入度,拉开了演出与观众的距离,使之难以和《印象·刘三姐》演出一样在观众心中引起巨大的共鸣。

（9）印象系列的表演差异

表7-7 印象系列表演差异

印象系列	《印象·刘三姐》	《印象·丽江》	《印象·西湖雨》	《印象·海南岛》	《印象·大红袍》	《印象·普陀》
表演时间	夜晚	白天	晚上	晚上	晚上	晚上
表演地点	漓江边	玉龙雪山下	西湖中	大海边	武夷山下	普陀山下
表现难度	较易	较难	较难	较易	较难	较难

由此可见,演出的时间和地点直接制约了演出的效果,而背景的选择又直接对

演出的优劣起到了决定性的作用。桂林山水的独特之处不得不说是《印象·刘三姐》的必要成功前提。

四、《印象·刘三姐》成功总结

《印象·刘三姐》的巨大成功之后,依托张艺谋漓江艺术学校中聚集的优秀艺术人才,开发新的艺术精品。后排练《鼓楼大乐》等白天演出的民族艺术新品。实现了文化产业项目的后续发展,张艺谋漓江艺术学校的建立保证了文化产业项目的人力资源的开发,保证了该剧在人力资源方面的可持续。《印象·刘三姐》已对阳朔县域经济产生强大的推动作用。可以说,无论从旅游项目的开发还是其对区域经济的促进作用来看,《印象·刘三姐》的开发都是成功的。究其原因,除了阳朔旅游资源较高的旅游丰度及与桂林的良好依托关系外,还应包括以下几个方面:首先《印象·刘三姐》充分反映了阳朔地区蕴含的深厚壮文化内涵。阳朔地处广西壮族自治区北部,以刘三姐文化为代表的壮族文化在阳朔影响颇深,底蕴深厚。1961年长春电影制片厂在阳朔拍摄了彩色故事片《刘三姐》更使阳朔地区的刘三姐文化得以充实。影片中秀丽的漓江山水、美丽的刘三姐以及刘三姐婉转动听的歌声,时至今日仍为众多游客津津乐道。而作为影片外景拍摄地的月亮山、大榕树等景区至今仍为游客阳朔之旅的必到之处,可以说刘三姐文化已经深刻融于阳朔的一草一木。《印象·刘三姐》恰恰是在这样的背景下应运而生,在策划过程中抓住阳朔与以刘三姐文化为代表的壮族文化的结合点,很好地将其融合加工,用艺术化的手段加以展示,使旅游者在观赏的同时,能够深刻感受其中的文化氛围,集欣赏与体验于一身,这正是《印象·刘三姐》成功的一大关键。其次,《印象·刘三姐》项目策划创意独特、形式新颖。文化产品的生命在于创意,文化在一定范围内是一种静态的存在,只有通过创意化的设计把文化转换成有形或无形的产品才能获得收益,才能让旅游者真切地感受到文化的存在。《印象·刘三姐》把以刘三姐文化为代表的壮族文化的内容和现代科技的表现形式融合,以山水为背景,以漓江为舞台,突破传统的舞台剧模式,形成独具一格的山水实景演出。这种新颖的模式调动了游客游览积极性,众多游客慕名而来,取得可观的经济收益,刘三姐品牌得到进一步提升,对区域经济发展产生极大的促进作用。最后,《印象·刘三姐》的成功与社区居民的参与是分不开的。阳朔旅游开发较为成熟,居民具有较为成熟的旅游参与经验。《印象·刘三姐》在开发过程中重视与社区居民的关系处理,为居民参与提供各种便利条件。无论是在《印象·刘三姐》参演的过程中,还是相关辅助设施如购物、租赁摊点的建设经营上都因居民的参与而获益颇多。可以说《印象·刘三姐》的开发成功是由上述多方面的原因综合决定的。

第五节　关于桂林旅游纪念品市场的调查研究

旅游纪念品是旅游商品的重要组成部分,在旅游业中的经济效益潜力巨大。开发创造更多更好的适应旅游者需要的旅游商品,不仅能反映旅游区自然与文化的特色,有着较高审美价值,而且制作精巧的旅游纪念品,对活跃旅游商品市场、促进旅游经济发展、塑造旅游区的良好形象都有着重要的意义。旅游业发达的国家和地区旅游纪念品行业也相当发达,旅游购物占旅游总收入的比重大多在30%以上,有的甚至达到50%~60%,如新加坡和中国香港等。作为我国旅游业发达城市的桂林,如何开发新的旅游纪念品,提高旅游纪念品的质量,规范旅游商店的服务,从而提高旅游购物在旅游总收入中的比重,已成为桂林旅游业进一步发展亟待解决的问题。

为了解桂林旅游纪念品市场存在的问题以及旅游者的需求情况,笔者组织旅游规划专业学生在七星公园和象山公园进行了调查。采取抽样问卷调查的方法,共发放问卷200份,全部收回,其中有效问卷共192份。此外,调查组还以外地游客的身份进入了多家旅游商品店,了解旅游纪念品市场的真实情况。

一、旅游者购买纪念品的行为

旅游购物是旅游中不可缺少的环节。调查显示,有81.25%的旅游者购买了旅游纪念品。这表明,旅游购物消费在桂林庞大的旅游市场中占有重要地位,旅游购物为促进经济发展和拉动消费起到了积极作用。

(1) 购买地点

调查结果表明,在购买地点选择上,在景区周边市场购买的旅游者最多,占被调查人数的55.73%;其次,选择到导游带去的定点商店购买的旅游者所占比例为25.52%;选择到景区内商店购买的只占18.75%。

(2) 购买纪念品类型

调查表明,在购买旅游纪念品时,59.38%的旅游者选择工艺品,33.85%的旅游者选择土特产品,只有6.77%的旅游者选择珠宝首饰。

(3) 对纪念品的要求

调查显示,旅游者对旅游纪念品的要求各不相同,选择纪念性的旅游者最多,占48.44%,其次是实用性和观赏性,分别占31.25%和20.31%。

(4) 购买纪念品的目的

调查结果表明,旅游者购买旅游纪念品的目的主要是自己留念和赠送亲朋好友,所占比例分别为48.96%和45.31%,选择其他用途的仅占5.73%。

二、旅游者对桂林旅游纪念品市场的看法

(1) 服务态度

服务态度有待提高。调查显示,旅游者对服务态度评价为好的占21.35%,认为一般和差的分别占68.75%和9.90%,大部分旅游者对服务态度评价不高。这反映了目前桂林旅游纪念品市场中服务态度状况与国际旅游城市的发展要求不协调。

(2) 旅游纪念品的种类

旅游纪念品种类不够丰富。调查表明,旅游者认为桂林旅游纪念品种类丰富的仅占18.75%,认为一般的占63.54%,认为太少的占17.71%。

(3) 旅游纪念品质量

旅游纪念品质量令人喜忧参半。调查结果显示,旅游者认为桂林旅游纪念品质

量好的占 15.10%,认为质量一般的占 68.75%,认为质量差的占 16.15%。旅游纪念品的质量问题影响了桂林的旅游形象。

（4）旅游纪念品价格

旅游纪念品价格偏高。旅游者反映比较强烈的是定点商店的商品,认为价格高的占 53.65%,其次是景区内商店占 40.63%,景区周边市场占 16.15%。

（5）购买桂林旅游纪念品的选择

调查结果显示,桂林旅游纪念品中较能引起旅游者购买欲望的主要有桂林三宝、桂林山水画和桂花茶,分别占被调查者的 30.00%、16.97%、13.94%。

表 7-8　旅游者对桂林旅游纪念品的购买选择次数

纪念品	桂林三宝	西瓜霜	桂花茶	壮锦	绣球	桂林山水画	阳朔纸扇
选择次数	99	26	46	33	32	56	38
比例	30.00%	7.88%	13.94%	10.00%	9.70%	16.97%	11.52%

（6）旅游者建议

在本次调查的过程中,许多旅游者针对桂林的旅游纪念品市场提出了诚恳的建议,如规范市场价格、提升服务水平、提高产品质量、突出地方特色、加大新产品开发力度等。

三、建议

通过本次调查研究,对桂林旅游纪念品多层次、多角度、多方位地进行了了解,掌握了桂林旅游纪念品市场存在的许多重要问题。根据调查结果和桂林旅游纪念品市场的特点,对桂林旅游纪念品市场的发展提出以下几点思考和建议。

（1）突出地方特色,加大开发设计力度

旅游纪念品是能够代表地方文化品位的商品。旅游者购买后,能够通过对所购物品的欣赏、使用,回忆起旅游过程,甚至通过转赠亲友,让更多的人分享他的愉快感受。这就要求旅游纪念品必须能够反映出地域文化的特点和差异,也就是一定要有地方特色。桂林可以依托本地资源从以下几个方面入手来丰富旅游纪念品的种类：一是少数民族的工艺品系列,二是竹制品系列,三是绿色食品系列,四是书画摄影、音像制品系列。在旅游纪念品的设计过程中,除了考虑美观、易携带等因素外,还必须考虑如何将桂林旅游目的地形象标志——桂林山水和象鼻山融入到纪念品中,这样当游客向亲朋好友赠送旅游纪念品的时候,也间接地宣传了桂林。

(2)建立和规范旅游纪念品市场秩序

在旅游纪念品进入市场以前以及在市场销售中,桂林的工商、旅游等管理部门要加强对它的监管、引导,对一些粗制滥造、假冒伪劣的旅游纪念品必须坚决查处,不让它在市场上出现,损害游客利益,损害桂林的旅游形象。在保证质量的前提下,由桂林市物价局对旅游纪念品进行定价,并允许旅游商店在规定的价格范围内浮动。针对旅游景区内和景点周围的销售人员,可由桂林市旅游局或其他相关部门进行行业服务的培训,同时提高进入这些商店的服务人员的学历、形象等方面的要求。

(3)抓好旅游纪念品的规划工作

制定桂林旅游纪念品五年发展规划和十年发展规划,在宏观上、战略上、方向上对旅游纪念品工作做出规划,用五年至十年期间重点要解决的问题及发展目标做出规定。所订立的目标要符合世界潮流和世界惯例,争取在三个到四个五年计划内,使桂林旅游购物花费占到旅游总花费的40%以上,进入世界旅游商品比较发达的城市行列之中。

第六节 星级酒店"80后"员工管理对策研究

一、引言

每年六七月份都会有大批的毕业生跨出大学校门,告别学生时代,开始自己的职场生活。从21世纪初期开始,越来越多1980年以后出生的一代人开始走出校园、步入社会,"80后"正以新生的力量注入到就业大军之中,并日渐成为职场上不可忽略的组成部分。在劳动力密集型的酒店行业,80后承担了大量一线服务工作,成为酒店员工的主体。在我国,1980年后出生的这一代人,出生在改革开放后,成长于市场经济的时代,经历着社会发展的巨大变迁。由于成长环境的特殊性,"80后"在价值观、态度等方面与20世纪六七十年代出生的员工有较大的差异,致使以前传统的酒店人力资源管理方式方法均不奏效。同时,居高不下的酒店员工流失率也让"80后"员工成为酒店人力资源管理的新焦点,酒店管理者对于80后员工的管理需要理论与实践的指导。本文在探寻80后员工职场行为特征的基础上,分析酒店80后员工的工作现状及其管理现状,并据此提出相应的管理策略。

21世纪初,自从少年作家恭小兵首次提出"80后"这一概念后,网络论坛中出现了一个崭新的名词"80后",引起了众多企业管理者们的关注,到今天众多学者、企业管理者相继开展了关于"80后"员工管理方面的研究。

(1)"80后"员工的定义及其在酒店中的地位

关于"80后",这里列出了以下几种观点,如表7-9所示:

表7-9 对于"80后"界定的不同观点

观点	特征
泛指出生于20世纪80年代的一批活跃于网络论坛的年轻写手。	有思想、有个性
特指出生于20世纪70年代末期及80年代前半期的青年人群体。	大多是独生子女,是第一批享受改革开放成果的社会群体。
生于1978—1981年间的一群反叛者,特立独行的一类人。	相比于其他"80后",感受过70年代的气氛,因而更默默无闻些。
生于1982—1985年间的一群人。	有思想、有叛离精神又有点敏感。
生于1986—1989年的一群被认为是比前两个阶段的"80后"都幸运、自我感觉却并不如此幸运的人。	自我感觉不太幸运,压力大。
出生于20世纪80年代(1980—1989年间),年龄大约在24至33岁间的一代年轻人。	在改革中出生,在开放中成长,在发展中成熟,构成了当代青年的主体

本文所论述的"80后"员工偏向于第四种观点:指出生于20世纪80年代(1980—1989年间),年龄大约在20岁至28岁间的一代年轻人。根据《中国统计年鉴》,出生于20世纪80年代的人口有2亿之多,如今,这些年轻人成为了劳动力市场上,尤其是酒店从业人员的主流群体。

(2)"80后"员工在酒店中的地位

总体而言,酒店从业人员较为年轻,年龄结构较为合理。员工平均年龄则保持在30岁左右。根据网络调查,酒店员工年龄结构分布如表7-10所示:

表7-10 酒店员工年龄结构分布

选项	人数	比例
低于20岁	7	5.3%
20—29岁	101	77.1%
30—39岁	17	13%
40岁以上	6	4.6%

酒店中"80后"员工(20~29岁)最多,占77.1%;"70后"(30~39岁)占13%;"90后"占5.3%,"60后"最少,只占4.6%。该数据表明,80后员工是酒店从业人员的主体。根据针对南京、上海、长沙、广州四地的酒店业的有关调查,目前高居总经理、副总、总监等高层管理者职位的大都是"60后",占调研对象的近65%;位居部门经理之职的大都是"70后"员工,高达71.37%;居主管和领班职位的员工中,"80后"约占38.26%。目前,"80后"位居高层管理者职位的还是凤毛麟角,大部分还是处于普通员工或中基层管理者的地位。因此,整体看来,"80后"员工还是处于"60后"、"70后"员工的领导之下。

二、"80后"员工职场行为特点及成因分析

"80后"是在中国的经济、政治、文化等各方面都发生重大变化的背景中成长起来的。由于成长环境的特殊性,"80后"在价值观、态度等方面与之前时代员工有较大的差异,在企业中表现出独特的职场行为特点,具体如下:

(1) 自我意识强烈,责任感和使命意识淡薄

"80后"是在改革开放中成长起来的一代,大多数"80后"是独生子女,从小就备受父母、其他长辈的宠爱。因此,他们自尊心极强,不喜欢受到管理者的批评,不能忍受强迫式的指挥和命令;具有很强的自我意识,常以自我为中心,而不考虑企业的规章制度和整体利益;崇尚自由,而不喜欢受约束和限制。在工作中比较随性任意,集体观念、纪律观念比较淡薄,团队合作意识也较弱。笔者听到过这样一个故事:某公司刚接收一批大学毕业生(80后),公司正常对其进行出勤考勤。公司的正常上下班时间是早8:00,下午6:30。在办公室人员的一次考勤中,有位新招聘的大学毕业生迟到了,按公司规定现场接受处罚5元/次。当办公室工作人员开出罚单后,这位员工竟然当场问:"有没有包月的?"这个故事听完后,大家轰然一笑。在大家心目中,"80后"这个词大多被贴上了"没有责任感"的标签。

(2) 价值取向现实化并呈现多元化发展的趋势

"80后"的价值观具有较强的功利性,讲求实惠,看重眼前利益,追求物质利益和享受。在工作过程中只忠诚于自己的职业而不忠诚于企业,一旦感觉任职的公司不能提供理想的工作岗位、待遇以及更好的发展平台,就会选择另谋高就。此外,他们不希望因繁忙的工作而牺牲自己与亲友相聚的机会,以及自己在休闲、爱好、社交、教育等方面的享受和追求。在他们心目中,健康、亲情是比金钱更重要的财富。因此,在择业时不仅仅看重工资待遇,对工作环境与氛围、个人发展空间等方面都会权衡比较,选择自己最喜欢的工作。对80后来讲,"既要工作也要快乐"代表着他们的工作价值观。

(3) 职业定位模糊,跳槽率高

职业定位是通过对行业的充分了解,并根据自身兴趣,确定将要从事的职业。很多80后员工没有明确的职业定位:一是选择专业与自身爱好不符;二是盲目求职,没有充分考虑自身的优劣势;三是对目前工作不满,又不知所措;四是面临多个选择,对职业发展困惑。80后员工持有善变的职业观念,他们渴望尝试不同的职业领域以及同一职业领域内不同级别的工作。他们认为工作应该找最适合自己的,渴望企业能够为其提供足够的发展空间。如果企业不能提供理想的工作岗位、待遇以

及更高的发展平台,他们会选择"用脚投票"——跳槽走人。"用脚说话"是80后员工的特点之一,他们的离职率比较高。中华英才网调查显示:高达95%的80后员工认为工作"没有更好,只有合适",工作不满一年就跳槽的高达56%,1~2年更换工作的占25%,60%的80后正在选择或者考虑跳槽。

(4)敢于挑战权威,充满活力与可能

80后员工讲究公开、公平,与前辈相比,更有市场精神,他们会公开表明自己的利益,不委曲求全。在他们看来,君择臣,臣亦择君。他们等级观念不强,不会因为职务级别而尊重自己的上司,甚至有时会藐视权威。他们崇尚参与,而不是自外而内的灌输与命令。80后的成长恰逢改革开放时代,互联网快速普及让他们接触到了大量的来自于不同社会的文化和知识。他们思想开放,头脑活跃,容易接受新事物,富有创意,不会墨守陈规,不会因循守旧,没有精神和思想的包袱,知识和信息充分,乐意接受具有挑战性的工作。更重要的是,他们正年轻,精力充沛,活力四射,可塑性强,有着无限的可能。

(5)心理脆弱,缺乏协作精神

有人把80后比作"草莓一族":外表光鲜,但是承受能力差。80后员工做事易情绪化,工作中抗压性较差。根据相关调查显示:80后员工遇到困难时,大多数选择"跳槽"或者"消极抵抗",而非"积极建议"。娇生惯养让80后考虑更多的是外界环境来适应自己,而不是自己去适应环境。在企业容易遭遇挫折感,进而产生自暴自弃的想法。此外,80后注重自身利益,而相互理解、合作能力、团队精神相对较弱。80后员工在与他人合作完成工作时,常常认为责任在于集体而非落到个人头上,遇到问题不愿主动承担责任,易出现相互不买账、互相推诿的现象,结果导致整体工作进度受到影响。

三、星级酒店"80后"员工管理现状分析

(1)80后员工面临压力大

"80后"员工,尤其是酒店一线服务人员,多数为初入职场或刚工作不久。星级

酒店的服务要求较高,员工必须有一定的技能熟练度和良好的心态。新进员工往往有一段适应期,在这段时间里,如果酒店能够正确引导新员工看问题,就会极大地增加员工的信心和继续留在酒店的意愿。但实际上,很多酒店并没有注意到这些"小"问题,而是对新员工所犯的错误毫不留情地加以指责,并且没有与员工一起寻找原因,造成新员工对自己的能力产生怀疑,心理压力大。这就是为什么在酒店中,新员工往往实习仅一两个月就抱怨压力大、工作重,并迅速流失掉的一个重要原因。以桂林×酒店总机为例,×酒店的总机不同于其他高星级酒店的总机,它称为"为您服务专线(At Your Service)",提倡以最快的速度为客人提供一条龙服务。×酒店的总机人员需要掌握桂林市的信息,如交通、气温、旅游、重大活动或会议等,以及酒店上下、各部门情况,除此之外,总机人员还需要为住店客人点餐、预订、递送一切需要的物品、提供一切合理的服务(如:为客人擦鞋等)。当时,AYS经理要求实习生一个月的时间就要上手,使实习生压力很大,甚至有离职的念头。

(2)工作时间长,三班倒不太适应

酒店餐饮部、客房部工作时间较长,一般是8~10个小时/天,尤其是旅游旺季,客房入住率高时,工作时间可能达到12小时/天。酒店前厅部实行三班倒。据访谈了解到:不少前厅部员工(尤其是80后刚参加工作或参加工作不久的员工)目前还不能适应夜班,表现为正常作息规律被打乱、生物钟紊乱,工作效率低下,疲惫、工作压力大时身体也有些吃不消等连锁反应。

(3)重复性、枯燥的工作让他们失去工作的积极性

由于酒店产品和顾客需求的特殊性,酒店服务忙闲时的特点非常突出。首先,员工工作负荷量大,尤其是在忙时,员工经常加班,常出现体力不支的现象。高强度的工序超过员工所能承受的范围,对身体造成严重威胁,压力不断上升,常使工作效率大打折扣。其次,员工的工作性质比较单一,基层工作每天都重复着相同的事情,长此以往,员工会丧失对工作的热情和积极性。

(4)缺乏有效的沟通

管理人员与员工缺乏必要的沟通,管理人员只关注员工的工作表现,没做到面对面沟通来解决问题,不能了解下属真实的工作状况和生活情况。80后员工初入职

场,往往有一段适应期,需要酒店管理者们积极的引导和主动的沟通。否则容易让80后员工丧失工作热情和积极性,甚至产生离职的想法。以×酒店客房部的员工为例,她们每天大部分时间都是在忙做床、整理打扫房间等不与人沟通交流的工作,而且工作量较大,尤其是旅游旺季客房入住率高时,基本每个客房服务员都是超负荷地工作,每人每个班次至少要做12间房。这对于一个初入职场不久的80后员工来说是一项极大的挑战,加上有些管理者只会给下属分配任务,而不会去"体察民情"与下属沟通,了解下属的真实工作状况和生活情况,这种情形对酒店其实是非常不利的,很容易导致80后忍受一段时间后选择跳槽走人,这样酒店就容易出现长期人员不足的状况。

(5)激励机制不完善

酒店管理中激励制度大多不完善。首先,激励不足,惩罚过严。如果激励不足、惩罚过严会降低员工的主动性,所以酒店不能只是严格管理,这只能从一定程度上保证服务质量,不能让员工心服口服。其次,奖罚不分明。很多酒店奖罚的依据只是客人的表扬和投诉,然而,这样进行奖罚带有片面性,客人带有很多主观色彩,不能做到客观公正,很可能挫伤员工的工作热情。最后,奖罚手段单一。许多酒店奖励手段只是表扬或者发奖品、奖金,惩罚就是批评、扣除奖金。激励手段单一,没有重视精神激励,则很难挖掘员工的潜力。

(6)80后员工跳槽率高

正常的人员流动率一般应该在5%~10%,作为劳动密集型企业,酒店的流动率也不应超过15%。但是有关调查数据显示,超过这一警戒线的酒店不在少数。如表7-11所示:

表7-11 酒店员工流失率

酒店员工流失率	<10%	10%~15%	15%~30%	>30%
酒店数量(所占百分比)	5%	24%	36%	35%

随着酒店业竞争的日趋激烈,员工流失率一直居高不下,特别是一些高学历、高

层次的80后管理人才流失情况更加严重。他们往往是在参加完酒店培训,掌握了一定的技术技能和服务意识后,选择了跳槽。

四、星级酒店"80后"员工管理对策

(1)把好招聘关,录用合适人才

酒店在招聘员工时应该遵循"最适"原则,不要求应聘者的技能最强、智商最高,而是态度要最适合于从事服务业。招聘来的员工应具备从事服务业的特质;同时还要确定他/她是否对这份工作感兴趣,招聘时需要了解他/她的个人兴趣和志向及在酒店能否实现,对于兴趣不在酒店的员工坚决不予录用。同时酒店在招聘过程中,不应过度美化酒店形象,要实事求是向应聘者介绍相关岗位情况和福利待遇等,避免不切实际的许诺,防止新员工进入酒店后因心理落差过大而造成离职。

(2)理解并尊重"80后"

由于"80后"员工年轻活泼,富有激情,思路开阔,喜欢沟通和交流,追求自我实现,这就要求酒店在管理风格和方式上要有所突破。酒店管理者首先要充分理解、尊重他们,消除对他们的误解,以宽容的心来看待他们的行为,用高期望给他们带来信心和动力。其次,应开放沟通,注意倾听"80后"声音。酒店应营造开放的沟通环境,注意倾听其心声,鼓励他们提出合理化建议。可以充分利用一些新兴的电子沟通方式,如网上论坛、博客等,供"80后"在上面发表自己的看法和意见。最后,实施赏识管理。"80后"员工注重自我感受,行事往往带有浓厚的情感色彩,有很强的自尊心,渴望得到同事和上司的认同和赞赏。因此酒店管理人员要学会用一种欣赏的眼光去看待员工,灵活运用赏识的四个基本要素——赞扬、感激、尊敬和机会,对"80后"的出色成绩及时给予肯定和赞美,真心诚意地向他们道一声"谢谢",在其遭遇失败和挫折时,给予必要的支持和鼓励,给他们提供一些新的机会,帮助他们树立自信心、不断成长、不断超越自我。

(3)开展具有吸引力的培训和学习课程

"80后"员工有一颗积极向上的心,他们渴望成功,追求自我实现,希望通过酒

店的培训、教育实现自我增值和发展。首先,酒店应定期向他们传授国内外最新的服务理念、知识和技能,经常邀请名师、行家来店授课,开展专题讲座,使其开阔视野,增强竞争力;还可设立奖学金计划,在酒店工作达到规定年限(如3年)的员工,只要符合相关规定,都可以申请攻读更高学位,比如高中学历者去读大学,大学学历者去读硕士。酒店给予财力支持,承担学习费用,同时可规定学成后的服务期。这对"80后"员工会有很大的吸引力,既能提高员工素质,又能在酒店形成良好的学习氛围,进而提高酒店竞争力。在培训方面酒店还可借鉴其他企业的成功做法:万科作为中国高速发展的企业之一,也不可避免地会遇到"80后"管理的难题。万科的应对方法是设计了"大雁行动"培训计划,根据业绩、测评结果,新员工中表现出色、业绩优秀者,作为后备梯队人才来储备,这群人被称为"大雁"。如果能力达到要求又有岗位空缺的话,公司就会从"大雁"中挑选合适的人培养为新经理,对他们进行一个星期培训后上岗,在新经理工作两三年后,万科会将他们集中在总部再次培训,培养成资深经理,培训时间变为一年,内容也更加丰富。伴随着这样的职业生涯规划,在不同的阶段接受相应的训练与指导,让员工不断学习与发展,从而提升自己的价值。这种做法之所以成功,是因为企业关注员工对组织的心理期望,与组织对员工的心理期望之间达成一种默契,在企业和员工之间建立信任与承诺关系,实现企业与员工的合作关系,个人与组织共同成长与发展。

(4)加强与员工沟通,促使员工参与酒店管理

在对80后的管理中,最容易出现的问题是沟通不足或沟通方式不对。沟通是关注的表现,沟通不足,说明管理者对80后的关注不够。定期地与80后员工进行沟通是非常必要的,在沟通过程中,管理者应起到一个激发器的作用,让员工打开心扉,说出他的感受和想法。沟通要选择合适的地点和场合,除了在办公室、会议室这样的工作场所,还可以创造一些非工作场所的沟通机会。记得一位非常有名且非常成功的CEO,每天的午餐都是他的"工作餐",因为,每天他都会选择一位部属与之进餐,互相增进信任和了解。笔者非常认可这种做法,在实践过程中也发现员工在这样一个相对轻松的场所更容易说出自己的想法。针对80后的特点,进餐的地点可以是传统的餐厅,也可以是麦当劳、咖啡厅这样的地方。有时还可以创造一些与

下属单独共处的机会,比如一起出差、一起参加某个培训课程等,增进相互了解,充分沟通。80后的自尊心很强,同时,特别喜欢被大家所认可,因此,在具体沟通方式上,应该采取"私下批评、公开表扬"的方式。

酒店还应鼓励80后员工参与管理,可采用淡化等级观念的虚拟团队、自我管理团队、无边界的跨部门小组等来塑造以快乐、年轻化为主的团队企业文化,让"80后"员工在团队中重塑个性、实现自我。这种参与管理方式可以使他们的智慧与才能得到最大限度的发挥。员工是企业的活名片,有关数据显示,80%的顾客流失是由于员工服务态度差造成的。酒店管理中员工的参与度成为影响服务质量的关键,管理者必须重视与员工的双向沟通。如:×酒店在总台、餐厅、人事部等地设置意见箱,举办员工生日会,与一线员工进行面谈或查看员工记录本等以加强与员工沟通。行政人事部应率先提出部门服务理念,即:将每一位来办理人事手续、报名参加集体活动、投诉的员工当作自己的顾客,只有企业内部的员工满意才能将这份热情和温暖传递到外部,传递到顾客心里。"没有满意的员工就不会有满意的顾客",这是现代酒店管理者的共识。

(5)塑造与"80后"员工相适应的企业文化

企业文化是企业全体成员所共有的信念和期望的模式。企业文化的发展以及它的作用的发挥都是基于"人"本身,提倡什么、摒弃什么、宣扬什么涉及到企业内部所有人。强硬的制度固然可以在一定程度上有效规范员工的行为,但过多的强调制度会导致员工的反感和厌烦,搞不好还会使员工的积极性受挫,所以我们强调在针对80后员工的管理工作中更多地需要人性化管理。坚持以人为本,在管理工作中真诚地尊重劳动,尊重人才,尊重知识,尊重创造。在80后员工管理中真正把员工看作和自己一样,平等地与其进行交流。

组织团康活动,营造丰富多彩的业余生活。团康就是使人身体健康、心情愉快的团体康乐活动,最早用于童军活动,现逐渐被各年龄段社会群体所接受、应用,主要包括竞赛、拓展训练、休闲娱乐等项目。80后员工富有童心,爱好休闲娱乐。企业在工作之余通过组织团康活动,一方面可以消除彼此之间的距离,增进相互的信赖与默契,增加工作与生活的情趣;另一方面更能培养员工的团体意识,促进团体合作与公平竞争,服从领导,达到寓教育于康乐的目的。"80后"张扬、直率、热情,这种个性特征使得他们具有很强的交往动机。另外,大多数80后是独生子女,成长过程里缺少兄弟姐妹之间的交流,这使他们缺乏团队意识和精神。他们长大之后,对友谊、情感的需求就更为强烈。而丰富多彩的业余文化生活一方面可以减轻员工工作压力,平衡他们的工作与生活;另一方面,随着对人性本身需求的关注逐渐提升,"以人为本"的管理理念的深入,酒店也可以针对他们的情感需求去创造团队氛围,满足"80后"员工的合理需要,从而可以更好地激发他们的潜力和创造力。为此,酒店应尽可能多地设立员工俱乐部,开展诸如聚会、健身、旅游等形式的活动,并为员工承担一定的费用,这样可以增强"80后"对酒店的归属感和认同感。同时也为员工之间提供了一个相互沟通交流的机会,大大加强了组织的凝聚力。

免费提供工间咖啡。西方很多公司都会在写字楼中配置咖啡机,向员工提供免费咖啡,这种方式是3C定律的应用。3C源自西方管理理念,是指coffee(咖啡)、creative(创造)、communication(沟通)。这种做法不仅能够给予员工温暖、关怀、激励,提高工作效率与工作满意度,还可以促进企业内所有员工的横纵沟通,消除陌生、隔阂。设置类似工间咖啡的休息茶室、咖啡间等符合80后员工对于工作环境、工作条件的人性化要求,可以增强他们对于工作的认可和归属感,也可以在一定程度上挖掘他们在生产力和创造力方面的潜在能量。企业文化的建设还可以借鉴一些知名企业的做法。以明基为例,明基的员工常常是晚上7点多还在办公室。我们不要误以为明基的员工是在加班,其实很可能他们正在玩。因为,在明基,工作、生活、学习是合而为一的。这对80后管理有一定的借鉴意义,工作应该是快乐的,快乐的氛围有助于员工的成长与工作环境的和谐,而并非是员工之间钩心斗角、相互打压的官僚文化。轻松愉快的文化让员工仿佛把工作与娱乐有效融合,让员工快乐,乐于工作,这样才有助于提高工作的效率,营造一种良好的工作氛围。

(6)完善激励机制,减少人才流失

完善的激励机制包括满意的薪酬福利、员工的职业生涯设计及科学合理的晋升制度。首先,构建合理的薪酬体系。市场经济环境下成长的"80后"对物质财富有强烈需求,对个人利益的关切和敏感度远高于父辈。"80后"由于刚刚走上工作岗位,大部分处于生存需要阶段,因而对薪酬看得比较重;同时,他们也习惯以金钱来衡量和证明自己的能力与社会地位。因此,管理者必须构建一个公平合理的薪酬体系,才能对"80后"员工起到很好的鞭策和鼓励作用。酒店在薪酬体系中应淡化工龄、资历的影响,工资标准应跟员工的岗位、职务、工作表现和工作业绩直接挂钩。薪酬设计要尽量做到内部公平、个人公平和程序公平。其次,采取多种形式帮助员工实践职业生涯规划:①定期变动工作岗位或实行轮岗,通过员工交流培训,一定程度上避免了员工产生消极怠工情绪,提高员工积极性。通过岗位轮换,使员工熟悉多种服务程序,掌握多种技能,有利于加强部门间的沟通,合理利用人力。②为员工提供自我评估的工具。通过测评软件、及时的工作反馈等方式,让员工正确评估自己。③提供多种晋升途径。酒店可为前台服务人员和后台服务人员制定两种不同类型的晋升制度,并为每个职位设立几个不同的等级。优秀的服务人员可晋升职位级别、增加工资,却不必脱离服务第一线。不同等级的服务员需承担不同的职责。例如:高级服务员不仅需完成自己的服务工作,而且还要培训新服务员。这样,既可以实现酒店对优秀员工的有效鼓励,又可以使企业达到合理用人的目的。另外,还可以借鉴现在很多发达国家实行的职业生涯成长计划 PPDF (Personal Performance Development File),职业生涯成长计划把个人发展与组织发展紧密联系在一起,企业通过它使员工形成团队合力,为组织的目标去努力并实现自我的价值。

(7)进行员工压力管理

"80后"员工承受着较大的压力,心理比较脆弱,因此对他们实施"减压"十分必要。酒店可提供具有竞争力的薪酬,缓解"80后"员工的经济压力;实施人性化管理,减轻其心理负担;酒店还可实施"80后"员工帮助计划,通过组织专业人员对他们的心理进行诊断和建议,对他们及其亲属提供专业指导、培训和咨询,帮助他们及其家庭成员解决心理和行为问题,提高绩效及改善酒店环境和氛围。

(8)为"80后"新员工配备一位导师

为酒店"80后"新员工设计职业导师计划,是指为每一位新员工有针对性地指定一位导师,这位导师通过正式与非正式的途径将自己的知识传授给新员工,使新员工能够在新的工作岗位上更好地适应和发展。职业导师一般由酒店里富有经验的资深员工担任,甚至有可能是酒店的高级副总。导师既具有职业生涯功能,又具有心理功能。导师提供的职业生涯功能包括支持、提高可见度、指导和保护。支持是指积极帮助个人获得工作经验和提升;提高可见度是指为被指导者提供与组织内关键人物发展关系的机会,从而获得职业生涯的进步;指导是对职业和工作绩效两方面提供建议。保护是指使被指导者幸免于潜在的危害性经历。通过这种一对一的辅导,能够充分了解员工的需求,满足他们的需要,实现对他们的激励。这使得"80后"员工有种被重视的感觉,使他们不仅获得生活和工作上的细节关怀,而且有了更多的学习与发展机会。导师与员工之间的关系打破了传统的管理层级观念,构筑了新型的合作关系。

(9)通过企业文化的灌输帮助"80后"员工实现社会化

在企业文化中必须很明确地强调什么在企业内是对的,什么在企业内是错的,为什么对,为什么错,告诉他们为什么比告诉是什么更重要、更有效。企业文化要以快乐、年轻化的形式宣传主流思想,增加员工对工作使命感的认知,缩小他们的自我认识与工作角色的差异,试着塑造、培养他们的工作个性使之符合工作要求。管理者要反复灌输一个观点:"生活中你可以很个性,但工作中你必须表现得很职业。"多做角色互换练习或多研究工作案例,让他们深入地了解到自己的行为对组织的影响,也可通过拓展训练之类的培训增加他们对挫折情境的体验,在挫折中磨炼解决问题的能力,帮助他们完成社会化过程。

(10)"80后"员工自我改进

第一,少说多做,脚踏实地,从基础性的事务做起,不好高骛远;第二,明确目标,坚持不懈,不断学习;第三,树立团队意识,培养信息共享、乐于与人沟通的习惯,这有助于绩效的提高和人际关系的建立;第四,"80后"员工应该摆正自己的心态,客观地看待自己的能力,克服极端想法和行为,善于听取各方面的意见和建议,用学徒的心态来提高和完善自己。

五、结语

历史的发展表明,"80后"正以一种无法抗拒的力量冲入社会的每一个角落,同时也必将成为社会进步和发展的推动者。他们给予管理者的是"惊喜"与"惊叹"并存。不管你承认或不承认，支持也好，打击也罢，"80后"正在逐步成长，成为职场的重要力量。企业除了适应，别无选择。"他们才是未来社会的主流，对于他们，我们可以指责但不能阻挡；可以引导，但不能完全改变"。很多问题不在于"80后"群体本身，而是管理者看待他们的方式，对他们采取的管理措施。因此，酒店必须改变管理策略，调整或转变传统的人力资源管理模式，以一种宽容开放的心态对待"80后"，给予他们更多的理解、宽容、支持和信任。针对他们的行为给予信息反馈，从而使其更准确地找到自己的定位，善用其长，规避其短。酒店要为"80后"员工创造和提供一个广阔的发展空间，以施展他们的才华，发挥创造力，不断激发出他们的巨大潜力，为酒店的发展提供更为强劲的动力。酒店应找出传统管理方法与"80后"性格冲突的平衡点，最终实现酒店与"80后"新型员工的双赢。

第七节　旅行社网络营销探讨

2011年6月，中国网民人数达到了4.85亿，位居全球第一。庞大的上网人群，相应地带来了巨大的商机。在欧美国家，90%以上的企业都建立了自己的网站，通过网络寻找自己的客户、寻找需要的产品。网上巨大的消费群体，给网络营销提供了广阔的空间。随着科学技术的发展、网民数量的急速上升，网络在人们的日常生活中扮演着越来越重要的角色。网络营销推广凭借其诸多优点正在逐渐成为最重要、最有效的营销推广方式。

桂林天利国际旅行社是广西壮族自治区桂林市旅游局的直属企业，是一家融旅游、运输为一体的资深的专业旅游服务公司，是广西省的旅游骨干企业之一。它目前的旅游营销方式主要是传统的线下方式，在电子商务营销也就是网络营销这一块上虽然已经起步，但是发展水平不高。笔者通过探讨天利国旅的网络营销方式，发现天利国旅网络营销现存的问题，分析问题，从而提出相应的解决方案，为天利国际旅行社的网络营销发展提出相应的对策和建议，以期对天利国旅的网络营销发展产生重大的意义。

一、网络营销的基本概况

网络营销是以互联网为主要手段的一种新型的营销手段,它的历史比较短,但是在企业经营策略中却发挥着越来越重要的作用。网络营销是电子商务的一部分,它利用了网络资源所特有的快速、低廉、高效、互动等特点,实现了传统营销体系中做不到的市场细分战略。网络营销将成为21世纪的主流营销模式。网络营销是目前互联网最为成熟的赢利模式之一,它成就了百度、阿里巴巴这些中国互联网巨头。网络营销是各大门户网站的主要收入来源,品牌广告收入占到新浪公司总营收的77%,占搜狐公司总营收的34%。而以提供低门槛、平台化的中小企业网络推广及电子商务服务为核心的阿里巴巴集团成为国内最为成功的互联网公司之一。

随着互联网络的高速发展,中国的网络营销正在进入高速发展时期。中国网络营销的市场规模正在高速增长,不断走向成熟。网络营销产业不断专业化、细分化,不但有大批如新浪、搜狐、百度、阿里巴巴等直接网络营销服务提供商,好耶、易传媒、亿玛、浪淘沙等专业网络广告公司也正在快速发展,传统企业也不断认识到网络的营销价值,越来越多的企业开始尝试利用互联网进行营销,尤其是大量中小企业更加青睐投入低、见效快的网络营销方式。

与许多新兴学科一样,"网络营销(On-line Marketing 或 E-Marketing)"同样也没有一个公认的、完善的定义。广义上来说,只要是以互联网为主要手段进行的、为达到一定营销目标的营销活动,都可称之为网络营销。它是以国际互联网络为基础,利用数字化的信息和网络媒体的交互性来辅助营销目标实现的一种新型市场营销方式。它建立在多媒体计算机和互联网基础之上,以互联网为载体,以符合网络传播的方式、方法和理念实施营销活动,以实现组织目标或社会价值。

二、旅游网络营销的意义

随着信息化时代的到来,以网络为核心主体、以信息技术为支撑的旅游电子商务在中国迅速地发展了起来。互联网络与传统旅游业的相融合把旅游业推向了一个新的时代——旅游电子商务时代。2011年中国在线旅行预订市场交易规模达1672.9亿元,较2010年的1037.4亿元增长61.3%。2011年在线旅行预订市场第三方在线代理商营收规模为90.5亿元,与2010年相比增幅为33.9%,并将在后续的四年里保持快速的增长。

网络营销对于旅游企业的深刻意义具体体现在以下几方面。

(1)能有效降低旅游企业的经营成本

传统旅游企业推销旅游产品必须依靠大量的销售人员和其他各种中间商,在市场上投入大量人力、广告及其他费用,争取客源的成本非常高。而利用网络营销的旅游企业只需要一台连接在网上的服务器,节约了大量的通信交通费用、宣传品印刷成本及媒体广告成本等。通过网上销售,旅游企业不用再通过中间商销售产品或服务,节约了大量的佣金和推广费用。

(2)有利于旅游企业实行个性化服务

旅游企业所面对的消费群体的需求具有多样性特点,通过互联网进行双方互动,顾客了解企业,企业也可以通过在线服务了解顾客的需求特点,及时捕捉顾客需求变化信息,形成旅游企业与顾客之间的"双向信息交流"。网络营销的出现使得旅游企业改变了传统的营销方式,并逐渐向个性化方向发展。

(3)有利于旅游企业提高知名度

通过网络营销旅游企业可以用比较低的成本进行广告宣传,扩大知名度,提高美誉度,把好的服务及好的服务项目直接推荐给潜在消费者,降低广告成本。旅游企业一般规模较小,经济实力有限,很难在传统广告媒体上大做宣传,而通过互联网可以制作精美的网页,向顾客传递大量的相关信息,包括旅游产品的特点、服务的特色,以及相应的价格等。顾客通过旅游企业的网页了解企业,通过互动,提高旅游企业的知名度和美誉度。

(4)有利于旅游企业扩大市场份额

网络空间具有无限扩展性,可以超越时空进行信息交换。旅游企业利用互联网可以在24小时提供全球性的营销服务,旅游企业网页上还可以向顾客介绍企业附近的情况,例如商业区、中心区、饭店以及其他能引起顾客兴趣的信息,以吸引顾客的注意力,有利于旅游企业扩大客源市场。旅游城市,可以借助旅游电子商务的蓬勃发展、网上旅游市场规模和网上旅行预订用户规模不断扩大的大环境,更好地利用网络发展本城市的旅游事业,提高自身的竞争力。

三、旅游网络营销的趋势

(1) 消费者是核心,点燃旅游营销行业导火线

网络营销与传统营销的根本区别在于网络的互动、跨时空特性,以及消费者需求的个性化。网络营销将原来以产品为中心的营销策略,改变为以消费者为中心。互联网络是一种新兴媒介,这种媒介囊括了传统媒介的大部分特点,然而网络的影响力却不止这些,利用网络已经成为一种以信息为标志的生活方式,而消费者生活方式的变化将必然导致市场营销手段的变化。对于旅游业来说,互联网的出现是一大福音,因为强大的网络功能为旅游者提供了丰富方便的资讯,更为旅游业提供了多元化的展示方式与渠道。

(2) 线上线下整合营销

目前我国网络营销处于较低水平的阶段,由于人才、认识等方面的诸多问题,网络营销发展起来仍然需要一个比较长时间的过程。传统营销渠道以及策略仍然会在一个时期内占据主导的地位。传统行业进入网络,一步跨越是不现实的,正确的做法是把网络营销和传统营销紧密结合,才能更好、更快、更有效率地满足顾客的需求,更好地发展旅游市场营销,从而促进旅游市场的兴旺发展。

(3) 绿色环保的网络营销能够促进旅游业可持续发展

全球环境保护的意识在增强,世界各国都在实施可持续发展战略。在现实发展中,旅游业是"无烟产业"已经受到了质疑。随着旅游业的发展,世界上有太多美丽风景因其环境的敏感性而受到破坏,并且问题发展得越来越复杂。那些有损环境资源的现象,直接影响到了旅游业本身的发展。因此,旅游业必须要走可持续发展道路,必须加强绿色营销。加强开展绿色旅游营销,是使旅游业真正成为与环境友好、

和谐的产业,是旅游业走可持续发展道路、极富生命力的一种营销策略。

(4)注重挖掘旅游文化内涵,推行旅游品牌营销

现代企业非常重视品牌建设,以品牌为核心进行营销也已经成为现代企业竞争的核心。我国旅游业品牌建设的主要方向应该是深度挖掘悠久厚重的历史文化。但以目前的旅游行业营销现状来看,我国旅游业品牌营销对旅游商品的文化内涵挖掘远远不够,致使旅游产品的生命周期没有能够有效延长。因此,深度挖掘旅游文化内涵,是使旅游产品立于不败之地的一个法宝。比如,河南开封的清明上河园主题公园,是宋代著名画家张择端《清明上河图》的再现,这个主题公园正是因为很好地挖掘了历史文化的内涵,在全国主题公园旅游处于低谷的情况下,它却能以年均效益1500万元以上的规模发展。在挖掘旅游商品文化内涵的同时,要注意"深度"挖掘是一个循序渐进的过程,又是一个需要不断融入创新因素的过程,不是一成不变地在原来基础上的延伸而已。其次,在深度挖掘旅游文化内涵的基础上开发设计的旅游产品要走品牌化道路,要塑造和传播品牌形象,这是品牌营销的主要任务。

(5)旅游网络营销口碑虚拟化

在网络上,口碑是通过彼此不相识的陌生人进行传播的,具有明显的虚拟化特征,往往最容易被我们所忽视。由于网络的无限延展性,信息传播可以瞬间到达社会生活的各个层面和角落。对于有意涉足旅游电子商务的旅行社来说,怎么样通过不断努力,在网络中形成良好的"虚拟口碑"是非常重要的。目前不少旅行社以及企业的品牌传播方式非常不成熟。比如,有些旅游经理人急于求成,往往不分场合和对象,不顾他人感受,在各种论坛、BBS和群组里面大量发布自己旅行社的广告信息。这样的品牌宣传方式不但不会取得良好的宣传效果,反而会引起他人的反感。

(6)全球化、互动性、经济型趋势

以计算机网络技术为基础的网络营销给旅游企业与市场带来了广大的商机,同时也将旅游企业与市场推向了全球市场。互联网信息量大、时效长,信息交换不受时空的限制,可以随时随地24小时为客户提供全球性营销服务。旅游企业可以通过电子邮件、网上论坛等各种传播信息的手段,与消费者进行双向的互动沟通,及时了解到消费者的需求并同时最大限度地满足消费者的愿望。旅游企业通过网络营

销能够节省传统宣传的资金,降低成本。任何旅游企业,不论名气、实力大小,不受地理、经济等方面条件的制约,花费比较小的成本就可以建立自己的网站,向世界各地的游客进行展示。

四、国内外旅游网络发展状况

近十年来,全球的旅游网络获得了迅速的发展。到 2012 年时,全球网民总数量(以独立访问用户量为标准)将超过 19 亿,将近全球总人口的三分之一,位居全球第一。由 CNN 的调查数据显示,1999 年时全球网络电子商务销售额达到 1400 亿美元。其中旅游业的网络销售额达到 270 多亿美元,占全球网络销售总额的 20%。全球约有超过 17 万家旅游企业提供网上综合、专业、特色的旅游服务;全球约有 8500 多万人次享受过旅游网站的服务;全球旅游网络营销连续 5 年以 350% 以上的速度飞速发展,世界主要客源地约 1/4 的旅游产品定购通过互联网进行。美国喜来登集团的 Reservation 中央预订系统在 1970 年开通,1976 年就完成了 1000 万次预订,1983 年在中东设立它的第一家电脑预订中心办事处。目前,喜来登的 CRS 办事处已遍布全球。此外,美国希尔顿集团的 Hilton 电脑预订系统每月要办理 15 万名客人的预订服务,英国福特酒店集团的 Forte-II 中央预订系统可以方便地办理福特集团在全球 60 多个国家 937 家饭店不同档次客房的预订服务,法国雅高的 Prologin、华美达的 Roomfiner、顺领的 Steoling Hotel & Resorts、环球的 World Hotel & Resorts 等也都是控制饭店集团客源市场的有力工具。Internet 网络时代正在创造着旅游营销的奇迹。互联网已成为发达国家旅游者最主要的信息来源渠道。由 2010 年 Concierge 公司对旅游和生活方式的调查结果可知:欧美旅行者选择旅游线路和旅游方式时,Internet 是首选的信息获得手段,有 36% 的欧美旅行者通过网络获得旅游信息并做出出游决策,其他主要手段依次为旅行社 22%,报纸和杂志 20%,他人介绍 10%,旅游广告册 7%,其他 5%。

随着我国国民经济的快速发展,在线旅游业正以每年 30% 的速度迅速成长。互联网的普及以及信息技术的不断发展正在深刻地改变人们的生活方式和观念,也改变了旅游企业传统的经营理念和营销模式。旅游业是典型的资源依托型产业和劳动密集型产业。信息成为沟通旅游供给和旅游需求的重要平台。建立旅游网络营销体系将成为信息经济时代旅游市场营销模式的主流方向。在我国,网络营销起步是比较晚的,到1996年才开始被我国企业尝试。1997—2000年是我国网络营销的起始阶段,电子商务向前飞速发展,越来越多的企业开始注重网络营销。2000年至今,网络营销进入应用和发展阶段,网络营销服务市场初步形成,企业网站建设迅速发展,网络广告不断创新,营销工具与手段不断涌现和发展。当前,具有消费能力的网民数量在急速增长,支付宝、网银的迅速广泛普及以及旅游意识的空前提高,还有其他的种种因素都在推动着我国在线旅游的迅猛发展,市场壮大。同时,随着腾讯、新浪、搜狐、百度以及众多的网站进军在线旅游,旅游行业的在线旅游掀起了巨大的浪潮,对于传统的旅游方式产生了巨大的冲击。近三年中国在线旅行预订服务用户覆盖人数情况中,月度虽略有波动,但整体仍呈上升趋势,其中2010年7月份高达7204.3万人,同比增长27.3%。相比传统的亲自去门市店预订的方式而言,在线预订旅行服务更加便捷,价格也更加透明。同时,互联网自身的特性也会吸引更多的出行者上网搜集信息,与驴友交流。未来旅游者的预订行为将会逐渐从线下向线上转移,在线旅行预订将成为中国游客出行的主流预订方式。旅游网络营销势必在未来的中国旅游行业引领新方向。

五、桂林××国际旅行社网络营销现状

桂林××国际旅行社创建于1993年,是广西壮族自治区桂林市旅游局的直属企业,系国家旅游局批准的经营国际和国内旅游的企业实体。主要经营中国公民国内旅游业务,是一家融旅游、运输为一体的资深的专业旅游服务公司,具有丰富的旅行社经营管理和接待经验,具有较强的竞争力和市场开发能力,是广西省的旅游骨干企业之一。以优质的服务和可靠的信誉赢得了各界的支持和信赖。××国际旅行社这些年来佳绩不断,连续多年被评为广西十强国际旅行社、桂林七强旅行社、桂林市重合同守信用企业、桂林市旅游先进单位、桂林市十强国际旅行社。在2010年广西旅行社质量等级评定委员会、广西旅游协会对全区 327 家旅行社开展的旅行社质量等级评定中被评定为三星级旅行社。××国际旅行社拥有一批训练有素、业务娴熟、高素质的外联人员和优秀导游。经营管理人员年富力强,员工多数在 24—45 岁之间。工作人员经过行业的专业培训,精通业务。导游人员素质良好。旅行社内以全职导游为主,兼职导游只是在旺季忙不过来的时候才会聘请一些。在职的全职导游也多数为经验丰富、精明干练的老导游,为旅行社的服务赢得了良好的声誉和口碑,鲜少接到游客的严重投诉。导游人员的语种多样化,外语导游有英语、日语、越语语种,这些外语导游当中以英语导游居多。经营线路主要走桂林市区—阳朔,桂林市区—龙脊,桂林市区—古东、冠岩。其他一些并不热门的景点只在旺季,游客达到一定数量的情况下才会纳入线路。2010 年以前主要与成都、重庆、杭州、南宁方面有合作关系,主要接收这四个地方派发过来的旅游团。2010 年以后到现在,旅行社将经营方面转向了与酒店合作经营,主推桂林安琪大酒店。在网络营销方面天利有自己的网站并且与桂林鼎盛网络工作室合作。目前的网络营销方式有两个方向:一是由鼎盛网络在淘宝网上主推天利国旅的旅游线路、景点门票、酒店预订券。通过在线联系,向旅游者销售旅游线路产品,完成在线预订、支付。线下员工获取线上信息之后安排旅游者所预订的旅游相关服务。二是维护打理桂林无忧旅行网即天利国旅旗下的专业旅行网站。让游客通过这个网站浏览桂林的旅游线路信息、与在线客服联系获取所需要的信息,促成旅游者的旅游消费意愿,完成网络在线订单。

(1) 拥有自己的官方网站——桂林无忧旅行网

桂林无忧旅行网(http://www.comeguilin.com/)是××国旅旗下的旅游官方网站。无忧旅行网在首页的左侧区域又分为联系方式区域(所标示的联系 QQ 自访问以来一直处于离线状态)、旅游攻略区域、桂林会议信息公布区域、桂林资讯区域;右边是网站的主要内容,通过旅游线路的展示、动态广告的展播向游客传播桂林旅游信息;在网页的最右边还有在线咨询的留言板。网站结构相对完善。但是,网站上公布的旅游信息更新不及时,在游客留言和桂林游记版块页面发布的信息基本上是去年或是更早一些时候的,并且每条信息发布时间相隔甚远。在游客留言区能够明显发现游客留言稀少,近期没有游客留言,表明在这个网站产生旅游意愿的游客数量不高。桂林游记的发布同游客留言区情况一样,近期没有发布信息,之前发布的信息之间时间相隔比较远,表明网站活跃程度不高,起码没有起到与游客之间的频繁互动。

网站上所发布的旅游线路中,桂林旅游线路设置有83条、桂林周边旅游线路7条、国内旅游线路8条、出境旅游线路2条、自由行套餐线路3条、高尔夫旅游线路4条。网站所能提供游客预订的酒店覆盖桂林市和阳朔县的主流酒店,包括三星至五星酒店以及一些特色型酒店。门票预订也覆盖桂林旅游的大部分景点。综合来说,网站信息公布相对齐全,但是功能简单,旅行社处于被动状态,没有在主动获取游客资源,没有开发新的网站功能,活跃网站,增加网站浏览量,没有让游客在网站中得到互动从而产生旅游意愿。

(2)淘宝网店

××国旅与桂林鼎盛网络工作室有合作关系,合作方式主要是鼎盛网络在淘宝网上开设一个专门销售桂林旅游景点门票、桂林酒店预订券的淘宝网店——鼎盛桂林佳境旅游,负责在网络上向网民推广、销售桂林旅游,通过网络推广、活动推广信息的发布吸引潜在消费者在这个网店上浏览感兴趣的桂林旅游景点,进而促使游客在线下单。游客下单以后,由网络工作室员工将下单信息传达到旅行社,由旅行社负责线下以及售后工作,网络工作室在淘宝网上所定价格与旅行社底价之间的差价就是网络工作室的利润,就是这样的一个线上线下合作方式。这个网店上架的旅游产品总共有110个,其中包括两大类产品:旅游线路和酒店预订,基本涵盖旅行社线下经营产品。但是,这家网络工作室并不是专门为××国旅的网上旅游销售服务的,它另外还有自己的淘宝店铺。自2012年2月份与××国旅合作的网店开张到7月间,前两个月工作室在网络上通过QQ以及阿里旺旺即时聊天工具对网店做过大量宣传,效果甚微。预订的人有,但是不多,平均下来,一天不到一单生意。后两个月因为忙于网络工作室自身的网店经营,再加上在网店里预订的人数远远达不到预期,××国旅的这个旅游网店几乎无人问津,受到搁置,而现在网店的情况是闲置状态。

六、桂林××国际旅行社网络营销存在的问题

（1）在观念上对网络营销认识不足

××对于网络营销认识不足，愿意在网络营销上花费的人力、物力、财力相当有限。仍然是把竞争焦点定位于现实市场中，没有按市场营销的原理来指导网络营销体系的建设，因而仍然使自身的网站基本停留在门户网站阶段，主要起着发布旅游新闻、介绍旅游企业和旅游线路的传统媒体功能。不敢相信网络能够带来新的效益，仍然抱着传统的线下经营观念。在网络营销已经发展得相对成熟的现阶段，××国旅的旅游网络营销到目前为止仍然处于初始阶段，网站建设不成熟。网络促销上，仅仅只是把相关的旅行社名称、旅行社地址、邮政编码、负责人及联系电话、联系人及电话等简单信息公布在网上。并没有真正花费心思在网站的建设与维护上，真正地开展网络营销为自己的公司开辟新的营销方式，将传统的线下与电子商务结合起来。

（2）网站建设不成熟

××国旅网站建设不成熟，网站里面的大多数图片信息与其他的旅游网站基本雷同，没有自己的个性化服务设计元素。主要的原因是公司本身没有足够的重视，在电子商务上没有足够的投入，不愿意花费过多的人力、物力、财力去研究旅游网站新功能、开发新的旅游产品和服务。结果是网站建设不成熟，相关信息不完善，内容与功能缺乏自身特色，网站形象不突出，难以吸引网络客人，留住潜在的网络客源。

（3）网站的电子商务水平有待完善

××国旅虽然有自己的专业旅游网站——桂林无忧旅行网以及淘宝网店，但是也仅仅只是借助互联网络这个平台发布一些简单的企业信息、旅游信息，并没有展开真正意义上的网络营销。网站的建设从功能上来说支持广告宣传、咨询洽谈和网上预订等功能，并且在淘宝上与电子网络工作室有合作，通过淘宝店铺来销售旅游景区景点门票，进行桂林酒店预订、车辆预订、旅游线路推广。但在其他方面，比如说用户注册、交易管理、客户管理等功能上还需要完善。此外，网上产品信息的制作

与传统的纸质宣传单、宣传画报没有什么太大的区别,有的甚至简单到只有联系方式在上面。另外,网页制作格式、内容单调,没能够突出企业自身所固有的特点,对旅游者起不到吸引作用。

(4)旅游信息不及时,更新速度慢

笔者在淘宝店铺销售旅游景点门票与消费者直接沟通的过程中了解到,67%的人认为网上的景点信息没有满足他们的了解需求,只有33%的人认为能满足他们的需要。这明显显示出旅游信息不可能满足所有游客的需求,67%的比例说明网络所提供的旅游信息与游客的需求还有一定的差距。通过了解得知,旅游者通过互联网搜集旅游信息,最关注的内容是景点线路,占78%。但是,网上的景点介绍、旅游线路并不能满足他们的需要。他们需要了解其他更多的即时信息。需要注意的是,网站与淘宝店铺上的旅游信息更新速度太慢,目前的情况是1~2个月,网站和淘宝店铺上的旅游信息才会做适当的小范围的更新,游客在网上看到的信息往往与打电话再次咨询时获得的信息大相径庭,这在一定程度上增加了游客的心理失落感,减弱了游客对××国旅旅游经营的信任。比如笔者撰稿时登陆桂林无忧旅行网,在首页的最新公告一栏上发布的仍然是2011年10月份的信息。而且动态广告区的动态广告长期不见更新。另外,没有在网站页面上进行有效合理的推广。

七、桂林××国际旅行社网络营销对策

(1)加强信息化管理开发

旅游企业运用网络上的市场调查可以收集到大量的有用信息,建立顾客信息资源库,在网上与网络调查相连的数据库会自动地分类收集信息、归纳和分析,可以很大程度上提高企业员工的工作效率。因为旅游者都是来自全球各地的,在民族、地域、风土民情、个人兴趣爱好等方面的影响下,其旅游的个性化需求也就会各不相同。××国旅可以通过网络给旅游者提供全方位、详细、准确、及时的对口旅游信息,以期满足各种类型的旅游群体对旅游信息的个性化需求,促使旅游者做出更加理想满意的购买决策,顺利完成旅游者的旅游计划。并且在最大程度地满足游客的

需求的同时,注重提高服务意识,致力于最大程度地满足顾客个性化需要。

(2)积极关注电子商务法规动态以及淘宝网站的相关规则

××国旅在进行自身网站建设与设计的同时,应该与鼎盛网络工作室进行沟通,叮嘱网络工作室及时关注电子商务方面的法规动态以及时刻关注淘宝网站上的规则动态,并以此为准则做好自身的建设。旅行社自身也应该积极主动地关注电子商务信息以及电子商务相关法规,在相关法规的规范和指导下,制定具有时代性、创新性、高效益的旅游营销新方案。在不触犯规则的前提之下,积极主动地进行信息化管理经营。

(3)建立特色网站,培养网站建设专业人才

商品的网络主页是企业网络形象的门户,是网络营销一种很重要的方式。有特色、内容丰富、不拘泥于形式的网页是宣传企业形象的一种有力方式,同时网页的文字说明最好能够附加多个国家的语言,以期能够顺利进入国际市场并得到国际消费者的认可。××国际旅行社应该加强对信息反馈分析的灵敏度,对市场的需求能够及时做出快速的反应,通过网上的沟通交流设计符合旅游者需求的旅游线路,安排恰当的旅游活动,开发旅游资源,建设旅游设施,提供旅游服务等。并且,商品的设计也不一定完全受现有市场的约束,可以通过网络资源设计出当下时代旅游者需要的旅游精品。在这个方面,××国旅推出的高尔夫旅游是一个不错的做法,但是,推出产品的同时需要经营与推广,××国旅仍然需要将精力放在产品的成功营销上面。制定的商品营销方案要打破人们的消费习惯、生活方式和生产方式,引导消费者消费需求,从而为自己创造新的市场需求。××国旅网络营销目前缺乏网络与营销的融合,××国旅可以把担任这项工作的人员培养成既懂旅游又懂网络,还懂本公司的运作规律,而且能够做到把它们有机结合起来的人才。在这方面,要加强力度,专门性地招聘、培养网络技术人员,专注建立一支强有力的电子商务团队,专门为旅行社的网络营销服务。时刻注意更新旅行社在网站上的动态信息,与旅行社的潜在网络客源保持紧密的联系,通过客服贴心、细致、周密的服务来赢得更多的网络客源,推动旅行社的发展。学习了解网络上的各种营销新功能、新渠道。通过团队的努力与发掘,制定出一套适合自身发展的网络营销战略方案。

(4)微博营销

2009年8月份中国最大的门户网站新浪网推出"新浪微博"内测版,成为门户网站中第一家提供微博服务的网站,微博正式进入中文上网主流人群视野。微博营销近两年以来迅猛发展,以其操作简单、互动性强、低成本、针对性强、信息量大、覆盖面广的特性迅速传播开来,为百万网民所热捧。中文微博已成为数字化领域的新趋势,作为四大门户网站当中首个启动微博的新浪网已经成功地聚集了相当数量的稳定用户,注册用户一千多万,每日pv量一百多万,继博客和播客之后,微博掀起了新的传播浪潮。2010年国内微博迎来春天,微博像雨后春笋般崛起。四大门户网站均开设微博。根据相关公开数据,截至2010年1月份,该产品在全球已经拥有7500万注册用户。中国互联网络信息中心于2011年7月19日发布的《第28次中国互联网络发展状况统计报告》显示,2011年上半年,中国微博用户达到1.95亿。半年增幅高达208.9%。该《报告》指出,中国互联网的普及率达到36.2%,微博在网民中的普及率达到40.2%。从2010年底至今,手机微博在网民中的使用率达到34%。每个人都可以在新浪、网易等网站上注册一个自己的微博,然后使用更新自己的微型博客。企业可以在微博上跟大家进行交流,达到营销目的,通过微博这一平台进行包括品牌推广、活动策划、形象包装、产品宣传等在内的一系列营销活动。

(5)即时聊天工具推广营销

QQ是现在中国网民使用最多的即时沟通交流工具,对营销推广能起到很大的帮助,特别是现在最新的2012版QQ软件,营销对推广助力更多。新版QQ主要是QQ群邮箱,QQ群信息发布,还有QQ加好友方式的即时会话功能,这个即时会话功能不需要对方加自己为好友就能够向对方发送信息。相对于旧版的QQ来说,在推广方面有很大的便利。阿里旺旺是淘宝客户群体的即时沟通交流工具,针对性比较强,在这里可以专门针对淘宝客户进行一对一的营销。可以在阿里旺旺上发送广告,及时沟通,激发淘宝客户群体到自己的淘宝旅游店铺上来了解旅游商品,进而抓住潜在的客户,销售旅游产品。

八、小结

21世纪是网络经济时代,互联网改变了人们的生活方式,也带来了旅游业的新气象。近十年以来,全球的旅游网络得到了飞速的发展,以信息技术为基础的网络营销的诞生,为旅游业的发展带来了福音。网络营销随着互联网的出现而产生,通过与潜在旅游消费者在网上直接沟通交流的方式,向消费者提供更好的个性化旅游商品与服务。它借助联机服务网络、电脑通信和数字交互式多媒体等来实现旅游营销目标。网络营销在旅游企业和旅游者之间建立了一个即时反应的交互式信息交流系统,在买方卖方之间形成互动,保证了营销的高效。目前发展网络营销对于旅行社行业改善销售环境,提高企业竞争能力和市场占有率,具有非常重要的现实意义。桂林是我国乃至全球著名的旅游城市,桂林市××国际旅行社发展网络营销对于天利自身的经营发展是一个新的方向,不单于自身获益,而且能够推动桂林市旅游网络营销的进一步发展。

第八节 西江经济带背景下昭平县生态旅游产业链结构分析

和谐社会,是人类孜孜以求的美好社会,不管是什么政策的出台都离不开生态化的策略,2009年12月7日出台的《国务院关于进一步促进广西经济社会发展的若干意见》(后简称《意见》)中关于西江经济带的发展策略就特别强调了"生态化建设"和"打造区域性现代商贸物流基地、先进制造业基地、特色农业基地和信息交流中心。充分发挥广西北部湾经济区和西江经济带集聚辐射带动作用,完善产业布局,加快发展先进制造业、高技术产业和现代服务业,大力发展特色农业,构建特色鲜明、集群发展、协调配套、竞争力强的现代产业体系"。利用当地的旅游资源和良好的生态环境进行生态旅游开发,是欠发达地区加快发展的一条新路。昭平县根据自身的资源优势开发了黄姚古镇游、桂江生态游、高山生态茶园游等极具潜力的旅游产品。强力推进茶叶、旅游、文化、交通等重点工程建设,努力实现经济社会科学发展、跨越发展。进一步发挥昭平完好的生态优势,以产业发展为依托,挖掘提升底蕴深厚、特色鲜明的茶文化、古镇文化和奇石文化,全力打造"游黄姚古镇、览桂江风光、品昭平银杉、赏昭平奇石"黄金旅游线路,推动茶产业、生态旅游业和文化产业齐头并进、融合发展,拉长旅游产业链,实现旅游产业的转型,进一步提高旅游业的发展层次,进而提高区域竞争力。

一、旅游产业链的内涵、结构及特点

(1) 旅游产业链的内涵及结构分析

旅游产业链就是为了获得经济、社会、生态效益,旅游产业内部的不同企业承担不同的价值创造职能,共同向消费者提供产品和服务时形成的分工合作关系。旅游产业的产业链较长,涉及面较广,主要包括旅游自然资源、旅游企业、旅游产品和旅游市场四个部分。旅游产业链是以旅游产品为纽带实现链接的。辅助产业包括农业、园林、建筑、金融、保险、通信、广告媒体以及政府和协会。从整个旅游过程来看,提供旅游产品的不同行业组成了一个链状结构,游客从旅游过程的始端到终端,需要众多的产业部门向其提供产品和服务来满足他们的各种需求。其中,不仅包括旅行社、交通部门、餐饮、酒店、景区景点、旅游商店、旅游车船以及休闲娱乐设施等旅游核心企业,还关联到农业、园林、建筑、金融、保险、通信、广告媒体以及政府和协会组织等辅助产业和部门。前者构成了产业链的链上要素,后者为产业链的动态链接与正常运营提供必要的保障和支持。

(2) 旅游产业链的特点

旅游产业链辐射范围广,但始终围绕旅游需求构建,它没有把旅游产业无限地扩大,也没有把它限制在"纯粹"的狭小范围内。旅游产业涉及诸多部门和产业,它的运行会直接对其他部门和产业产生影响,所以它辐射的范围比较广泛。但是,不管它的纵向联系还是横向联系都是始终围绕旅游的需求来构建,谋求旅游产业的永续发展。优化资源配置。旅游产业涉及诸多部门和产业,具体地说,是由生产、设计、销售旅游产品的各产业部门与提供旅游服务及其支撑产品、辅助服务的产业部门和机构共同组成的,这些部门和机构深深植根于区域社会,与区域社会文化传统协调一致,完美融合,形成产业特色和竞争优势。企业之间由于共处于链条中而使得信息和技术扩散速度较快,同一资源得到重复的利用等,从而使得各企业的生产成本降低。资源的利用率提高,最终优化资源配置。不断发展的动态系统。旅游外部市场、旅游产业链的结构和要素是不断变化的,所以旅游产业链本身就是在不断地演进的。旅游产业链中的多种类型、不同层次企业的聚集,使得集群面对市场需求的日益多样化和复杂化,能形成具有相当程度、宽度和深度的旅游产品生产线,从而具有较强应对市场不确定性的能力。形成旅游产业发展的动态能力是其他组织无法比拟的。排他性、避免区位代替,这是一种竞争优势,是能增强竞争力的一种组织模式。旅游产业链实现发展目标的一个主要途径是有效整合区域旅游发展资源,突出旅游特色,实现旅游产品差异化,最大限度地弱化甚至完全避免负的近邻效应。

二、昭平县在西江经济带的地位

(1)西江流域

西江干流全长2214公里,流域年径流量2300亿立方米,流域主要河流有南盘江、红水河、黔浔江、郁江、柳江、桂江、贺江(如图7-2所示),流域总面积为30.49万平方公里,占珠江流域面积的77.8%。其中广西境内集水面积共计20.24万平方公里,占全流域集水面积的85.7%,水资源总量约占广西水资源总量的85.5%。年货运量1.44亿吨,约占全国内河航运里程的20%,水运能力仅次于长江,居全国第二位。有人亲切地称西江为南中国的"母亲河",西江现时是珠海、澳门一带的主要淡水来源。一级支流:郁江、黔江、桂江、漓江。流域县级政区:梧州(广西)、肇庆(广东)、高要(广东)、高明(广东)、江门(广东)、鹤山(广东)。

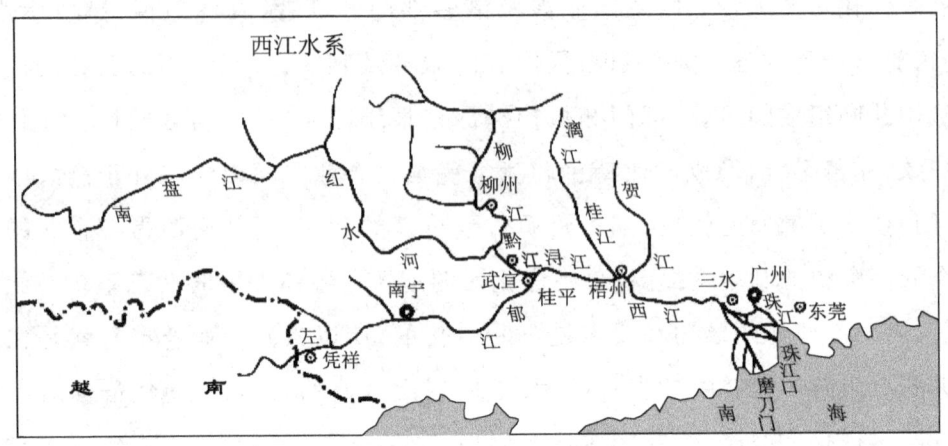

图7-2 西江水系

（2）昭平县在西江经济带的地位

国务院关于广西经济发展新政策《意见》提出要打造西江经济带，发展西江流域城市经济，打造"西江亿吨黄金水道"，使得西江流域城镇拥有良好的发展机遇。昭平县地处桂江，桂江水资源总量为182.7亿立方米。西江经济带片区包括柳州、桂林、贵港、玉林、贺州、来宾、梧州七个市，西江经济带与泛珠三角经济区有着重要的战略关系，昭平县属于西江经济带片区，并且船只上通平乐、桂林，下达梧州、广州、深圳、香港、澳门。早在2004年昭平县与佛山高明区就建立了友好县区关系，双方签订了经济合作协议，开展了在招商引资、人才、劳务市场、旅游开发、文化、教育、卫生方面的合作。特殊的地理位置和经济战略，使得昭平县在西江经济带中起着重要的作用。昭平县应着力把资源优势转化为经济优势，致力做好西江"黄金水道"大文章。加快马江现代物流及集装箱等码头建设，带动相关产业发展。

三、昭平县旅游产业链现状分析

（1）昭平县旅游产业发展现状

昭平县旅游业近年来取得了不错的成绩，即使是在国际金融危机的近两年，旅游业取得的成绩也是不容忽视的。近年来，昭平县旅游业的成绩主要表现在：接待旅游人数年年攀升,旅游收入不断提高,旅游产业规模不断壮大,资源配置日趋完善。旅游产业在昭平县经济发展中已具有举足轻重的作用,是昭平县经济的重要增长点。2010年是完成"十一五"规划和自治区科学发展三年计划的最后一年,在这期间,昭平县累计接待游客将突破247.15万人次(其中2010年为估算),其中入境旅游者13.62万人次,国内游客233.53万人次。旅游总收入将突破44436.21万元。即使在国际金融危机的近两年,接待游客的数量也有新的突破,2008年,昭平县接待游客人数就达49.35万人次,比上一年增长15.01%,旅游总收入9605.85万元,比上一年增长37.83%。2009年接待游客人数达58万人次,比上一年增长18%,旅游总收入11012.08万元,比上一年增长14.6%,预计2010年昭平县接待游客将突破60万次人,旅游收入将突破12590.45万元。如下表所示：

表7-12 昭平县十一五期间旅游运行情况表

年份	接待总量(万人次)	增长率%	总收入(万元)	增长率%	入境游客(万人次)	增长率%
2006	36.89	-0.05	4259.51	1.07	1.92	12.90
2007	42.91	16.32	6969.32	63.62	2.36	22.90
2008	49.35	15.01	9605.85	37.83	2.92	23.70
2009	58	18	11012.08	14.6	3.04	4.1
2010	60	3.44	12590.45	14.3	3.38	11.1
合计	247.15	—	44436.21	—	13.62	—

其中,近两年打造的乡村生态旅游产业卓有成效,新农村建设得到广大居民的大力支持。据调查显示,有37.6%的居民表示会大力支持新农村建设,有24.9%的居民表示应借发展生态旅游之机与农业相结合发展,有10.5%表示应与林业相结合发展。不管是与哪一行业相结合而发展,居民对昭平县生态旅游产业的发展都抱着积极的态度,都表示会大力支持昭平县生态旅游产业的发展。有了居民的积极参与、政府的支持、企业的合作等这些力量的组合,相信旅游产业将成为昭平县经济的支柱产业之一。

经过近几年的建设与发展,昭平县旅游产业规模不断扩大。截至2009年底,昭平县发现自然旅游资源56个,人文旅游资源63个,拥有旅馆36家、星级酒店1家,黄姚古镇四星级酒店在建当中,拥有旅游客房648间、床位1240张、游船3艘、总座位214个。餐馆共有5430家,可同时容纳5430人就餐。旅行社、交通部门、餐饮、酒店、景区景点、旅游商店、旅游车船以及休闲娱乐设施等旅游要素不断配套发展,旅游产业不断延伸扩展。昭平县近两年的旅游业取得了不错的成就,特别是黄姚古镇,但是与桂林等旅游发达的地区相比还存在着很大的差距,发展中存在着很多的不足与威胁。

(2)昭平县旅游产业面临的威胁

1)空间竞争威胁

昭平县旅游资源差异性不明显,只有黄姚古镇相对于广西旅游资源来说有点优势,但是其他旅游资源如桂江风光等与它的上游桂林漓江的旅游资源有着极大的相似性,而且旅游客源市场相近,所以相对于桂林这样一个极其成熟的旅游地来说,昭平县整体水平处于中下游位置,而且它起步比桂林及其周边地区的旅游要晚得多,所以竞争力表现得极其不如人意。

2)环境破坏严重、生态破坏加剧

旅游业的开发对当地的环境卫生情况的改善有所贡献,但是不合理的开发与利用也给当地的环境、生态造成一定的破坏。据调查显示,有很多居民表示,旅游业的发展虽然给那里的环境卫生带来改善,但是对那里的生态环境造成了一定程度的破坏,如发展旅游业后,桂江上建的水电站以及每天的游轮量等都给桂江的水质带来一定的影响。急需对现有不协调的环境进行改造。由此可见,这是现阶段昭平县旅游产业发展面临的问题之一。

3)居民、企业、政府欠缺合作,引资存在的风险

一方面,刚起步的昭平旅游产业缺乏公共基础设施投资主体,道路、卫生等环境设施落后,加上管理不到位,生活污水、垃圾等废弃物处理不规范造成负面影响,从而制约了整个昭平旅游产业的可持续发展;另一方面,地方政府希望通过引入外来企业做大做强旅游业。客观地说,外来企业一般实力强大,在经营管理上对"农家乐"的示范作用是存在的。但由于农户在竞争中处于弱势,很快被挤出旅游行业,除

少部分依靠出租土地经营权成为"食租者"外,大多没有直接参与到休闲旅游经营行业中。结果,当地农民没有从旅游中获益,心态很不平衡,甚至敌视游客。表现最激烈的是黄姚古镇的居民,80%的居民现阶段表示排斥发展旅游,一提到发展旅游个个反应极其激烈,主要原因就是利益的分配不合理,他们没有从中受益。当地居民说,每年每人30元的补贴常常得不到兑现,居民对旅游发展失去信心,这使得居民与政府不合作,政府根本没办法征收到土地来发展旅游。这种信息传达给游客,直接影响到游客的感受和旅游地的形象,从而制约昭平县旅游产业可持续发展。

(3)昭平县旅游产业链各节点现状分析

旅游产业链主要包括旅行社、交通部门、餐饮、酒店、景区景点、旅游商店、旅游车船以及休闲娱乐设施等旅游核心企业,还关联到农业、园林、建筑、金融、保险、通信、广告媒体以及政府和协会组织等辅助产业和部门。本文根据昭平县的资源优势以及笔者所能获得的资料数据,对旅游景区(包括旅游新农村示范点)、旅游社、旅游饭店以及茶产业的现状进行分析。

(4)昭平县旅游景区(点)现状分析

1)昭平县旅游景区(点)规模

昭平县位于粤、港、澳、台及东南亚至桂林黄金旅游线上,旅游资源十分丰富,山川秀美,风景旖旎。境内的黄姚古镇,素有"梦境家园"之称,是人与自然完美结合的艺术殿堂。黄花山温泉、大广原始森林、马三家瀑布、五叠泉瀑布、桂江风光等景色十分迷人。昭平县物华天宝,人杰地灵,古往今来就是名人雅士云集的胜地。唐代著名大诗人李商隐、修文馆学士宋之问,宋代著名将领杨文广,明代文渊阁大学士解缙,南明永历皇帝朱由榔,近代革命先驱孙中山和著名文化名人千家驹、何香凝、梁漱溟、高士其、欧阳予倩等先后到过昭平畅游名川秀水,为这方水土增添了几分浑厚的人文及文化底蕴。

2)昭平县旅游景区(点)的地域分布

昭平县辖8镇9乡,各乡县都分布有旅游景点,为昭平县的旅游发展提供了丰富的资源基础,而且各地的旅游资源不尽相同,各有特色。其中主要的旅游资源分布在昭平县城、黄姚镇、富罗镇、北陀镇、凤凰乡、仙回瑶族乡、樟林乡、走马乡等地。

昭平县城的旅游资源主要是桂江风光。黄姚镇位于昭平县的东北部,北面与钟山同古镇、清塘镇接壤,东面与凤凰乡、贺州市公会镇毗邻,南与樟木林乡、富罗镇交界,西面与走马乡相依;镇政府所在地东距贺州市72公里,西距县城70公里。黄姚镇以古镇历史文化为主,特殊的旅游资源和地理位置,使它成为昭平县旅游产业发展的主力军;富罗镇的旅游资源主要是天然温泉和山瑶、牛角瑶的民族风情;北陀镇有着丰富的森林资源和丰富的农产品;凤凰乡地处岩溶地区,境内石山多,岩洞多,石山风景优美,岩洞奇姿异貌。此外,鹧鸪村尚保存有清末民国初的建筑群,雕龙画凤,古香古色,富含历史的韵味,这些优美的风景极具开发旅游的价值;仙回瑶族乡少数民族风情浓郁;古盘村还有著名的太平天国古战场;樟林乡地形地貌复杂,有群山丘陵及岩溶洼地,九如岩旅游景点每年吸引区内外约2万人前来观光旅游,以及走马乡田园风光等。这些旅游资源大多开发还不完善或是还没有被开发,这些资源为昭平县的生态旅游产业发展提供了丰富的资源基础。

(5)昭平县旅行社现状分析

截至2010年底,昭平县旅行社共有2家,即昭平桂江旅行社有限公司和黄姚梦之旅旅行社有限公司,工作人员也比较少,整体的行业素质与服务水平都有待提高。从整体上看,昭平县旅行社的数量并不多,创利水平也非常低。旅行社经营管理水平低,与广西其他旅游发达的县还有很大的差距。

表7-13 昭平县住宿设施情况

名称	房间数	床位数	名称	房间数	床位数	名称	房间数	床位数
榕园旅社	16	29	接龙旅社	6	12	荣华旅社	9	18
东方名都酒店	37	70	迎秀旅社	16	31	供销旅社	13	26
新长安旅社	42	81	天龙旅社	12	22	塘步酒家	12	22
温州旅社	40	80	嘉佳宾馆	19	35	凤凰花园酒店	22	40
昭平车站旅社	24	44	鑫隆宾馆	16	30	银河酒家	6	12
兴隆旅社	11	21	黄姚饭店旅社	18	33	老地方酒家	14	26
志华旅社	17	32	黄姚市场旅社	14	28	金鑫旅社	19	36

续表

名称	房间数	床位数	名称	房间数	床位数	名称	房间数	床位数
昭平内招	21	38	桂龙旅社	18	33	街头旅社	15	29
巩桥旅社	14	28	黄姚古镇昭平县创作基地接待处	68	133	桥头旅社	23	44
鸿基旅社	22	44	新鑫旅社	8	16	天天旅社	18	36
交通酒家	10	20	交通旅社	14	28	四海旅社	10	18
荣承旅社	7	14	东溪旅社	17	31	合计	648	1240

（6）昭平县旅游饭店现状分析

截至2010年昭平县旅游饭店数量为35家，客房数量648间，床位数为1240张（见表7-13）。近两年来，从总量上看昭平县旅游饭店规模呈平稳上升的态势，但是与广西乃至全国的总体水平相比，昭平县旅游饭店的规模偏小，县城也就只有昭平大酒店一家三星级酒店。黄姚镇是昭平县旅游发展比较好的镇，但是其旅游饭店却不尽人意，星级饭店只有一家准四星级的，而且还是在建当中，大概在十一黄金周期间才能投入运营。其他的都是规模比较小的家庭旅馆，设施设备都不是很健全，档次普遍比较低，管理经营水平也比较低。2010年，昭平县的客流量为58万人次。很明显，昭平县的旅游饭店现有的规模很难满足旅游发展的需要，从而导致大量的游客外流到其他地方，减少游客在昭平县的旅游消费，从长远看不利于昭平县旅游产业的发展。特别是目前面对广西新的经济策略即大力开发"西江经济带"、打造黄金水道的发展机遇，它的接待能力将不足以满足昭平县经济的发展。

（7）茶产业的发展现状

昭平以建设茶业工程为突破口，推进农业企业化。有着近千年种茶历史的昭平县利用优越的生态条件发展茶叶生产，采取"企业+基地+农民"的模式不断扩大茶叶种植规模。昭平茶系列品牌将军峰银杉、高山石崖茶、凝香翠茗等优质茶早已蜚声海内外。目前，全县茶叶种植面积以每年20%的速度递增，现已有茶园5万多亩，大小茶厂70多家，年产干茶3000多吨。2000年，昭平县将大脑山茶厂、将军峰茶厂和凝香翠茗茶厂三家骨干茶厂,合并为融种植、加工、销售、科研为一体的将军峰茶业有限公司,将原来的15个品牌15个品种整合为"将军峰"品牌30多个品种,解决了昭平县长期以来一茶多名、异茶同名的问题。也打造了像将军峰茶叶有限公司、大脑山茶叶有限公司、昭平县凝香翠厂、亿健茶叶有限公司、昭平县桂江实业有限公司、大自然茶叶有限公司等知名企业。

近年来,昭平县以每年一度的广西(昭平)茶王节为平台,先后在县内、南宁、北京等大城市成功举办了昭平春茶开采仪式、"昭平银杉"北京现场炒制活动暨早春茶开市仪式、南宁茶叶旅游推介会,组团参加中国东盟博览会、中国湖南(古丈)绿茶高峰论坛、广西春茶节和梧州六堡茶·茶业博览会等一系列活动。"昭平银杉"茶品牌从扬名广西,到挺进京城,如今又走出了国门。亿健茶业有限公司生产的有机绿茶打进了欧美、日本、新加坡等国市场。"昭平银杉"茶品牌被广泛认可。"将军峰绿茶"被广西区人大常委会指定为会议用茶,桂江实业公司生产的"昭平银杉"被广西区党委指定为办公用茶,昭平县大自然茶业公司生产的"桂青"牌六堡茶成为"2008中国—东盟博览会"指定用茶。昭平县茶产业的发展为旅游产业的发展提供了丰富的资源,与旅游业相互促进,拉长了旅游产业链。

表7-14 昭平县茶产业概况

茶产业	
种植面积(万亩)	5
茶厂数(家)	70
年产干茶(吨)	3000
茶品牌系列	将军峰、凝香翠银杉、大自然、象棋山石崖茶
茶文化节庆	茶王节
知名企业	将军峰茶叶有限公司、大脑山茶叶有限公司、昭平县凝香翠厂、亿健茶叶有限公司、昭平县桂江实业有限公司、大自然茶叶有限公司等
国际市场	欧美、日本、新加坡等
知名度	区内知名,获国家农业部中国绿色食品发展中心"绿色食品"认证

四、昭平县旅游产业链存在的问题

（1）产业链整合程度低，没有形成完整的产业链条

昭平县的旅游业起步比较晚，旅游产业链根本上还在起步阶段，各种旅游的基础设施不健全，整个旅游产业中，产业链协作的意识不强，企业的战略联盟就更加少，不同部门之间并没有太多的合作。就连作为旅游产业的核心产业的旅行社、交通部门、餐饮、酒店、景区景点、旅游商店、旅游车船以及休闲娱乐设施等也都没有形成网络，且没实现信息共享与合作。没有实现真正的资源优化，降低成本，更不要说其他的延伸产业。

（2）旅游产品供应链构成不合理

调查发现，游客在昭平县的旅游消费主要集中在交通、门票、餐饮等方面，在其他娱乐、购物等方面的消费比例很小，有24.7%的游客反映主要是由于其他娱乐项目少，产品单一，没法延长游客的逗留时间。反映的典型的初级阶段的"门票经济"，而不是"产业经济"。可见，昭平县的旅游产品开发的层次还属于较低的阶段，产品的供应不合理，还不能适应当前的旅游者的需求。由前面的分析可知，昭平县的旅游饭店大都属于低层次的，就连黄姚镇都没有一个星级饭店，全是一些没有档次的家庭旅馆，少有适合大众需求的饭店。在旅游景点上，昭平县的旅游资源异化性比较低，同质化程度高，低层次重复和雷同式开发现象依然存在，如桂江风光与它的上游漓江风光有着极大的相似性，这样一来就很难把桂林的游客吸引过来。另外，在其他旅游产业企业方面，行业内部结构、数量结构等都存在不合理的现象。企业之间没有形成契约关系，配合不到位。旅游产品的综合性特点决定了构成旅游产业链的各行业要协调发展，向游客提供产品的各个部门任何一个环节出现问题都会导致总体旅游产品质量的下降，而任何一个单独的旅游企业都不能够提供旅游者在旅游过程中所需要的所有产品和服务，任何企业都需要这个链条上其他各个环节的协作和配合。而旅游产业链上各行业结构的不合理将直接影响到整个旅游产业的竞争力。构建完善的旅游产业链无论从提高企业的竞争力还是提升整个旅游产业的竞争力的角度考虑都是势在必行的。

（3）利益分配不合理,阻碍旅游产业链稳定发展

黄姚古镇居民的近期情况就反映了这个问题,很多在旅游发展中得不到利益的居民表示不支持旅游的发展甚至有着极高的抵触情绪,从而使得政府在征收土地上遇到了很大的困难。究其原因,主要是"门票经济"引起的,"门票经济"使得旅游产业经营的范围小,并且收入单一,从而导致很大一部分居民无法从中受益。很多居民表示是因为利益分配不均,居民无法从中受益。"门票经济"是现阶段旅游产业发展的瓶颈,它不利于旅游产业的完善,阻碍昭平县旅游产业的发展,不利于旅游产业链的拉长和稳定发展。

（4）交通瓶颈

目前,昭平县有干线公路12条,支线100多条,总长1004千米。在公路总里程中,高速公路62千米,二级公路12千米,三级公路55.73千米,四级和等级外公路603千米(如表7-15所示)。已经开通桂林、贺州、梧州、南宁、广州的快班班车。但是总体上来说,昭平道路等级低,通行能力差,如昭平至黄姚的二级公路都还没开通。水陆交通发展得不是很完善,且还未开通高速公路。交通是旅游核心产业之一,交通的不便利严重阻碍了旅游产业的发展,这是昭平县旅游发展的瓶颈之一。不过昭平县已认识到这一点,已把交通项目列为近年昭平县重点开发的项目之一,与茶叶、旅游、文化结合发展。

表7-15 昭平旅游交通现状

类别	线路名称	基本情况
等级公路	桂梧高速公路昭平段	全长62km
	昭平至黄村二级公路	全长35km
	昭平至黄姚段二级公路	开始测设
	庇江至富罗三级油路	全长67km
	富裕至木格三级油路	全长70km
	樟木林至东禄四级水泥路	全长19km
	河口至马江四级水泥路	全长24km
	潮江至马江四级油路	全长58km
	昭平至仙回四级水泥路	全长34.7km

续表

类别	线路名称	基本情况
通乡油路	通乡油路和水泥路6条	共277km
通村公路	通村公路31条	共258.78km
客运站和便民码头	客运站	9个
	便民亭	12个
	便民码头	5个
	渡改桥	2座

五、昭平县生态旅游产业链的整合策略

（1）旅游产业结构优化

旅游产业结构的优化过程也就是旅游产业结构向合理化、高度化和均衡化发展的过程。旅游产业结构的优化除了受市场竞争环境的推动外，同时也是旅游企业自身调整与产业政策共同作用的结果，具体的优化主要在于以下两方面：一方面，政府应根据旅游产业经济运行的内在要求，制定相应的产业政策，以调整产业结构；另一方面，旅游企业应该根据市场竞争环境以及旅游者的需求来调整自身的发展。在调整和优化旅游产业时，必须充分考虑昭平县资源条件和生态环境、优势和潜力、开发现状和特点，正确发挥自然资源和环境保护产业在优化旅游产业结构中的作用，正确选择资源战略和发展对策以实现昭平县旅游产业的可持续发展。

（2）加强基础设施建设，完善交通建设，提高景区（点）的可进入性

昭平县旅游业起步比较晚，所以基础设施设备还不完善，不能满足旅游发展的需求，甚至会阻碍旅游产业发展的步伐。交通运输业的发展为旅游者的出行提供了便捷，交通运输业在整个旅游产业链中有举足轻重的作用，但是，昭平县现在还没有通高速公路，而对于水路，桂江也没能充分发挥它的作用，这在昭平县旅游产业链运作中成为主要的瓶颈之一。所以昭平县应抓住《意见》中打造黄金水道的机遇发展水上运输，把重点项目放在高速公路的建设上，加快建设昭平—黄姚二级公路，与桂

梧高速公路连接,昭平—仙回的四级公路提升为三级公路;依托桂梧高速公路、桂江两大主要交通干线,规划、建设完善旅游通道;建设景区内的旅游交通通道;打造桂江水上运输通道。形成水陆相互衔接、优势互补的综合交通运输体系,有效降低综合物流成本,为旅游产业链的拓展、提升、聚集提供强有力的支撑。

(3)合理的利益分配模式,调动居民参与旅游活动的积极性

旅游产业链上政府、企业、居民之间的协作和各企业的协同合作是以合理的利益分配和协调机制为前提的。为构建和增强旅游产业的整体竞争力,需要某一环节的企业牺牲自身的利益来提升整个产业链的利润空间,更需要产业链利润的重新分配和转移来补偿受损企业,才能把产业链优势延续下去。昭平县的这种模式还未形成,环节和环节之间、企业和企业之间缺少对产业链利益分配和协调,所以产业的竞争力优势不能得到巩固和持续。要建立一种产业链利益分配和协调的长效模式,重新界定产业链中的各环节对价值创造的贡献率,对做出牺牲的企业在经济上给予合理的补偿,从而减小政府与居民、居民与企业、政府与企业、企业与企业之间的矛盾,加强各界的合作。调查显示,大多数居民还是很乐于参与到旅游发展活动中来,并且在对昭平旅游发展的建议中也表示希望得到政府的支持,希望建立合理的利益分配制度。要发展昭平县生态旅游产业就必须要建立合理的利益分配模式,这样才能把居民的积极性调动起来,充分发挥居民在旅游活动中的积极作用,它是旅游产业取得可持续发展的重要保障,最后达到延续和重新构建整个产业链的竞争优势的目的。

(4)旅游产业融合化

旅游产业本身就是一个高度复合型的产业,它涉及到吃、住、行、游、购、娱六个要素的产业,同时与服务业、金融业、邮电通信业、房地产业等产业密不可分,它的发展需要这些产业的支持和彼此之间的协调,同时它又能带动这些相关产业的发展。融合化能使整个旅游产业链的功能得到强化。根据旅游产业链的几种关系,有以下几种常见的融合方式。

第一,关联性融合。即产业间的延伸融合,与旅游产业相关的产业如文化产业、房地产业、工业、农业等可融入旅游功能,使之与旅游业相互渗透、相互促进。昭平

县应大力发展生态旅游业的龙头带动作用,拉长产业链,结合自身的优势,推动茶产业、生态旅游业、交通业和文化产业齐头并进、融合发展。可以学习云南旅游业的做法,把昭平县特色的昭平银杉茶、奇石等培育成为主打产品,打造旅游产品品牌。

第二,结构性融合。即旅游核心产业的融合,旅游核心产业即旅游交通业、旅游住宿业、旅游购物业、旅游餐饮业、娱乐业和旅游景区(点)业,这些是旅游产业中最基础的产业,相对于延伸产业的融合来说它已经形成了一定的规模,并存在密不可分的关联。昭平县应该进一步加强发展探索融合化的旅游产品,形成具有多功能的旅游服务综合体。如具有休闲娱乐功能的旅游购物场所,改变商业街区的单一的购物功能结构,可以增加休闲、娱乐、文化等内容。加快旅游产品多样性开发,多元化发展。

第三,区域性融合。加强区域分工合作,努力形成区域竞争优势。昭平县应充分抓住广西新经济策略即大力开发"西江经济带"打造西江黄金水道的机遇和与珠江三角洲的特殊地理位置优势,借助这些机遇发展旅游产业,融入区域经济中,在资源上实现优势互补,形成具有竞争优势的旅游产品,留住游客,做大做强旅游业,进一步推进区域旅游一体化进程,从而使昭平县旅游的发展迈上新的台阶。

通过以上分析可知,昭平县生态旅游产业链的发展还处于初级阶段,还是所谓的"门票经济阶段"并没有形成"产业经济",要实现"产业经济"还需有很长的路要走,需要政府的引导和规范,进一步完善昭平县生态旅游的基础设施,建立合理的利益分配模式,加大宣传力度,抓住发展西江经济带、打造西江黄金水道的战略机遇,大力发展昭平县的交通,实现水陆交通相互衔接,带动旅游产业的发展。在资源方面要充分发挥昭平县的特色,如生态乡村游、桂江风光、黄姚古镇、茶产业、奇石、林业等的优势,真正实现茶产业、生态旅游业、交通运输业和文化产业齐头并进、融合发展。

第九节 乡村旅游的体验营销探讨

国家旅游局将旅游主题定为"2006 中国乡村旅游年"、"2007·中国和谐城乡游",并且制定了"新农村、新旅游、新体验、新风尚"的鲜明口号之后,各省市掀起了发展乡村旅游的热潮,今年中央一号文件又提出积极发展乡村旅游,这将进一步推动乡村旅游的发展。乡村旅游是指以乡村地区为活动场所,利用乡村自然和人文历史资源,吸引游客前往休息、观光、体验、购物及学习等的旅游活动,已成为当今世界正在兴起的旅游形式,有着巨大的发展空间和市场潜力。

一、体验营销

（1）体验营销的内涵

关于体验营销的内涵,不同的学者给出了不同的界定,典型的有以下几种。"体验营销之父"伯恩德·施密特博士在其所著的《体验营销:如何让顾客通过感官、情感、思考、行动及关联来感受你的公司与品牌》一书中曾经指出,体验营销是企业站在消费者的感官、情感、思考、行动和关联或归属感五个角度重新定义、设计营销的一种思考方式。2002年范秀成在《顾客体验与体验营销之探索中》提出,体验营销简单地说就是以体验作为营销客体的市场营销。2004年崔国华在其硕士论文《体验营销概念及其策略研究》中提出体验营销是指企业营造一种氛围,设计一系列事件,以促使顾客变成其中的一个角色尽情"表演",顾客在"表演"的过程中将会因为主动参与而产生深刻而难忘的体验,从而为获得的体验向企业让渡货币价值。2005年陈敏在《体验导向的战略定位与市场定位》中提出,体验营销是特定个人和群体基于消费者理性与感性兼具,以及感性可能是尚未认知的理性,理性可能是已经认知的感性等项假设,以消费者在消费前、消费中及消费后的切身体验为导向,充分发掘蕴藏在消费者表层理性与感性之下的深层理性,从感官、情感、思考、行动和关联诸方面重新定义并设计其营销理念,将其创造的以提供新的不同体验为主要价值的产品同他人进行交换,以获取所需所欲的一种社会及管理过程。综上所述,体验营销是以"体验"为核心,以"营销"为中心,通过采用让目标顾客看、听、用、参与等人性化方式,充分刺激消费者的感官、情感、思考、行动和关联等感性因素和理性因素,使其亲身体验产品或服务,让顾客实际感知产品或服务的品质或性能,从而促使顾客认知、喜好并消费的一种营销方式。

（2）体验营销的特点

以消费者的体验为中心。体验营销注重消费过程中的经历以及这些经历对内心和思想的触动，从而把企业、品牌和消费者的生活方式紧密相连。

以社会文化为导向。体验营销不再把产品和竞争的分类限定在狭窄视野里，而是把产品或服务置于广泛的社会文化背景下，寻找内在联系，形成协同体验，注重购买后的顾客反映，努力提高品牌的忠诚度。

以感性营销为支点。体验营销试图寻找导致消费者情感变化的敏感点，并激发其积极的情感，使消费者的求美和浓郁的人情味的心理都得到了满足。

二、体验营销在乡村旅游中应用

（1）应用的必要性

乡村旅游的本质是向游客提供"一种或多种经历和体验"，给游客提供一个认识农村、体验农家生活、追寻古朴民风民俗的机会，为游客提供娱乐、教育、审美和"逃避"现实的体验。正是由于这种对本性体验的需求，乡村地区满足和吸引了越来越多的游客"逃避"紧张的工作和生活。面对自然、优美的乡村景观，旅游者暂时从日常的现实生活中脱离出来，从中体验轻松与自然，并将这美好的体验永远留在记忆中。所以，进行体验营销是乡村旅游的本质的要求。

（2）应用的乡村旅游形式

乡村文化体验。旅游者首先是人，普通人，然后才是旅游者。而对于旅游者来说，城市文化和乡村文化的差异，不同地区、不同民族文化的差异，是乡村旅游重要吸引物。差异越大，吸引力就越大。这种差异吸引力使得旅游者从普通人角色转换上升为带有一定目的、为了获得内在精神满足的旅行者。他们更多的是在寻求一种精神文化上的惊喜与共鸣。因此，在乡村旅游开发中，必须挖掘突出乡村旅游产品的文化内涵、精神意义。如乡村节庆、风俗习惯、趣闻传说等。只有深层次挖掘乡村文化才能吸引旅游者更注重观念和感情的沟通与体验，使得乡村旅游产品的文化底蕴的体验更具有深厚性和可玩性、原生性、参与性,从而满足旅游者探求差异的心理,使之产生共鸣,使得乡村文化魅力得以彰显,雅俗共赏。真正让旅游者从参与性体验中,通过心、眼、耳等感官主观活动深刻了解中国传统文化,领略神秘、奥妙无穷的民间文化。如云南宁蒗县泸沽湖,瑞丽市大等喊村等地特殊的民族文化风情演绎也吸引着众多游客。

乡土风情体验。游客参与乡村旅游的动机各不相同,但乡村秀丽的田园风光,与城市截然不同的乡村生活方式和安静祥和的生活氛围对他们的吸引与诱惑却是一致的。在乡村旅游的开展中,应根据乡村的文脉、地脉挖掘其特色,特别是要在保护的前提下开发具有浓郁乡土气息的特色乡村风情旅游体验项目,切忌乡村旅游城市化。游客参加乡村旅游的根本目的就是体验原汁原味的乡村生活、乡村风情。因此,在乡村旅游开发时,应将原有的乡土气息以最真实的面貌展现在游客面前,这才是最好的营销策略,才能吸引游客前来。此外,还应当对乡村旅游区进行科学规划来控制乡村旅游接待容量,从而避免过分拥挤和喧嚣破坏旅游者对乡土气息的欣赏和体验。乡土风情体验如北京延庆柳沟村的"火盆锅"豆腐宴;江苏、上海等地时兴去乡下过农味年等。

乡村娱乐体验。游乐型乡村旅游主要是开发各类型主题农业、游乐园,供游客参观游览并进行参与性活动。比如,恢复几近绝迹的脚踏水车、驴拉磨、织布机等,同时配以文字、图像以及声像设备,对古老的农业文化和历史进行解说,让游客参与编织、刺绣、陶制品制作等丰富有趣的传统农作,在游乐的同时,进一步了解悠久的乡间历史和文化。乡村旅游是包含观光、度假、疗养、娱乐、修学等在内的多功能复合型旅游活动,这要求旅游产品的设计尽可能多种多样。在产品的设计方面要让游客根据自己的心理需求,自己动手设计不同的产品,这样既可以充分有效地利用乡村各种旅游资源,又能够愉悦游客身心,达到了娱乐体验的效果。比如桂林龙胜苗族竹竿舞,游客参与其中,乐在其中。

乡村劳作体验。闲适自在的农家生活气息、淳朴亲切的农村人际关系和丰富多彩的民俗风情是乡村旅游者所追求的,这也是走马观花式旅游中所不能深刻体验和满足的。只有参与到农村生活中去,广泛地接触民俗风情,多层面地了解农村的生活和精神领域,才能深刻体会到乡村旅游的魅力。所以,在乡村旅游中,应尽可能安排丰富多彩的可参与性活动,让游客参与一些简单的力所能及的农活。农家乐中有如耕作、养殖、挤奶、采茶、放牧、摘果等同日常生活有关的劳动,游客可从中学习一些民间手工艺和民间娱乐艺术,这样,既是劳动,又是一种娱乐,游客从中既能学到知识,又增加了体验价值。如成都三圣乡江家菜地认种,杭州的"家庭挖笋游"等。

三、乡村旅游体验营销对策

(1)为乡村旅游体验设计一个明确、独特的主题

明确精练的主题设定是塑造乡村旅游体验的关键。乡村旅游主题应该从作为其动力来源的乡村意象中提炼出征服旅游者内心的"品味"概念。乡村旅游体验营销要从一个主题出发,以主题为依托创造主题体验情景继而开展一系列营销活动。主题是营造环境、营造气氛、聚集游客注意力,使他们在某一方面得到强烈印象、深刻感受的有效手段。目前我国很多乡村旅游地缺乏自己的特色,简单地模仿或套用别人的模式,不能给人鲜明深刻的印象。乡村旅游体验内容的雷同单一使资源特色得不到充分展示,造成客源的缺乏。由此,旅游经营者应在了解自身的文脉、地脉的基础上,根据主导客源市场的需求,确定自己的主题。主题的确定应该尽量做到突出特色和个性,给游客全新的奇特感受。

(2)以游客为中心,设计提供体验性旅游产品和服务

旅游体验是由某些刺激而产生的内在反应,它产生于消费者所消费的真实的或是虚拟的有形产品或无形产品,能满足人们的某种体验需要。因此可将乡村旅游产品布局成观赏农田、瓜果园、花卉苗圃、珍稀动植物饲养场等观赏区,使游客身临其境,感受真切的农田风光和自然生机的农业模式。这样可以展示特色农业生产景观和经营模式的示范区,传授系统的农业知识,使游客增长知识;也可以布局成村民社区活动场所,营造游客能深入其中的乡村生活空间,使游客参与农耕活动,学习农作物种植技术、农家产品加工技术以及农业经营管理等,体验农村生活;布局成采摘果园、乡村工艺作坊、乡村集市的产品区,让游客充分体验劳动过程,以自采自制自买

的方式亲身体验农产品制作过程,并购买乡村旅游产品。再如可以针对部分游客的情感需求,开创一种情感体验方式,游客可通过购买小动物或种苗,并定期支付一定金额的养殖或养护费用、检验费用,就可以获得命名权、纪念标识权、周末管理或放养权、接受技术指导与技术服务权、果实优先采摘权等便利和权利。在经营形式上也可更多样化,如乡村的某块农地或菜园、某一棵或几棵果树、某些牲畜、某块水塘等城市游客感兴趣的农业资源,进行小单位细分,进行中短期的经营权租赁。可根据游客需要,平时由乡民照顾,闲暇时由游客自己亲自参与翻地耕种,施肥浇水,悉心照料。对于收获或加工的果实,游客也必然更愿意购买,自己品尝或赠予亲友。

(3) 整合运用各种感官的刺激

感官营销的诉求目标是创造知觉体验的感觉,感官刺激对旅游主题起增强的作用,而且体验所涉及到的感官刺激越多,这种体验就越深刻。以视觉为例,乡村旅游地的景观设计要突出乡村特色,注重色彩、比例、尺度、材料和质感等视觉审美要素给人的心理感受,如在设计建筑时要尽量运用当地的木材、石料、竹子等自然材料。除色彩要与环境协调外,还要杜绝诸如垃圾成堆、厕所卫生差等"视觉污染"。在各种感官刺激中,色彩视觉是最主要的体验。研究表明,对一种产品形成第一印象时,色彩的影响约占60%。种植景观季节变化明显,春季绿油油,秋季黄灿灿,果园中春之花、秋之果不仅具有观赏价值,而且采摘过程的参与性更具有旅游价值。如桂林恭城的月柿节、大圩的草莓采摘等。另外草本植物风光如小麦、水稻、油菜在我国种植范围广泛,大田成行,山坡的梯田,吸引了众多游客。再如龙胜龙脊梯田、罗平油菜花节等富有特色,吸引了国内外游客。体验所涉及的感官越多就愈令人难忘,所以,应该围绕主题把食、住、行、游、娱等各种服务用"体验"的观念整合起来,营造一个乡村特色浓郁的体验性场景,给游客带来全方位的感官刺激,这样有助于旅游者形成难忘深刻的旅游体验。

(4) 注重旅游后的管理

充分利用信息化网络,加强游客之间、游客与乡村之间的联系。由农业协会、当地政府牵头,创建网站加强与游客的交流。如可为游客开辟社区空间,或利用已存在的社区空间结合有奖征文或有奖评选方式鼓励游客以游记、图片甚至视频的方式记录和表述自己乡间体验游的感受和经历,为游客之间的联系提供纽带,这样可以吸引更多人关注乡村体验游,且可以逐步实现乡村体验游的后续层次发展;而且也可通过游客在游记或网络社区中对乡村体验游活动的描述和情感流露等相关反馈,了解乡村体验游设计的优点或不足,从而进行有针对性的发扬、推广或改进,网络社区从而也可成为为游客提供售后服务或长期服务的渠道。对于游客租赁的田地、果木或动物发生的特别事件如发芽、开花、灌浆、挂果、成熟等,也可定期提供图片,以吸引游客回游,并可采取更为细致的付费定制服务,如提供视频、更多图片,邮寄果实等。这样就加强了后续的乡村旅游体验。

旅游体验营销的具体实施应根据客源市场的需求及当地旅游资源的特色来确定,从产品设计到营销推广的每一个环节,都必须考虑消费者在消费时的体验和感受,体验营销思想和体验营销策略的运用将会使乡村旅游的产品和服务更加人性化、个性化、多样化和价值化,从而更好地满足市场需要,推动乡村旅游的可持续健康发展。

第十节 广西猫儿山自然保护区生态旅游民营化发展研究

近些年,迅猛发展的旅游业对地方的区域经济增长拉动作用巨大,已被中央政府列为"国民经济新的增长点"。随着我国市场经济的不断扩大和经济主体的多元化,国有企业逐渐从一般竞争性行业退出,并在不断探索中开始实行民营化。民营旅游企业伴随着旅游业民营化改制而出现,逐步登上了历史舞台,从起初进入旅游住宿业、交通业、餐饮业、商业、旅行社等行业,逐渐向旅游资源开发领域迈进。而随着生态旅游理念在世界范围内的普及,自然保护区以丰富的自然旅游资源和发展生态旅游优越的区域环境,已逐渐成为民营企业竞相投资的焦点。在这种大的环境趋势下,广西猫儿山国家级自然保护区经民营企业投资经营生态旅游,迎来了新的发展机遇。在民营化景区旅游蓬勃发展的今天,研究自然保护区这个特定地域环境的生态旅游的民营化发展,具有重要的现实意义。

一、民营化的内涵

本文的研究对象主要为民营化的广西猫儿山国家级自然保护区生态旅游。其中,自然保护区(Nature Reserve)采用《中华人民共和国自然保护区条例》第二条中的定义,即"对有代表性的自然生态系统、珍惜濒危野生动植物物种的天然集中分布区、有特殊意义的自然遗迹等保护对象所在的陆地、陆地水体或者海域,依法划出一定面积予以特殊保护和管理的区域"。我国的自然保护区分为国家级自然保护区和地方各级自然保护区。《中华人民共和国自然保护区条例》第十一条规定,"其中在国内外有典型意义、在科学上有重大国际影响或者有特殊科学研究价值的自然保护区,列为国家级自然保护区"。2003年1月,猫儿山自然保护区经国务院批准由原来的广西区级自然保护区晋升为国家级自然保护区。

生态旅游(Ecotourism)指在生态学和可持续发展理论指导下,以自然类型、自然区域或某些特定的文化区域为对象,以享受大自然和了解、研究自然景观、野生生物及相关文化特征为旅游目的,以不改变生态系统的结构和功能及保护自然和人文生态资源与环境为宗旨,并以使游人得到生态学知识和社区受益为基本原则的旅游行为。现阶段,生态旅游是自然保护区旅游规划时比较推崇的一种旅游方式。

民营化(Privatization)指政府将持有权益转让给私人企业。本文中,由于专门探讨的是国有自然保护区承包给民营企业并由其实施经营权问题,而民营企业和私人企业均是非公有制企业,且二者联系紧密,因此文中涉及到的民营化主体特指民营企业。旅游产业中的民营化达到一定的规模,必然促使民营旅游企业的创建。民营旅游企业指相对于国家或政府经营的角度,由民间旅游经济投资形成的非政府所有的旅游企业,包括全社会集体、个体、私营、联营、股份合作等形式的非国有控股内资旅游企业。根据实践中我国的民营化途径,猫儿山自然保护区民营化实行的方式为承包经营,即通过签订承包合同,以一定财产作抵押,向发包方取得企业法人财产经营权,承包方按合同规定上交利润并承担资产保值增值,承包方可以是个人,也可以是合伙或本企业全体职工。

二、猫儿山自然保护区生态旅游民营化的背景

(1) 民营企业投资旅游产业是历史使命

经过改革开放二三十年的迅速发展,我国旅游业凭借得天独厚的资源条件,成为国民经济新的增长点,中国也发展成为世界旅游大国。与此同时,随着国内居民生活水平的提高,我国国内旅游淡旺季界限逐渐淡化,呈现一年四季"皆旺"的局面。旅游消费已成为城市居民日常生活消费的重要组成部分,进而对旅游景区的需求不断扩大,并对景区的品位和种类提出更高要求。但是,由于地方政府财政普遍困难,国家对景区的拨款有限,致使旅游资源的开发利用程度较低,潜在优势未能得到充分发挥。原有的国家经营旅游业的模式很难适应时代步伐,已无法满足日益增长的旅游需求,因而需要引入社会资本,缓解资金不足。与此同时,民营企业蓬勃发展,在国民经济中的作用越来越明显。随着国家制度环境变化及相关保障政策的出台和实施,资本原始积累雄厚的民营企业希望寻找新的投资机会以完成二次创业,民营企业投资被称为"朝阳产业"的旅游业已成为一种历史使命。

(2) 自然保护区发展生态旅游是现实需求

我国建立自然保护区的目的是保护珍贵的、稀有的动物资源,保护代表不同自然地带的自然环境的生态系统,以及有特殊意义的文化遗迹等。自然保护区的建立,对于促进国家的国民经济持续发展和科技文化事业发展具有十分重大的意义。自然保护区根据其内不同地域的自然特点实行功能分区。按照功能分区原则,我国陆地自然保护区一般分成核心区、过渡区(也称缓冲区)、实验区(也称外围区)。根据有关规定,在遵循自然保护的前提下,实验区可以开展旅游活动。

现阶段,我国自然保护区的管理经费主要由保护区所在地的县级以上地方人民政府安排。但以我国的经济发展状况和中央政府的经济实力,远远不能满足自然保护区发展的资金需求,因而只能在现有的格局下努力改善。因此,一方面需要国家加大投入,另一方面也要靠保护区自身积极寻求发展资金,走以区养区的道路。在这种情况下,利用保护区内的实验区丰富的自然资源开展"低投入、高回报"的旅游

活动成为一种必要选择。

生态旅游是当今社会旅游发展的新潮流。作为一种新的旅游形式,生态旅游有着先进的旅游开发、管理思想,是指导旅游业发展的一种新观念。在自然保护区走可持续发展的生态旅游道路,可以有效开发利用自然保护区资源,为保护区的发展提供融资渠道,进而缓解资金短缺问题;可以缓解自然保护区自身以及保护区与社区之间保护与发展的矛盾,带动自然保护区周边地区经济的发展;也可以增强人们的环保意识,提高保护区的知名度,等等。因此,在自然保护区发展生态旅游是一种现实需求。

三、猫儿山自然保护区生态旅游民营化是必然结果

(1)桂林旅游景区民营化发展的未来趋势是指引

桂林作为中国最早发展旅游业的城市之一,在全国旅游发展中一直位居前列。2008年,桂林旅游经历了连续的自然灾害和全球金融危机等重大挑战和考验,在国内外旅游形势极为严峻的局面下,仍实现旅游总收入100.26亿元,同比增长17.25%。2009年针对旅游市场的严峻形势,桂林通过一系列举措,赢得了良好的发展局面。2009年1月至6月,预计全市接待旅游总人数为807.75万人次,同比增长24.99%;实现旅游总收入53.11亿元,同比增长40.6%。随着桂林旅游业的蓬勃发展以及国家对民营企业投资经营旅游景区的制度、相关保障政策的出台和实施,桂林民营旅游企业数量不断攀升,仅猫儿山自然保护区管理局所在地——兴安县,县内的灵渠·水街景区、乐满地主题乐园、世纪冰川大溶洞、超然派度假山庄等著名景区均已实行民营化发展。桂林旅游景区民营化发展的未来趋势,为猫儿山自然保护区生态旅游实现民营化提供了指引。

(2)猫儿山自然保护区发展旅游的客观需要

1976年,为保护猫儿山的典型常绿阔叶林生态系统及铁杉、水源涵养林,建立了广西猫儿山水源保护站。保护站的成立有效促进了旅游区生态环境维护和旅游资源保护。保护区成立至此后六年间,猫儿山基本没有旅游活动。

1982年,广西壮族自治区人民政府以桂政发〔1982〕97号文批准建立广西猫儿山自然保护区,全称为"广西区级猫儿山水源林、珍贵动植物自然保护区"。猫儿山保护区中的部分实验区也开始逐步对外开放,接待中外旅游者的参观游览,但仍以服务科研生产为主要功能。保护区旅游发展相对缓慢,针对性的旅游产品和项目开发较少,旅游活动处于自发无序的状态。

1993年,随着知名度的提高,游客逐渐增多,自然保护区开始有意识引导、规划和管理旅游活动,进行了针对性的旅游产品开发和基础设施建设。

1999年,猫儿山自然保护区被正式批准纳入中国生物圈保护区网络,2003年1月被国务院批准晋升为国家级自然保护区,旅游区旅游发展与生态保护的良性互动效应逐步显现出来。

2007年,为了更好地保护和利用猫儿山丰富的自然资源,在发展旅游的同时最大限度地减少对原生态系统可能造成的破坏,保护区在"保护第一"的基本原则下,开始大力发展生态旅游。同时,为拉动区域经济增长、弥补保护区管理经费不足,进而将猫儿山自然保护区建设成为国内有代表性的森林生态旅游景区,自然保护区急需寻求与旅游企业的合作。猫儿山自然保护区发展旅游的客观需求,为自然保护区实现民营化铺平了道路。

(3)民营企业经营猫儿山自然保护区旅游的主观意愿

经过改革开放近30年的发展,民营企业积累了一定规模的资本,面临进一步提高层次的二次创业,并开始寻求投资契机。随着国家对民营企业投资的制度、相关保障政策的出台和实施,"低门槛、高回报"的旅游业掀起了民营企业投资的热潮。地方政府发挥导向性作用,为猫儿山自然保护区旅游开发提供相关基础设施建设,改善了投资环境,为民营企业进入旅游业提供了便利条件。与此同时,为使保护区内生态旅游业健康发展,由猫儿山国家级自然保护区管理局与桂林理工大学旅游规划设计研究院合作编制并获得国家林业局批复的《广西猫儿山国家级自然保护区生态旅游规划》(以下简称《生态旅游规划》)为民营企业经营自然保护区生态旅游开发提供了指导。在外部环境一片大好、保护区寻求自身发展的情况下,民营企业经营猫儿山自然保护区旅游的意愿更加强烈。民营企业经营自然保护区旅游的主观意愿,使自然保护区生态旅游实现民营化成为了现实。

四、猫儿山自然保护区生态旅游民营化的现状

(1)景区基础设施建设方面

交通方面。景区与外界联系的道路以及内部盘山公路均按照标准进行了路面维修及硬化改造,通达性良好。游览区域早期的步行道现在已按游览需要进行了路面改良,并形成了系统。

住宿餐饮方面。景区内原来条件简陋的培训中心现已按三星级标准装修为猫儿山培训中心,卫生条件和服务质量都有了很大提高;景区外缺少配套的住宿餐饮服务设施,现有的只是山脚为数不多的高寨村村民自发开办的家庭旅馆和农家餐厅。另外,景区为野外"露营"的游客提供了专门的宿营场所,并在安全和服务方面提供了保障。

其他设施方面。景区内目前还没有相应的旅游购物服务与娱乐设施,部分游览宣传设施已遭损毁或有些陈旧,与旅游活动配套的医疗卫生及安全保障体系也尚未健全。

(2)景区旅游资源开发方面

根据《生态旅游规划》,"结合旅游区资源调研实际,参照《旅游资源分类、调查与评价》(GB/T 18972—2003)、旅游资源评价等级标准及指标评价,对旅游区的主要生态旅游资源单体进行定量评价。结果显示:旅游区五级生态旅游资源2个,四级生态旅游资源9个,三级生态旅游资源34个,共有优良级旅游资源单体45个"。(《优良级生态旅游资源单体评价结果表》见表7-16)

表7-16 优良级生态旅游资源单体评价结果表

资源等级	主要资源单体及景点	数量(个)
五级资源点	华南之巅、漓江源	2
四级资源点	猫岳佛光、日出、云海、红叶、高山杜鹃、猫儿山雪景、铁山荟萃、乌龟江峡谷、仙愁崖	9

续表

资源等级	主要资源单体及景点	数量(个)
三级资源点	神仙柱、佛光台、庵堂坪雾凇、九龙三瀑瀑布、九牛塘峡谷、猫儿山生态科技苑、高山矮林、老山界长征故道、通天道、天书奇谈、漓江神女、九龙榜观景台、避暑山庄、云天外、浔江源、仙子沐浴、烟雨老山界、资江源、美军飞机失事事件、陆定一及《老山界》、猫儿山红色文化、老山门、听瀑台、飞珠瀑布、溅玉瀑布、珍珠瀑布、神龟晒甲、森林浴场、仙浴池、青冈林、红军亭、野人湖、猫儿山珍稀动植物	34
合　计		45

(资料来源：表7-16根据《广西猫儿山国家级自然保护区生态旅游规划》整理而得)

由于民营企业经营猫儿山生态旅游时间不长,对于表中优良级旅游资源的开发方面,除了与瀑布相关的旅游景点不在经营区内,现开放的景点基本保留原有状况,可见,景区旅游资源的开发力度远远不够。对于华南之巅、漓江猫儿山珍稀动植物、红色旅游文化等一些意义重大的旅游资源更应下大力气,深度挖掘。

(3)景区旅游管理服务方面

保护区实行民营化不久,各项管理制度都不够完善,且未形成独具特色的企业文化,企业内从业人员文化水平落差大。旅游企业内缺乏高素质的旅游管理人才,由于开发管理人员的专业素质不高,环境保护意识不强,对于自然保护区开展生态旅游的特殊性没有正确的认识,因而导致保护区内的生态旅游项目建设不合理,导致保护区内的生态系统在一定程度上遭到人为破坏。并且,旅游企业还缺乏专职的旅游服务人员,部分现有工作人员由于未经培训而临时上岗,服务意识淡薄,屡有游客投诉事件发生。还有,导游人员培训不到位。导游在带团期间对环境保护理念强调不足,对一些景点的讲解不伦不类,答非所问。另外,旅游企业对游客管理无明确制度规定或实效性措施。少数游客夜晚在景区野外的危险地带"露营",有的游客甚至"抄小道"逃票。

(4)景区旅游市场开拓方面

景区在民营化之前,曾受到当地经济和社会因素的限制,但在旅游基础设施简陋和管理服务等不完善的情况下,旅游接待人次和旅游收入方面整体发展呈增长趋势(见图7-3)。

2007年下半年,民营企业开始投资完善景区的基础设施,在保护区封山建设一年多后,于2009年五一对外开放,着手经营生态旅游。景区在外界有一定的知名度与影响力,但由于开放旅游不久并且宣传力度不够,还没有创建出属于自己的旅游品牌,以致人们对景区内旅游资源的认知度不高。目前,景区的主要客源地为桂林、柳州、南宁等周边市区和广东、湖南等邻近省份。虽然有为数不少的游客前来景区旅游,但距离《生态旅游规划》中所预计的游客收入与旅游规模还有很大一段距离。在大力宣传、创建旅游品牌的同时,景区正在探索与主要客源地旅行社建立长久合作机制。景区旅游市场开拓潜力巨大。

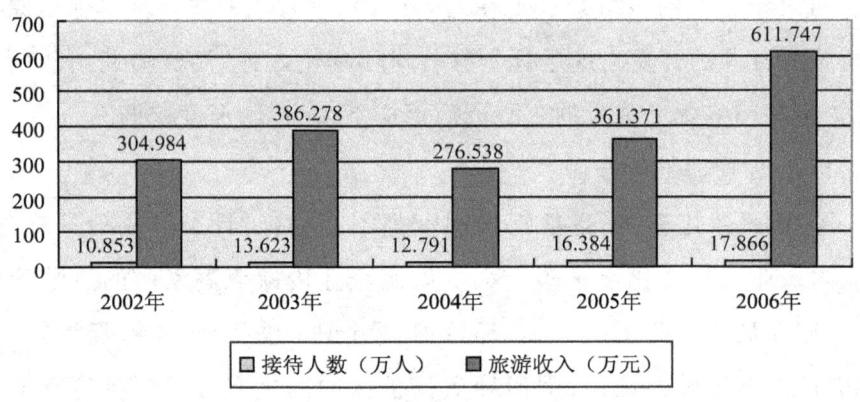

图7-3 猫儿山自然保护区2002—2006年接待人数和旅游收入

(5)景区生态环保教育方面

猫儿山自然保护区实行民营化后,保护区的生态环境保护基本由自然保护区管理局全权负责,而作为生态旅游经营主体的民营旅游企业,其重视程度远远不够。在生态环境保护方面,自然保护区管理局由于人员短缺、资金不足等原因,往往力不从心,很难起到实质性的作用。而旅游企业则把自然保护区当成一般景区来经营,将环保型的生态旅游当成一般的"山水旅游"来管理,在景区内没有设置任何专门的环境保护措施,而原有的生态环境教育宣传物已陈旧或遭到破坏,致使一些游客进入自然保护区的"核心区"或"缓冲区"活动。并且,导游人员素质不高,在游客出游前没有强调环境保护的重要性,没有向游客提出在旅游中应该注意的有关环保方面的建议或要求,这客观上纵容了游客对自然保护区生态环境的破坏。以上情形严重干扰了猫儿山自然保护区的正常管护秩序,对该山自然保护区造成了严重破坏。

(6)社区居民参与旅游方面

猫儿山旅游正处于《生态旅游规划》实施初期,旅游的综合效益还未能显现。现在保护区周边仅有为数不多的几家农家旅馆、家庭餐馆和日用品销售部。当地居民由于观念落后保守且未能在生态旅游活动中真正获益,因此参与猫儿山生态旅游开发和管理的积极性不是很高;再加上拥有自然保护区山上的一些树木的所有权,砍伐林木更能带来直接收益,导致了保护区的生态旅游不能顺利开展,当地生态环境遭到严重破坏。

五、猫儿山自然保护区生态旅游民营化发展的SWOT分析

SWOT分析法又称为态势分析法,它是由旧金山大学的管理学教授于20世纪80年代初提出来的,SWOT是由Strengths(优势)、Weaknesses(劣势)、Opportunities(机会)、Threats(威胁)四个英文单词第一个字母组成。它是将与研究对象密切相关的各种主要优势、劣势、机会和威胁等,通过调查列举出来,并依照矩阵形式排列,然后用系统分析的思想,把各种因素相互匹配起来加以分析,从中得出一系列相关结论,而结论通常带有一定的决策性。

自然保护区生态旅游已成为当今自然保护区建设和旅游业发展的一个热点,加上民营旅游企业的投资经营,环境保护与旅游开发、旅游企业与当地社区、旅游者与经营者等一系列矛盾充斥其中。做好自然保护区生态旅游民营化的外部环境与内部因素分析,对猫儿山自然保护区生态旅游的可持续发展具有重要的意义。本文将运用SWOT分析法,对猫儿山自然保护区生态旅游民营化发展现状从内部优势、内部劣势、外部机会和外部威胁四个方面加以分析。

(1) 内部优势 (S——STRENGTHS)

民营旅游企业雄厚的资本储备和灵活的经营机制。民营旅游企业有一定的资本累积,这使其能在最快的时间内自主投资所决策开发的旅游项目。民营旅游企业具有国有企业不可比拟的经营机制,以追求利润最大化为基本目的,较之国有企业核心的优势在于自然地解决了政企分开和市场导向的问题。因此,对于旅游业这个天生以市场为导向、满足最终顾客需要的行业来说,民营旅游企业"船小好掉头"的体制优势得以充分体现。更由于机制灵活、决策效率高,民营旅游企业在市场竞争中常常能够争取主动和先机,并可根据旅游市场需求和旅游消费者的偏好变动来调整、改变企业经营方向和战略战术。猫儿山民营旅游企业兼备雄厚的资本储备和灵活的经营机制,这使得其在市场变化较快、风险较高的旅游者市场竞争中占据优势,并最终赢得市场。

民营旅游企业强烈的发展和市场拓展意识。猫儿山民营旅游企业的决策者说:企业要运用好两只眼,一只眼是市场,一只眼是管理,并且市场重于管理。民营旅游企业市场导向型的发展模式与其"自主经营、自负盈亏、自我发展、自我约束"的机制是分不开的,这使得民营旅游企业的领导层产生强烈的忧患意识和发展意识,迫使在项目投资开发上只能成功,不能失败,且注重投资的回报率和回报年限。同时,民营旅游企业一般比较注重市场推广和营销活动,按市场需求制定投资项目。在一些国有旅游企业等客上门的时候,很多民营旅游企业已经投入大量的人力、物力和财力为打开客源市场进行宣传促销,这种为生存而进行的市场行为效果很明显。

猫儿山自然保护区拥有丰富的旅游资源。猫儿山自然保护区位于中亚热带与南亚热带交界的区域,在植被区划上,位于亚热带常绿阔叶林区域、东部湿润阔叶林区,自然生态系统完整。保护区总面积17008.5公顷,森林覆盖率96.48%,拥有众多世界珍稀动植物资源。同时,猫儿山是广西最高山脉越城岭的主峰,素有"华南之巅"之称。它集"泰山之雄、华山之险、庐山之幽、峨眉山之秀"于一山,具有雄、险、幽、秀等不同特色的景点100多处,形成了乌龟江瀑布群及十里大峡谷、九牛塘幽谷及珍稀植物园、老山界十里杜鹃画廊及红军长征故道、高山亚热带雨林常绿阔叶林高山森林湿地及三江源铁杉林、高山矮林览胜及高山探险等五大特色生态景区。景区还有竹海梯田、烟雨老山界、漓江女神、三江源、迎客松、仙龟石、野人湖、长寿梯、华南虎、一线天、通天道、佛光台等著名景点,而适时可见的"云海、日出、佛光、雾凇"更是岭南难得的四大自然奇观。另外,猫儿山周边居住着苗、瑶、侗、壮、汉等多族人民,拥有独具特色的民族风情。保护区内还有中国工农红军长征时翻越的第一座大山——老山界,有"二战"期间援华美军"飞虎队"飞机失事纪念处,这些对于开展革命传统教育、爱国主义教育和国际主义教育意义重大。猫儿山丰富的旅游资源经适度开发,可开展自然保护区生态旅游。

猫儿山自然保护区突出的区位优势。猫儿山自然保护区区位优势较为明显。它位于广西桂林市东北部,地跨广西、湖南两省和兴安、资源、龙胜三县,处于大桂林旅游圈的中心位置。保护区距桂林市区80公里,距322国道线32公里,去往资源县各风景区的道路也经过保护区。保护区周边旅游风景区众多,且外围交通网络体系已基本形成,交通快捷方便,地理位置优越,可以和周边景区形成区域联动发展。

(2)内部劣势(W——Weaknesses)

民营旅游企业经营盲目性强,缺乏长远规划。猫儿山民营旅游企业经营自然保护区生态旅游开发,往往带有很浓的主观色彩。目前,企业领导和从业人员素质偏低,毫无旅游产业经营经验。在景区内修好道路、住宿宾馆等基础设施后,基本未对景点挖掘开发,就匆匆开业,并大力促销。另外,在保护区生态旅游区经营方面显得比较盲目,随之而来的是在开发景区时不重视品牌打造,出现低水平、铺摊和重复建设等问题,造成旅游产品雷同,缺乏特色。这种缺乏长远规划、盲目的短期经营行为完全是出于纯商业的目的,重经济效益,轻社会效益。这除了不会产生预想的市场反应、带来经济损失外,还有可能导致珍贵的旅游资源被破坏性地开发。过于注重商业利益的开发活动,往往会给旅游业的可持续发展造成极为不利的影响,并且有可能破坏生态环境,形成环境污染,造成恶性循环,给社会和人民带来无法弥补的损失。

民营旅游企业管理存在局限,人才引进困难。猫儿山民营旅游企业现在处于发展初期,企业内人员基本都是企业主靠血缘、亲缘、地缘等关系网从同族、同乡亲友中招募而来,旅游从业人员素质不高。随着保护区生态旅游的不断发展,企业对专业管理人才和专职旅游服务人员的需求也越来越大,但由于"家族式"管理的任人唯亲,在财务、采购、管理等重要岗位上,安排家族的核心人员来把持和操作,这在一定程度上排斥非家族成员,使一些有专业技术水平、有管理经验的高层次人才得不到重视,得不到提升的机会,不能充分发挥作用,最终纷纷选择离开。人才流失严重,空缺的岗位又不可或缺,于是又频繁地到处招聘。但引进人才更不是一件容易的事情,再加上招聘程序的不合理,结果往往会"故戏重演"。另外,企业的权利过分集中于企业主手里,对于旅游企业的经营管理、发展决策等一些问题,往往是企业主"一人拍板",这不利于及时获取真实信息和做出科学准确的决策。民营旅游企业这种管理模式,逐渐成为企业向规模化发展的障碍。

景区生态系统比较脆弱,废弃物处理费用较高。猫儿山自然保护区生态系统受人为干扰少,自然景观基本保持原始风貌;保护区处在亚热带与温带交错区,受亚热带和温带气候影响,自然植被类型丰富,但易受人为干扰而退化。另外,猫儿山自然保护区内山高坡陡,使得保护区内的植被群落具有较大的脆弱性,特别是原生植被、生物如受到破坏,势必将难以恢复。而且保护区是漓江的源头,对漓江流域的生态平衡具有重要影响。随着游客的日益增加,将会带来相当多的废弃物,如果不及时处理,势必会对保护区的生态环境造成污染,而靠自然的降解需要很长时间,且易对环境造成破坏,故需要采取积极有力的解决措施,对游客带来的一些废弃物品等及时妥善处理。目前自然保护区在废弃物处理设施方面存在处理能力不足的问题,虽在保护区内设置了垃圾中转站,但把废弃物从垃圾中转站运到保护区外进行处理,无形中就增加了处理成本。

景区旅游可进入性不强,旅游产品尚未深度挖掘。猫儿山自然保护区地处较为偏远的山区,目前景区与外界联系的仅有一条二级公路,道路坡度陡,弯度大,这为旅游的开展带来诸多不便。另外,桂林市区至保护区的直达车虽每天发两次,但鲜为人知;兴安县城至保护区的直达车虽然每天有好几趟,但服务设施落后,且很少有游客从县城去保护区游览。以上这些,直接影响了大众游客进入自然保护区旅游的积极性,更严重阻碍了保护区生态旅游的发展。保护区周边少数民族村寨尚未开发乡村旅游,保护区内许多景点还没有深度开发,人文旅游资源也没有得到深度挖掘,生态旅游开发还处在初级水平上,旅游景点联结还不够完整协调,旅游功能分区还不完善。老山界是红军长征经过的第一座高山,保存有一些红军留下的遗迹,但是红色旅游景点的开发程度还不够,且鲜为外人所知。

(3)外部机会(O——OPPORTUNITIES)

省域、国际旅游环境大好。广西区及国家对北部湾予以重视,泛北部湾经济区域的形成以及中国—东盟自由贸易区的建设,将带动广西旅游产业的迅速崛起。而2004年通过的《泛珠三角区域合作框架协议》,更为实现"泛珠三角"区域内各城市旅游业的共同繁荣和发展、推进"泛珠三角"经济一体化、在旅游资源开发中加强联合与合作、实现区域优势互补、地区互动提供了强大的动力。"泛珠三角"经济圈使得桂林这个旅游目的地成为"泛珠三角"区域内的游客进入西南旅游的重要通道,良好的区域旅游环境为猫儿山自然保护区的发展提供了很好的机遇。

大桂林旅游圈的良好前景。大桂林旅游圈具有良好的发展机遇与空间,在良好的区域经济发展环境下,猫儿山自然保护区可依靠大桂林旅游区域市场,把客源市场扩大到东盟各国及全球市场。同时,桂林市得天独厚的自然环境和逐年完善的基础设施,为世界各地的游客到桂林旅游打下了良好的基础。猫儿山自然保护区可以很好地利用人们对原始生态环境的向往,在桂林这个游客中转地做好宣传促销,以迎来新的旅游发展。

各级政府政策扶持力度大。广西重视旅游业的发展,明确提出把旅游业作为全区的支柱产业来培育,各级政府及相关部门也在加强对旅游业的领导和扶持,将发展旅游业作为当地经济发展的重要组成部分和主要的经济增长点。猫儿山自然保护区当地的兴安县政府也提出了建设旅游大县的目标,把旅游业确立为经济和社会发展的支柱产业,并对民营旅游企业投资旅游产业实行鼓励和支持,特制定了一系列相关的优惠政策。另外,政府还采取多项措施发展旅游,制定了各种有利于旅游发展的政策,将旅游发展作为提高当地居民生活水平的重要途径。当地支持旅游发展的政策环境已成为保护区旅游发展的优势。

旅游界新事物的相继出现。随着社会的进步及生活水平的提高,人们外出旅游已不仅仅是满足于一种形式。随着人们旅游消费多需求的出现,专项旅游、健康旅游、生态旅游等旅游形式逐渐兴起。猫儿山自然保护区顺应时代旅游发展的需求,在生态旅游方面做好规划,必能迎来新的发展机遇。另外,网络信息技术在旅游业中的广泛应用,使得旅游宣传和促销实现了质的飞跃。

(4)外部威胁(T——THREATS)

区域旅游市场竞争十分激烈。猫儿山自然保护区周围知名度较高的景区比较多,且这些景区开发时间早,已经很成熟且形成规模。在游客数量一定的情况下,旅游景点对游客资源的竞争会更加激烈。另外,桂林市其他新景区的开发也会使得游客对游览目的地的选择面更加广。目前保护区知名度暂时相对较低,存在客源不足的问题,面临着来自周边以及全国各地知名度较高的森林公园及同类型景区的挑战,如花坪、大瑶山、姑婆山等。同时,也面临来自同县域其他类型景区的威胁,如以娱乐休闲为主的乐满地主题乐园、以洞穴观光为主的世纪冰川大溶洞、以历史文化游为主的灵渠水街景区等。

旅游发展与生态环境保护矛盾。旅游资源开发与保护的关系一直是猫儿山自然保护区旅游开发中需要密切关注的问题,旅游开发会带来游客数量的增多,游客数量的增加会践踏自然保护区内的植被,影响土壤的空隙度,影响空气环境,对野生动物的栖息地环境造成干扰。不适当的开发会造成自然生态系统退化及旅游特色资源原貌的破坏,而且退化后难以恢复原貌,影响保护区原始的生态链,对生态系统工程造成干扰。旅游发展与自然生态环境保护能否保持良性互动,旅游规模性经营与旅游效益型发展之间能否保持平衡,是猫儿山自然保护区发展必须关注的问题。

当地居民对旅游发展的影响。在猫儿山自然保护区生态旅游经营的同时,游客数量的增加会影响当地居民原有的生活方式与习俗。当地居民对自然资源的依赖性比较强,保护区在开发旅游资源的同时会影响当地居民的一些原有活动,如果保护区的旅游发展没有促进当地居民收入水平的提高,则当地居民会阻碍自然保护区生态旅游的开发。

六、猫儿山自然保护区生态旅游民营化发展的对策

(1)制定企业规划,规范景区经营

民营旅游企业经营猫儿山自然保护区生态旅游,除了借鉴《生态旅游规划》外,

更应制定本企业特有的长远战略规划,将企业自身发展同保护区生态旅游发展有机地结合起来,从而实现同步健康发展。

在景区经营方面,应逐步实行规范化操作。通过合理制定、贯彻实施一系列的经营管理制度和规范,使保护区内的旅游实现统一标准、统一价格、统一销售和统一结算,使各项旅游服务有章可循、有据可依。

(2)完善基础设施,建立人才机制

吃、住、行、游、娱、购为旅游的六大要素,均涉及旅游基础设施建设,因此,民营旅游企业在经营猫儿山自然保护区生态旅游的过程中必须因地制宜,合理配置旅游道路、景区停车场、游客服务中心、旅游安全以及资源环境保护等基础设施,以项目建设为重点,协调推进保护区旅游基础设施建设,促进旅游业的跨越式发展。

同时,为适应竞争日益激烈的旅游市场的要求,民营旅游企业在自然保护区生态旅游经营方面必须进行体制创新,建立旅游人才机制,引进高素质专业人才,以提高企业整体素质。企业应将竞争机制引入人才培养、选拔、使用工作中,为优秀人才脱颖而出创造良好的环境;运用市场机制选拔企业经营管理者,加强企业专业技术人员和管理人员聘用制管理,建立适合企业特点的人才培养、选拔、任用、激励、监督机制,推进民营旅游企业人事管理科学化。同时,为管理人员和专业技术人员创造参加继续教育的条件和环境,通过人才资源的优化配置,进而创建出适合企业发展的经营管理队伍。

(3)开发旅游产品,整合营销策略

根据《生态旅游规划》,民营旅游企业应改变猫儿山自然保护区内旅游产品类型比较单一、新型旅游产品开发较少的局面,通过深度开发生态旅游资源,深入挖掘旅游产品的文化内涵,使旅游更具有吸引旅游者的魅力。生态旅游产品的开发是在保护资源和环境基础上开展的旅游活动,其前提是保护。在开发旅游产品时应注重开发类型多样化、精品化和层次化,并促进旅游与环境的协调发展、景区建设与保护区的相互匹配,尽量保持资源的原始性和真实性,使选择的生态旅游项目符合保护区的自然和文化特色。

在对猫儿山旅游产品宣传促销时,民营旅游企业虽以市场为导向,但以一己之力往往收效甚微。为此,可推出有创意、有经济效益的营销策略,如进行区域旅游整合营销,通过与同县域的灵渠·水街景区、超然派度假山庄等景区联合营销,进而提升景区旅游整体形象,达到事半功倍的营销效果;也可以改进营销方法,实行政府、企业、社会互动型营销方式,将政府的形象宣传与旅行社等旅游企业的务实操作紧密结合,让企业有限的资金发挥更大作用;或者细分目标旅游市场,借助网站、影视广播媒体等平台,构建多渠道、多形式、多层次的宣传营销网络,建立一支高素质的旅游宣传营销队伍。

(4)创建特色文化,带动社区发展

民营旅游企业在经营猫儿山生态旅游的过程中,应创造且强化企业精神,不断增强企业的凝聚力和活力,打造出自己的特色企业文化,并通过将文化魅力作为生态旅游业中的元素经营,进而促进保护区生态旅游业的发展。同时,企业应加强与社区的合作,引导社区居民积极参与、共同管理猫儿山的生态旅游。以旅游为纽带,带动当地相关产业的发展,改善居民生活条件,使其真正从旅游发展中受惠,并自觉保护旅游业赖以生存的高质量的生态环境,为游客提供高质量的旅游服务和体验,从而实现自然保护区生态旅游民营化的可持续发展。

(5)注重环境保护,加强生态教育

民营旅游企业在猫儿山自然保护区内发展生态旅游,必须注重环境保护。要保护和建设好自然保护区生态环境,固然离不开科学技术手段的支持和法规制度的保障,但更离不开人们生态意识的强化和生态文明的教育;而要全面地强化生态意识和提升生态文明,使每个游客都能自觉维护保护区生态环境,最行之有效的途径就是实现从"物的开发"向"心的开发"转换,通过在保护区内建立多维的生态教育体系,进而系统地进行生态教育,使生态理念真正传播到每个游客内心。

民营旅游企业投资经营猫儿山自然保护区生态旅游,虽然道路比较坎坷,但前途非常光明。在以后的发展中,民营旅游企业对内创建企业特色文化,建立人才机制,完善景区基础设施建设,合理利用保护区内的自然资源,深度开发生态旅游产品;对外继续以市场为导向,整合营销策略,加强与保护区管理局和各级政府的联系,带动社区居民参与生态旅游开发与管理,注重生态教育,从而促进保护区生态旅游民营化的快速健康发展。在发展中重保护,在保护中促发展。随着民营旅游企业自身管理的不断完善,我们坚信猫儿山国家级自然保护区生态旅游会有一个更加美好的明天。

第十一节　广西融水苗族芦笙文化旅游开发研究

随着旅游与文化的结合日益密切,特别是2009年文化部与国家旅游局共同发布《关于促进文化与旅游结合发展的指导意见》后,文化旅游产业进入大发展、大融合的全新历史时期。全国政协委员许茂荣在谈及文化与旅游时指出,文化是旅游的内动力,旅游是文化的催生器。文化多样性带来旅游衍生品,旅游发展保护了民族文化。时任中共中央政治局常委李长春在参加十一届全国人大五次会议海南代表团的审议时说,文化和旅游密不可分、相辅相成。文化是旅游之魂,旅游是文化之使。文化旅游是指以文化旅游资源为支撑体系,旅游者通过对旅游资源文化内涵的特色体验,获得精神愉悦和文化享受的行为。根据世界旅游组织的预测,一直占大部分市场份额的自然风光旅游产品的增长率将会下降,而文化旅游产品则呈现出强劲的发展态势。本文选择广西融水苗族芦笙文化为调查研究内容,旨在通过对广西融水苗族芦笙文化旅游开发的普遍看法、反映等情况的调查与分析,总结归纳出目前融水芦笙文化旅游开发与发展存在的问题,以便能够及时提出相应的改进对策,完善管理机制,促进文化旅游地的保护性开发,从而更有力地促进融水文化旅游又好又快地可持续发展。

融水是广西大力发展文化旅游业中不可或缺的旅游县,它有着两千年的历史,拥有丰富的旅游文化资源。芦笙文化在苗族文化中占有重要的地位,是苗族人民的精神支柱,是苗族文化的象征。虽然旅游文化资源丰富多样,但是融水县整体旅游开发起步比较晚,因此具有强大的发展潜力与发展空间。在柳州市委书记陈刚提出要把融水县打造成民族文化旅游名县之际,融水积极响应市政府提出的"风情融水,神奇苗乡"的号召,开展了旅游规划、资源整合等工作,力将融水打造成"世界苗都"、"芦笙斗马之乡"。然而,不管是政府还是投资开发商对文化旅游目的地的规划与开发管理,大多数只是关注短期的经济利益,对旅游文化资源的文化内涵挖掘不够,旅游文化项目没有推陈出新,公共服务设施接待水平低下等。因此,笔者从旅游者行为理论出发,对目前融水县旅游市场及游客进行问卷调查和访谈,找出融水文化旅游业存在问题及潜在的发展契机,进而提出打造经典艺术剧专场、提高参与性等建议,使融水县芦笙文化旅游走上健康的可持续发展道路。

一、研究地概况

(1)融水旅游经济发展概况

融水县的旅游业起步较晚,基本形成以贝江景区为主,以雨卜、田头、长赖苗寨、元宝山、龙女沟、老子山等为辅的融民族风情、山水风光、生态环境、宗教文化为一体的旅游格局。融水县近五年旅游经济发展情况见表7-17:

表7-17 融水2007—2011年旅游接待人数及收入情况

年份	接待人数(万次)	总收入(亿元)
2007	26.6	0.8246
2008	37.1	0.8770
2009	82.7	2.4
2010	102.4	3.4
2011	120.6	4.12

(2)融水旅游资源开发现状

根据《旅游资源调查、分类与评价》(GB/T 18972—2003)的旅游资源评价等级指标,融水四级资源单体或景点3个,三级资源单体或景点8个,见表7-18:

表7-18 融水县主要旅游资源等级评定

旅游景区	国家3A级	田头苗寨景区 龙女沟景区 雨卜苗寨 老子山景区
	国家4A级	贝江景区
农家乐	三星级	小潘木屋 云水侗庄 龙宝大峡谷 月亮湾
	四星级	雨卜民俗风情旅游度假村 杜鹃山庄

从上表可以看出,融水尚未有5A级的旅游景区,这是融水旅游业继续发展的突破口,而以三星、四星的居多,说明融水的旅游业总体发展水平有待提高。

(3)融水旅游产品开发现状

凭借着丰富的旅游资源以及政府加大力度招商引资进行开发,融水的旅游业发展蒸蒸日上。如今融水的主要旅游产品见表7-19:

表7-19 融水县主要旅游产品

类型	已推出的旅游产品
自然观光旅游产品	贝江、元宝山、龙女沟
民族文化旅游产品	勾滩、雨卜、培秀、小桑、田头、长赖苗寨
宗教文化旅游产品	老子山
节庆旅游产品	"芦笙·斗马节"、坡会
探险旅游产品	九万山登山、龙贡漂流

(4)芦笙文化的开发现状

随着政府对融水旅游的重视以及融水经济的发展,融水加快了旅游建设步伐,目前融水芦笙文化的旅游开发现状已经有了一定的规模。目前开发的芦笙文化旅游项目主要有以下几个类型:

芦笙斗马节。芦笙斗马节是政府主导的大型民族节日庆典活动。1987年起,融水县政府把每年的11月26日定为芦笙斗马节,并作为县庆日。主要开展芦笙踩堂、斗马、万民同乐芦笙夜狂欢、民族风情巡游、商品展销、民族盛装展示、美食一条街、"美丽达配"旅游形象大使评选活动、商贸洽谈会、招商推介等系列活动。据统计,仅芦笙斗马节期间,就接待游客8.5万人次,旅游收入达2550万元。斗马是全国甚至全球独一无二的民俗文化活动现象,因此,融水也被誉为八桂"芦笙之乡"和"中国斗马之乡"。

苗族系列坡会群。坡会是以苗族为主的各族人民悼念先烈、鼓舞斗志、庆贺丰收、交流感情、交换生产生活资料、愉悦身心的盛大民间传统节日。根据融水旅游局记载,融水系列坡会群从正月初三开始到正月十七结束(见表7-20),规模最大的有安太坡会、古龙坡会,每年引来上万人参观。坡会主要有赛芦笙、斗马等传统活动,近年来增加了十佳"鸣嗻坡花"选拔大赛。

表7-20 融水苗族系列坡会群(农历)

时间	坡会名	地点	时间	坡会名	地点
正月初三	"忍整英"坡会(三坡)	大年乡	正月十一	元宝"忍整呆"坡会	安太乡
正月初四	荣塘"忍嘎直"坡会(四坡)	四荣乡	正月十二	邦阳"忍更洋"坡会	白云乡
正月初五	平卯坡会(五坡)	拱洞乡	正月十三	"整欧"坡会(十三坡)	安太乡
正月初六	培地"沛松"坡会(六坡)	安太乡	正月十四	良双"整依直"坡会	红水乡
正月初七	"忍禄"坡会	杆洞乡	正月十五	古龙坡会	香粉乡
正月初八	"忍能邦"坡会	安太乡	正月十六	古龙坡会	香粉乡
正月初九	"芒蒿"坡会	安陲乡	正月十七	芒蒿节	安陲乡
正月初十	"百鸟衣"坡会	杆洞乡			

百鸟衣节。体育竞技活动中最具代表性的是融水杆洞乡"百鸟衣节"的芦笙特技表演。竞技芦笙舞有单人技巧表演和双人对舞竞技之分,以曲调多、技巧难度大取胜。舞蹈动作有倒立、旋转、矮步、翻滚等。技艺高超者,能头脚着地,挺起胸腰呈拱桥形,以头作轴心做各种翻身拧转,名为"蚯蚓滚沙"、"滚地龙"等,甚至有把头放在刀尖向上的一圈短刀的中间,做翻身拧转的高难技巧动作,非常的惊险。而双人对舞则有"斗鸡"、"牛打架"等,表演既带有竞技性,又充满生活气息。

三个风情苗寨。雨卜苗寨景区是国家 AAA 级景区,以山水风光和人文景观相结合的民族风情景区。景区内可观看具有苗族特色的民族歌舞,其中有芦笙迎宾舞、踩脚舞、芒蒿舞、竹竿舞、背新娘、拉鼓等游客参与性节目,晚上有烧烤、对歌、打油茶、坐妹等活动,次日早晨有精彩的斗马。先后被评为"柳州市十大魅力乡村"和"全国农业旅游示范点"。田头苗寨景区是国家 AAA 级景区,以自然风光和人文景观相结合的民族风情景区。苗寨内主要景观有鸳鸯神龟、龙宫大峡谷、天龙石等。还有芦笙踩堂、串村走妹、斗马、打同年、火把节等民俗活动,民风淳朴,习俗奇特,先后被评为"柳州市十大美丽乡村"和"广西农业旅游示范点"。长赖苗寨位于景色秀丽的贝江河畔,属"贝江风情游"精品旅游路线,"贝江风光风情游"已列为桂北黄金旅游热线和广西三大旅游热线之一。这里有古老的苗族礼俗,斗马、斗鸟、喝油茶、坐妹等民族风情依然。晚上有芦笙踩堂、踩脚舞、团结舞、背新娘等芦笙文化活动。

二、调查结果分析

调查问卷包括三个部分内容:第一部分是调查地旅游者的人口统计特征以及社会属性,如性别、年龄、学历等;第二部分是旅游者的旅游行为特征,如出游动机、对旅游资源的偏好、旅游消费、停留天数等;第三部分也是问卷的主体部分,即旅游者对芦笙文化的了解程度、对芦笙舞曲的欣赏程度、是否会购买旅游纪念品、是否想了解芦笙的制作过程、对旅游经历的评价、对芦笙文化旅游开发持的态度以及对融水芦笙文化旅游发展的建议。此次调查时间从 2012 年 4 月 3 日至 5 月 2 日,在融水长赖苗寨和雨卜景区对旅游者进行问卷调查,本次调查共发放问卷 120 份,回收有效问卷 108 份,问卷回收有效率为 90.0%。

(1) 调查对象基本信息

通过对收集来的资料进行整理,可得出旅游者的基本特征,见表 7-21:

表7-21　人口统计特征表(N=108)

人口统计特征		百分比	人口统计特征		百分比
性别	男	53.6	年龄	<14	0.5
	女	46.4		14~25	37.4
职业	企事业管理人员	10.9		26~44	41.1
	公务员	7.8		45~64	18.5
	专业文教科技人员	12.3		>64	2.5
	服务销售人员	11.2	受教育程度	高中以下	11.1
	技工/工人	9.0		高中或中专	22.2
	军人	3.1		本科或大专	55.6
	退休人员	6.3		研究生及以上	11.1
	学生	22.9	客源地	柳州市内	54.6
	私营业主	8.5		南宁市	11.1
	农民	2.5		桂林市	16.7
	其他	5.5		玉林市	4.6
旅游消费的主要方面	住宿	79.6		梧州市	3.7
	购物	44.4		北海市	1.9
	交通	56.5		其他	6.5
	娱乐	41.7	出游方式	旅游团队	34.3
	景点	46.3		自助游	26.0
	饮食	55.6		和亲朋好友	17.6
				单位组织	22.2

从以上表格可以看出,本次调查旅游者行为的特征与规律主要有:1)男性旅游者居多,占总体的53.6%;旅游者年龄结构中,26—44岁的旅游者占总体的41.1%,其次是14—25岁的旅游者,占37.4%,可见,中青年旅游者是融水旅游者年龄结构的主体。2)从文化程度来看,本科或大专的旅游者为主体,占55.6%,其次是高中

或中专,占 22.2%;在旅游者的职业结构中,学生人数最多,占总数的 22.9%,其次是销售服务人员,占 11.2%。3) 从旅游的消费方式来看,主要花费在住宿方面的占 79.6%,交通、饮食占的比例分别为 56.5% 和 55.6%;从出游方式来看,旅游团队的人数最多,占总数的 34.3%,其次是自助游,占 26.0%,单位组织的占 22.2%。4) 从客源地来看,呈距离递减规律,其中,柳州市内的旅游者占绝大部分,为 54.6%,其次是桂林市的游客,占 16.7%,11.1% 的游客来自南宁。

(2) 旅游者的旅游动机与行为层次分析

旅游动机是激发或者促使旅游者想要购买某种产品的因素,主要是空间的变更以及利用目的地的旅游设施寻求消遣、休养和愉悦。旅游行为层次分为基本层次(以度假观光为主)、提高层次(娱乐、购物)、专门层次(具有较强的专业目的)。旅游动机的研究是对旅游者进行分析的基础,掌握旅游者的旅游动机和旅游者行为层次,有助于我们认识旅游目的地特征与旅游者需求的符合程度和开展有针对性的研究与营销活动。

旅游者的旅游动机。从旅游者旅游动机结构可以看出,旅游者的出游动机类型集中表现为三个方面:一是观赏和享受自然风光,所占比例最大,占总体的 82.4%,表明旅游者的旅游行为层次比较低,集中在基本层次阶段;二是体验不同文化生活,占总体的 72.2%;三是参加娱乐活动,占总体的 62.0%。品味民族美食、增加阅历、促进交往分别占 48.1%、33.3%、28.9%。表明体验文化生活、参与娱乐活动是当前旅游者的新需求。这与当前我国国内旅游发展的形势有关,目前我国国内旅游主要停留在度假观光的基本阶段。

旅游动机的激发。旅游者旅游动机的激发除了靠旅游者自身的需求之外,还需要外部环境的刺激。如电视网络广告等的宣传就是无形的动机催生器。调查中,关于旅游者获取芦笙文化旅游信息途径,80.6% 的游客表示通过电视广播网络报纸等媒体来获取芦笙文化旅游信息,而亲朋好友的介绍居其次,占 42.6%,选择旅行社和旅游宣传手册的比例是最小的,分别是 21.3% 和 16.7%。这说明网络电视报纸广播等这些媒体在旅游宣传中具有重大的作用,同时,这些媒体也成为最普遍的旅游动机催生器。

综上所述，为了激发人们对旅游的兴趣，就要使芦笙文化旅游资源具有观光性、参与性和科学文化性，并将这三方面的文化旅游吸引力展现给游客，这样才能将之转化为文化旅游的吸引要素。同时利用电视、报纸、杂志、广播等媒体对旅游地进行宣传，利用招贴画、手册等宣传资料，使游客增加对目的地的了解，从而激发人们的文化旅游需求。

（3）影响旅游者决策行为的因素

旅游者决策的过程是一个不断接受外界信息，结合自身的文化、个性、心理等特征对信息进行处理后做出是否旅游以及选择何处旅游的过程。它是一个复杂的过程，旅游者是否参加旅游活动、何时参加旅游活动、去哪里参加旅游活动都会受到其他因素的影响。主要的影响因素有以下几个方面：

经济因素。经济因素是影响旅游者决策行为的首要因素，它决定着人们是否购买旅游产品以及购买的规模和档次等。在调查中，关于旅游者能够接受的旅行总花费，表示能接受250元以下的占28.7%，能接受250—500元的占56.5%，能接受500—800元的占13.0%，而接受800元以上的仅占1.9%。表明融水旅游者能接受的总消费水平总体不高，旅游花费的水平有着比较大的上涨空间。

闲暇时间。对闲暇时间的研究可以为旅游经营者设计旅游路线、开发旅游项目提供参考。在调查中，关于停留天数，表示停留1天以内的占19.4%，停留1—3天的占74.1%，停留4—7天的占6.5%。这表明停留1—3天的旅游者占大部分，这与国家的双休日制度和节日休假制度有关。

文化程度。不同文化程度的人群，认识事物的方式、行为准则和价值观念等各不相同，旅游决策行为也就会呈现出很大的差别。调查中，学历为本科或大专的旅游者比例最大，占总体的55.6%，其次是高中或中专，占总体的22.2%，人数较少的是高中以下和研究生，都为11.1%。这源于融水不仅是自然风光优美的地方，同时也是地方文化氛围浓厚的民族地区。

相关群体。相关群体是指影响一个人的意见、看法和价值观念的群体。当旅游者在决策时无法感受到旅游产品的质量时，相关群体口口相传的旅游体验对潜在旅游者的决策行为有很重要的参考价值。调查中，有46人的信息来源是亲朋好友的介绍,比例为 42.6%。由此可知,亲朋好友的介绍所占的比重还是比较大的。亲朋好友的介绍影响着旅游者的决策过程,亲友的介绍相对于其他形式的宣传更加客观公正。

综上所述,影响旅游者决策行为的因素很多,旅游者决策行为是各种因素综合作用的结果,同一个因素在不同的场合下对旅游者决策行为的影响也是不同的。

(4)旅游者空间行为研究

旅游空间行为是旅游者花费一定的时间、金钱和精力,通过吃、住、行、游、购、娱来获得旅游经历的行为。它是在遵循旅游经历最优化原则的基础上实施旅游决策的行为,实质上是以精神调节为目的的异地空间活动,是对人的内心世界的一种信息调节与控制。文化旅游经历最优化的精神消费来自于旅游主体的观赏享受、审美、参与三个层次的行为,是旅游引力作用的实现。旅游主体三个层次的行为是对不同层次旅游客体(见表 7-22)的反作用,是旅游推力的作用。这种作用是通过旅游主体的感知来实现的,即通过旅游主体的看、闻、嗅等生理行为和抽象、分析、综合、判断、推理等心理行为来实现的。

表 7-22 旅游者空间行为研究

类型	行为层次		客体内容	吸引力	享受程度	吸引范围
观赏享受型	精神享受层次	高 ↕ 低	活跃的旅游活动氛围,令人难忘的娱乐项目	强 ↕ 弱	强 ↕ 弱	窄 ↕ 广
	心理享受层次		旅游景点的知名度,具有民族风格的农家乐			
	生理享受层次		吃、住、行、游、购、娱的舒适安全,苗家美食			
参与型	智力参与层次	同上	收集考察记录苗族风情,参加各种学术活动	同上	强 ↕ 弱	同上
	技术(艺)参与层次		参与芦笙表演,歌舞,苗族婚俗背新娘,对歌			
	体力参与层次		登山,深入苗家吃饭,漂流			

续表

类型	行为层次		客体内容	吸引力	享受程度	吸引范围
审美型	艺术美层次	同上	工艺品,苗族服饰,芦笙舞,苗寨建筑群,迎宾舞	同上	强 ↕ 弱	同上
	社会美层次		婚俗,民族风情			
	自然美层次		竹林,生态自然保护区,古榕树			

在深入景区调查时发现,当游客乘坐小船游贝江时,往往会情不自禁地跑出船舱,跳上船头,拿着摄像机拍摄沿江两岸美丽的风景,或者大声呼喊。在芦笙表演进入跳竹篙舞的环节时,苗族姑娘会邀请并带领游客一起来跳竹篙舞,刚开始游客都会拒绝,但是随着竹篙的拍打节奏越来越明快以及姑娘的热情邀请,游客逐渐参与到跳舞中来,伴随着愉悦的节奏,游客都在尽情地舞动,整个氛围异常活跃。这些现象都体现了旅游空间行为对人内心世界的一种信息调节控制,旅游主体的参观观赏享受、审美、参与这三个层次的行为都可以体现出来。在享受旅游的过程中,游客的心理反应会随着他所接触到的外界信息的变化而变化,对旅游项目的感知也不一样。

旅游者对旅游项目的偏好。在对"喜欢的旅游项目"调查中可以看出,参与性踩脚舞占58.6%,参与性竹竿舞占51%,选择踩脚舞的比例高于竹竿舞,缘于踩脚舞是大众化的娱乐活动,竹竿舞却要求旅游者有一定的灵活性和协调度;参与性苗族婚俗背新娘占29.8%,比例不太高是因为背新娘只能是男性参与;芦笙表演占54.3%、斗马占56.1%,芦笙表演有一定的旅游市场,旅游者对斗马的认可度最高,这不仅缘于斗马是融水苗族的一项特色竞技娱乐活动,更重要的是因为斗马符合很多男性旅游者追求新奇、刺激、惊险的心理;特色风味美食占43.2%,这项比例较高,与当今社会屡次出现的食品安全问题有关,民族地区一般在山区,食材都是本土产本土制作的,健康又绿色,做出来的味道也更美味,如软香的糯米饭、打油茶、苗山香菇、酸鱼酸肉、苗家自酿的甜酒;最后,苗族服饰占38.5%。由此得知,旅游者选择参与性项目所占的比例还是比较大的,说明参与性旅游项目有较大的开发前景,而芦笙表演和斗马还是开发的重点。这些旅游项目让游客获得精神愉悦,让游客感到心情舒畅,这是外界信息所产生的正面调节与控制作用。

旅游者对芦笙舞和芦笙曲欣赏程度。对笙舞笙曲欣赏程度的调查结果显示,对芦笙舞曲表示很喜欢的占11.1%,对芦笙舞曲表示较喜欢的占31.5%,而感觉一般的仍占大多数,占总体的48.1%。由此可见,旅游者对芦笙文化有一定的文化需求,同时,芦笙文化对旅游者存在一定的吸引力。

旅游者对旅游纪念品的购买意愿。在对108名游客的抽样调查中,有15%的旅游者表示会购买民族旅游纪念品,有33%的旅游者表示价格合理就买,有44%的旅游者表示不一定,仅有8%的旅游者表示基本不买。由此可知,旅游者对民族旅游纪念品的购买意愿还是比较强烈的,但是会受价格的影响,同时,还可以看出民族旅游纪念品开发存在较大的市场。

旅游者是否想了解芦笙制作。根据调查显示,有23.1%的游客表示想了解芦笙的制作过程,有37.0%的游客表示想了解,有28.8%的游客表示一般,不想了解的有11.1%的游客。由此可知,芦笙的制作工艺也具有一定的旅游开发价值。

综合以上分析,旅游活动要融知识性、趣味性、参与性、艺术性为一体,才可丰富旅游活动内容,充实游客的文化艺术生活,又可营造旅游的欢乐气氛和艺术环境,调动旅游者的参与性、积极性,渲染景区的气氛,增强景区景点知名度,扩大对外吸引力的效果。

(5)旅游者后续行为研究

旅游者的旅游行为,不仅限于旅游者旅游动机行为、决策行为、旅游空间行为,更广义地,还应考虑到旅游者进行旅游空间行为回到居住地后对旅游业的影响行为,称为旅游延续行为。如对旅游经历的评价以及对旅游地的评价等都是由旅游者执行的。大量的研究结果表明,对服务产品而言,除消费者亲身经历外,周围人群的口头宣传比任何其他信息来源都更加重要。若旅游地希望旅游者为自己的产品和服务作良好的口头宣传,就必须为他们创造良好的旅游经历。旅游后续行为是旅游者根据自身旅游经历对旅游业的反馈行为,有正面效应和负面效应之分。现对本次调查中旅游者后续行为做以下几个方面的具体分析:

对芦笙文化的了解程度与旅游经历的关系。从芦笙文化了解程度和旅游经历评价交叉表(见表7-23)可以看出,对芦笙文化了解的有21人,其中有15人对这次旅游经历的评价好,占71.4%;对芦笙文化了解一般的人有39人,其中有12人对这次旅游经历评价好,占30.8%;对芦笙文化不了解的48名游客中仅有9名游客认为这次的旅游经历好,占18.8%。由此可知,对芦笙文化了解程度不同的人对旅游经历的评价也不一样,同时,对芦笙文化的了解程度与旅游体验成正比关系。

表7-23 芦笙文化了解程度和旅游经历评价交叉表

		对旅游经历的评价			总计
		好	一般	不好	
对芦笙文化的了解程度	了解	5	3	3	21
	一般	12	18	9	39
	不了解	9	24	15	48
总计		36	45	27	108

是否向别人推荐与旅游经历的关系。从表7-24可以看出,对旅游经历评价好的36人当中有24人表示会向别人推荐,比例为66.7%;对旅游经历评价一般的45人当中有12人表示会向别人推荐,比例为26.7%;对旅游经历评价不好的27人当中有3人表示会向别人推荐,比例为11.1%。由此可见,对旅游经历评价为"好"的旅游者更倾向于向别人推荐。同理,旅游经历评价不好,也会影响旅游者向别人推荐的意愿。

表7-24 是否向别人推荐与旅游经历评价交叉表

		对旅游经历的评价			总计
		好	一般	不好	
是否向别人推荐	是	24	12	3	39
	否	3	9	15	27
	不一定	9	24	9	42
总计		36	45	27	108

对旅游地发展持的态度。在对于芦笙文化旅游开发所持态度的调查中,选择"非常乐观"的占0.9%,选择"比较乐观"的占60.2%,选择"一般"的占21.3%,选择"完全不看好"的占7.4%。这表明旅游者对芦笙文化旅游市场的开发所持态度还是比较乐观的,对开发前景比较看好,认为有一定的开发价值。

通过对旅游者决策行为、空间行为、后续行为的研究我们可以得知,旅游活动不会停留在观光旅游的初级层次,而会向娱乐休闲、体验旅游等较高层次发展,追求文化感受和精神消费的需求将会不断增加。为了满足旅游者的需要,对旅游目的地来说,必须开发具有深厚文化底蕴的旅游产品,才能够凸显自己的特色,不断提升旅游目的地的竞争力,使旅游业实现可持续发展。

三、芦笙文化旅游开发建议

通过对旅游者行为进行具体分析,结合融水目前的开发现状,根据融水特色旅游资源情况,联系当前存在的主要问题,总结当今民族文化旅游开发的相关研究,参考借鉴其他地方成功的开发模式、管理方式和经营理念,现对融水芦笙文化旅游的开发推荐以下模式和建议。

（1）选择科学合理的开发模式

越是民族的,越是世界的。因此,在文化全球化的背景下,芦笙文化旅游在开发模式上应该有所创新。结合开发模式的相关研究,分析融水现有的文化旅游资源,以下就融水芦笙文化旅游目前可供采取的开发模式作一探讨。

节事庆典开发模式。这是一种参与性民族文化旅游开发模式,是以民族节日、民族游艺文化为主题,庆典、节会、节事的形式,定时、定点向旅游者展示民族文化的活态旅游吸引物,是融旅游、文化、贸易活动为一体的综合性民事活动。主要有主导型民族节庆开发模式和附属型民族节庆开发模式。民族节庆不应该满地开花,应结合国内外民族节庆旅游开发的现状,形成自己的特色和品牌。如融水系列坡会群已经列入国家非物质文化遗产名录,而"芦笙斗马节"是政府主导的节日庆典大型活动,已经成为融水的旅游形象。融水应该以"芦笙斗马节"为主导,以融水系列坡会群、雨卜民俗风情旅游度假村等旅游产品为附属,坚持"一个主导带动、其他附属连动"的指导思想。

歌舞旅游开发模式。融水的苗歌、器乐、曲艺、舞蹈、戏剧种类多,内容丰富,主要有芦笙舞、芦笙曲、踏笙舞、木鼓舞、唢呐曲等,如此丰富的歌舞资源是融水文化旅游极具特色之处。开发歌舞旅游,首先要创造苗族歌舞的环境氛围,比如在车站、民族广场、旅游接待景区等播放旅游歌舞节目。其次是组建优秀的歌舞艺术团,提高演员的业务素质和文化素养,及时更新创作作品,走出融水,走向世界。可以在各地举办风情柳州融水推介会,2010年融水苗族歌舞团进北京世纪剧院演出就是一个很好的例子。最后是打造品牌标杆产品,要深入挖掘苗族芦笙文化内涵,创作文化内涵丰富的优秀作品。芦笙斗马节的大型歌舞表演,是其他地方无可比拟的,那壮观的场面实为震撼,每年都吸引千万人来观看。因此要继续对芦笙斗马节进行包装和宣传,为旅游注入更深刻的文化内涵,实现民族标杆产品的持续发展。

芦笙文化博物馆开发模式。现代旅游业发展中,各种各样的民族博物馆进入旅游者的视野,民族博物馆表现出巨大的旅游潜力,它有着传递文化、促进旅游、保护环境、发展教育等方面的作用。在调查中发现,大部分游客都想了解芦笙的制作过程,因此,在建设博物馆时,可以将这方面的知识以图画或视频的方式展现给游客。建设芦笙文化博物馆,要始终坚持保护性、文化性、参与性、特色性等原则,实现资源价值最优化、最大化。政府部门应组织专家进行抢救、搜集、鉴定各类民俗文物,在各建馆处,尽可能保护好工艺品、建筑、服饰、生产、饮食、生活用具等,对有技艺的艺人、工匠或者熟悉当地历史文化特性的相关人员,可以进行必要的知识技能培训,使之参与到项目的建设中来。同时要培训好相关工作人员、服务人员,为博物馆发展奠定良好的软环境基础。

民族文化旅游商品开发模式。这是一种商品型民族文化旅游主要开发模式,是民族文化与有形制品的有机结合,它以有形、固态的方式,通过体现民族特色的外形设计和产品包装,将有形物化的民族文化事象开发成民族文化旅游商品,既丰富了产品结构,又弘扬了民族文化。在开发旅游商品时,应该注意价格的合理性,因为很多游客对价格比较敏感。据调查,大多数游客能接受的消费水平较低,特别是大学生这一群体,求知、求新、求异的心理特别明显但消费水平较低。因此,旅游商品的开发要根据市场的需求,结合自身的特色和优势,开发出具有艺术美、文化底蕴深厚的旅游商品。

原生态文化园开发模式。这是一种民族文化旅游的原生态开发模式,是在少数民族地区较为典型的村落或村寨,对民族文化进行挖掘、保护和利用,展现一个民族活生生的生活现状并保持民族文化的原始风貌。这种模式可以让游客体验原生态的地方风俗,游客可以吃苗家的酸鱼酸肉,还可以参与苗家的"坐妹"习俗等。同时游客还可以观看芦笙的制作工艺以及保存方式,体验苗族风情。

(2)打造经典艺术剧专场

民族舞艺术团是融水芦笙文化开发的一个重要形式,大型苗族民俗风情歌舞剧《风从苗山来》在北京世纪剧院成功公演。这个时长约80分钟的歌舞剧中,把吹笙、踩堂、坐妹、婚嫁、劳作等原生态的苗族芦笙文化用歌舞的形式表现出来,亮丽的服饰、动听的歌声、优美的舞姿吸引了众多群众到场观看。摄影册《美丽融水—神奇苗乡》也在北京展出,演出和摄影册得到了专家学者及广大观众的普遍赞誉。2010年8月9日,融水民族文工团参加了上海世博会第一天的演出,最具有影响力的是板鞋舞,板鞋舞还被记入了上海吉尼斯纪录。政府应该充分利用这一旅游资源,在民族礼堂展演这些经典的艺术作品,让更多的旅游者享受到丰富的芦笙文化。

(3)丰富芦笙表演内容

芦笙斗马节于2004年申报为柳州市非物质文化遗产,主要有芦笙踩堂、斗马等一些知名的活动。目前,赛芦笙的内容比较单一,舞步种类较简单,没有创意,而会跳竞技芦笙舞的人更少,只在少数村寨有。因此可以开展竞技芦笙舞比赛,丰富芦笙文化活动。可以由政府组织竞技芦笙舞比赛,一是为了吸引游客,二是为了发扬体育竞技精神,三是为了挖掘芦笙文化。

(4)提高游客对斗马的参与性

目前,斗马的开发只停留在观赏性层面,文化内涵没有挖掘出来,很多游客把它当成普通的比赛。根据问卷调查结果显示,喜欢"斗马"的旅游者占总数的56.1%,说明斗马对旅游者有一定的吸引力,但是,很多旅游者却不知道斗马的来源。斗马比赛源于婚姻裁决,斗马获胜的未婚男子将得到漂亮姑娘的钦佩和爱慕,将收到姑娘的定情信物。因此,可以在斗马比赛中安排女性旅游服务人员给获胜的马主献上"定情信物",表示对马主的奖励和钦佩,这样既还原了古老的斗马仪式,又增加了娱乐感。同时,可以由组织方推出非赌博性的买马活动,让游客选择自己喜欢的马匹拍照留念,提高游客的参与性。

(5) 利用春节黄金周,展开坡会专项游

据统计,2011年2月2日到2月9日,融水游客接待量为4.17万人次,同比增长14.5%。每年春节融水老子山的游客量很多,大多数香客来自县城内及临近的城市以及广东。旅行社应充分利用这一资源,可在老子山做好旅游推介工作,开展坡会专项游,如春节雨卜古龙坡会、田头苗寨鸭变节、龙女沟景区多耶节等,将"中华文化游"做成精品。

(6) 做好芦笙文化宣传和推介工作

由调查结果可知,融水旅游的宣传不是很到位,并且很多游客在体验旅游项目时不了解其中的文化内涵,从而影响了对旅游经历的评价。因此,旅行社可以制作芦笙文化旅游宣传册,赠送给游客,让游客更加深入地体会其中的独特魅力。同时,在县城显要位置设置芦笙文化宣传栏,在芦笙广场播放芦笙表演视频,制作融水芦笙文化宣传片和芦笙斗马节DVD。

(7) 开发特色旅游纪念品,设立芦笙工艺作坊

根据调查,旅游纪念品市场存在一定的需求,有一半以上的人表示想了解芦笙的制作工艺,因此,可以在景区设立芦笙制作工艺作坊。这是旅游开发和生产创新的结合,作坊以技术的习练和模仿为起点,以文化的理解和感悟为目标,游客在作坊中可以尝试参与制作,也可以练习如何吹奏芦笙。

(8) 重视芦笙文化传承,实现可持续发展

随着市场经济的发展,很多年轻人都选择外出打工或者自己创业,老人已没有精力参与旅游开发,小孩又没有能力去组织,传统文化的传承出现了人才断层现象。很多年轻人已不再会吹奏和制作芦笙,在一些苗族村寨里只有极少的老人掌握芦笙的吹奏和制作技艺。因此,首先要坚持科学发展观,处理好民族文化保留和传承的关系;其次要营造全社会的保护氛围,在各种组织机构组建芦笙队,在学校挖掘优秀人才进行培训,组建优秀的芦笙队参加各种芦笙表演比赛。

第十二节 民族旅游背景下旅游学科建设与人才培养研究

民族旅游是促进我国西部地区社会经济发展的重要支柱产业,民族旅游发展事关民族地区的经济发展、社会稳定和谐、民族团结。随着国家西部大开发战略的稳步推进实施,旅游业被提升为国民经济的战略性支柱产业,民族旅游研究日益受到政府和学界的重视。结合旅游学科的建设和人才培养现状,本文对民族旅游学科构建、学科建设和专业人才培养进行初步的探讨。

一、旅游学科、民族学科、民族旅游学科的概念界定

(1)旅游学科

依据国家标准学科分类,旅游学并没有被设为独立的学科,仅仅列于地球科学、经济学的根目录下;而普通高等学校本科专业目录的11大学科门类中,也只有管理学中涉及到了旅游管理专业。经教育部批准同意设置的目录外专业名单中,对休闲体育、旅游管理与服务教育、会展艺术与技术、酒店管理、会展经济与管理进行了详细的分类。在我国的《国民经济行业分类》(GB/T 4754—2002)中,人们熟知的旅游供给的"食、住、行、游、购、娱"六要素,覆盖到了住宿和餐饮业(I门类)、交通运输业(F门类)、租赁和商务服务业(L门类)、公共设施管理业(N门类)、批发和零售业(H门类)、文化体育和娱乐业(R门类)等许多门类。而乡村旅游和工业旅游的开展,又已经将旅游活动扩展到了A、B、C、D、E诸多产业门类。

虽然学术界对旅游学科体系、基本理论框架等方面的研究投入了大量的精力,旅游学理论方面也取得了丰硕的成果,但与其他成熟学科相比,旅游学仍非常年轻。受到我国旅游发展经济利益导向的影响,我国旅游学研究的功利性色彩十分浓厚,旨在解决旅游发展中具体问题的各个研究领域都取得了比较多的成果,而旅游基础

理论方面的研究却非常欠缺,至今在旅游研究对象、旅游学科体系框架等基本问题上都尚未形成共识。总的说来,我国旅游学科框架方面较有代表性的理论框架有以下几种(详见表7-25):

表7-25 旅游学科主要理论学说

六要素说	认为旅游学的研究对象是从活动角度界定的"食、宿、行、游、娱、购"六大要素,旅游六要素不仅是旅游产业结构的主体,而且在旅游学科体系中也居于基础性的地位。旅游六要素有自己的概念和原理体系,使旅游学具有应用学科性质。
三体说	将旅游学科框架理解为主体、客体和介体(也称媒体),旅游学是以这3个要素为核心,研究旅游活动和旅游业发展规律的科学。
系统学说	将旅游活动视为一个开放的复杂系统,旅游系统构架包括四个部分,即客源市场系统、出行系统、目的地系统和支持系统。这一理论从系统论的角度阐述了旅游学研究的范畴及其涉及的范围,尤其是支持和保障系统的提出具有较强的创新性,用来描述和解释旅游现象是有力的。

(2)民族学科

民族学研究的范围很广而且也很杂,作为一级学科概念的民族学,涵盖着以民族为研究对象的多个学科,包括民族学(文化人类学)、民族史、民族理论、民族经济、民族艺术等二级学科。该学科的现实应用价值体现在"培养国民意识,提高国民素质和破除社会偏见方面的作用"。民族学是以民族共同体为研究对象,是研究民族产生、发展、演化和消亡规律的学科,它涉及到民族历史、民族政治、民族经济、民族文化、民族宗教、民族社会、民族理论、民族法制和民族关系等一系列问题,是社会科学系列中的基础学科。民族学的建设和发展,对改变人们的思想观念,开拓眼界,全面合理地认识、了解民族共同体和民族问题的历史和现状,以及对消除种族歧视,加强民族团结,增进各民族之间的交流和理解,促进社会协调发展,均具有十分重要的意义。

(3)民族旅游学科

民族旅游是由旅游学扩展而来,涉及经济、历史、文化、社会、民族、景观、艺术、地理、生态、环境等多学科领域,是一门建立在广泛的人文科学和自然科学基础上的学科,核心是协调民族文化与旅游开发的关系。围绕有关民族旅游资源的开发与保护,进行科学理性与艺术感性的分析综合,寻求民族地区旅游发展过程中所面临问题的解决方案和解决途径,并对民族文化遗产进行保护和管理。民族旅游总目标是通过策划、规划、设计、维护、管理,保护和利用民族地区的人文和自然旅游资源,努力把旅游业建设成为人民群众更加满意的现代服务业,促进民族地区经济的发展,实现民族地区的共同富裕,培养服务民族地区的旅游人才。

二、民族旅游学科建设背景分析

(1)旅游业的快速发展

世界旅游旅行理事会(WTTC)在许多年前就反复在强调,旅游业正在成为全球最大的产业。在中国,这个产业的发展也十分惊人,近年来全国二十几个省市自治区都先后把旅游业定位为地区性的先导产业、支柱产业;在这个基础上,国务院也在2009年的文件中把它正式定位为"国民经济的战略性支柱产业",即不仅是支柱产业还是战略性的产业,就是说,它的关键性、关联性和带动性对我国经济和社会的全局和长远发展具有重大引领带动作用,是关系到我国未来经济和社会发展的重要力量。2011年又批准设立"中国旅游日",这些都同样地凸显了旅游对于中国老百姓的意义和价值。最新统计分析表明,虽然国际金融危机影响还在持续,同时中国遭受了自然灾害等因素的干扰,但2010年我国旅游业总收入达1.44万亿元人民币,同比增长12%;预计2011年我国旅游业仍将实现平稳健康增长,全年旅游总收入将达1.6万亿元,同比增长11%。就其现状而言,今天中国的旅游业,也早已突破了人们过去的旧认识,除了居民的闲暇类的旅游需求之外,十分显著的是,随着经济和社会发展的需要,世界旅游组织定义"旅游"目的时所界定的business类旅游(公务,商务和经济、文化、科技、教育等事务类的交流类旅游,如MICE——会展与奖励旅游等)在我国也越来越多地开展了起来,而且正越来越受到社会各界的注目。

我国是一个多民族的国家,少数民族地区占全国总面积的60%以上,因为地理、历史、观念以及其他诸多因素,民族地区的发展相对滞后。大多数是以农牧为主的经济格局,长期处于自然经济状态。同时,民族地区也是我国贫困地区的主要聚集地。然而,民族地区大多又是旅游资源十分丰富的地区,这些地区不仅风光秀丽、山川迷人,而且风情神奇、民俗诱人,拥有发展旅游经济的优势。从2010年的旅游接待情况来看,民族八省区都保持10%~30%的增长速度,民族地区旅游业正处在黄金机遇发展期(详见表7-26)。截至2010年,民族地区共有世界自然遗产3处(云南三江并流、中国丹霞——贵州赤水、中国南方喀斯特——云南石林和贵州荔波)、文化遗产2处(西藏布达拉宫、云南丽江古城)、口述和非物质文化遗产8处(新疆维吾尔木卡姆艺术、蒙古族长调民歌、中国蚕桑贵州侗族大歌、《格萨尔》史诗、青海热贡艺术、藏戏、新疆《玛纳斯》、蒙古族呼麦);国家级重点风景名胜区56处;国家历史文化名城、名镇、名村分别为17个、14个和14个;国家重点文物保护单位267个;国家重点自然保护区94个。1995年至2008年间,民族八省区旅行社稳步发展,旅行社数量由1995年的531家发展到2008年的2427家;星级饭店稳步发展,星级饭店数量由2000年的1032家发展到2008年的2499家;2002年至2008年间,民族八省区的旅游景区数量迅速增加,A级景区数量由2002年的155家发展到2008年的463家,其中5A级景区11家、4A级景区141家、3A级景区113家。

表7-26 2010年民族八省区旅游接待人次

	接待人数	同比增长	接待人数构成			
			外国人	我国香港同胞	我国澳门同胞	我国台湾同胞
全国总计	96 589 776	20.15	54 111 187	26 202 332	3 739 635	12 536 622
广 西	2 502 363	19.24	1 413 870	420 947	84 964	582 582
贵 州	500 052	25.17	186 054	97 230	39 210	177 558
云 南	3 291 532	15.70	2 312 314	433 886	127 863	417 469
西 藏	228 321	30.54	214 136	4 708	3 454	6 023
青 海	46 740	29.42	33 925	3 901	272	8 642
宁 夏	17 990	23.87	12 861	2 105	416	2 608
新 疆	509 411	43.54	454 444	17 111	5 395	32 461
内蒙古	1 428 015	10.73	1 400 197	13 549	4 274	9 995

因此,中国民族地区旅游业如何应对新挑战,抓住新机遇,寻求新发展,是国内外各界共同关注的热点问题。

(2)民族旅游的研究和教育现状

民族旅游是促进我国西部地区社会经济发展的重要支柱产业,民族旅游发展事关民族地区的经济发展、社会稳定和谐、民族团结。随着国家西部大开发战略的稳步推进实施,旅游业被提升为国民经济的战略性支柱产业,民族旅游研究日益受到政府和学界的重视。随着民族地区旅游业的蓬勃发展,民族旅游研究也不断深入,并表现出良好的学术发展前景,但目前国内该领域的研究力量较为分散,不同地域、不同学科背景的研究人员和研究机构缺乏一个权威、有效的学术交流机制和平台。

目前,民族旅游研究在中国的发展主要依托各高校民族学、人类学、旅游管理等专业开展。在我国13所民族院校中,12所学校都开设有旅游管理本科专业,同时培养旅游方向的研究生。另外,全国共有468所大学开设了旅游管理本科专业,其中50%以上的大学主要分布在湖南、河南、江苏、湖北、辽宁、四川、广东、山东、陕西、吉林、浙江等省区,平均每个省区都有20所大学开设旅游管理本科专业(详见图7-4)。而在民族八省区中,共有66所大学开设了旅游管理本科专业,占到全国的14.10%(详见表7-27)。但是,通过调查发现,在这些大学的旅游管理本科专业人才培养方案中都存在一个共同问题,即在全国都采用旅游管理通识人才培养方向,缺乏针对性,主要表现如下:

第一,在培养目标上,没有针对民族地区旅游发展而定位。(案例1:某大学旅游管理本科专业人才培养方案中的培养目标如下:"本专业培养具备良好的政治思想素质和职业道德素养,掌握旅游基本理论知识和管理方法及技能,熟悉旅游业务实际,具有优秀的沟通能力和解决实际问题的综合能力,能够胜任现代旅游业实际工作需要的应用型、复合型旅游管理专业人才。学生毕业后,能在政府各级旅游行政管理部门、旅游企业、旅游科研教学部门从事管理、科研和教学工作。")

第二,在课程设置上,缺乏民族地区文化、民族旅游开发、民族旅游文化产业策划等方面的课程,无法凸显民族地方特色。(案例2:某大学旅游管理本科专业人才培养方案中的课程设置如下:"专业课程——管理学、微观经济学、宏观经济学、市场营销、财务管理、旅游学概论、旅游心理学、旅游资源与开发、旅游经济学、饭店管理、景区管理、旅行社经营管理等。"）

第三，在实践上，没有强调为民族地区的旅游发展进行诊脉分析，缺乏对民族文化旅游产品（歌舞、音乐、手工艺品、饮食、服饰、建筑等）的设计和开发，无法对民族旅游村寨的管理、旅游从业人员的教育提供行之有效的解决方案。

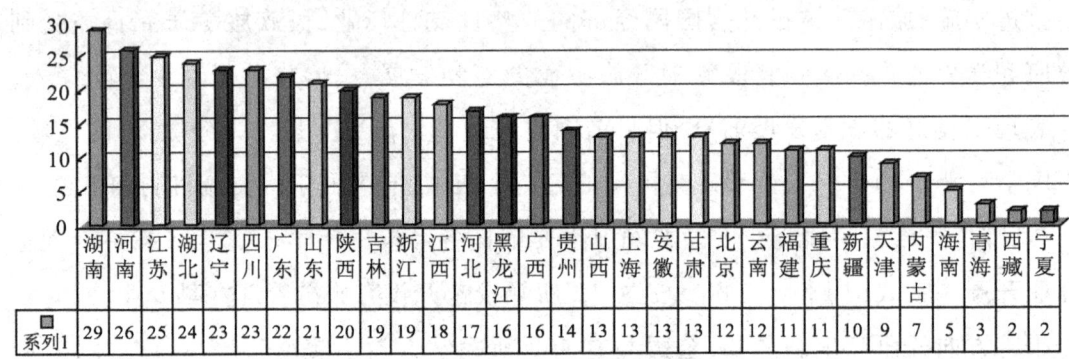

图 7-4 旅游管理本科专业在国内各省区分布情况

表 7-27 民族八省区开设旅游管理本科专业院校

省份	开设院校
广西	广西大学、桂林理工大学、广西师范大学、广西民族大学、广西民族师范学院、广西师范学院、百色学院、梧州学院、广西财经学院、贺州学院、钦州学院、广西大学行健学院、桂林理工大学博文管理学院、广西民族大学相思湖学院、广西师范大学漓江学院、北京航空航天大学北海学院
贵州	贵州大学、贵州师范大学、贵州财经学院、贵州民族学院、贵州师范学院、遵义师范学院、铜仁学院、凯里学院、安顺学院、黔南民族师范学院、贵州大学科技学院、贵州大学明德学院、贵州民族学院人文科技学院、贵州财经学院商务学院
云南	云南大学、西南林业大学、云南师范大学、云南民族大学、云南财经大学、大理学院、玉溪师范学院、昆明学院、云南大学旅游文化学院、云南大学滇池学院、云南师范大学商学院、云南师范大学文理学院

续表

省份	开设院校
新疆	新疆大学、塔里木大学、新疆农业大学、新疆师范大学、石河子大学、伊犁师范学院、新疆财经大学、新疆大学科学技术学院、新疆农业大学科学技术学院、新疆财经大学商务学院
内蒙古	内蒙古大学、内蒙古师范大学、内蒙古民族大学、内蒙古财经学院、赤峰学院、呼伦贝尔学院、内蒙古师范大学鸿德学院
青海	青海大学、青海师范大学、青海民族大学
西藏	西藏大学、西藏民族学院
宁夏	宁夏大学、北方民族大学

三、民族旅游学科构架

（1）社会发展对民族旅游学科的需求和实践的三大基本领域

民族旅游学科专业作为面向民族地区经济发展的学科专业，其社会需求与民族地区旅游业的快速发展特征和趋势密切相关。当前和未来民族旅游学科面临的三大社会需求为：1）民族团结；2）国民休闲；3）民族发展（详见图7-5）。与需求对应，民族旅游实践也可概括划分为三大基本领域：1）建设与管理；2）规划与设计；3）开发与保护（详见图7-6）；进一步可以细分为9项重点分支领域（详见图7-6）。

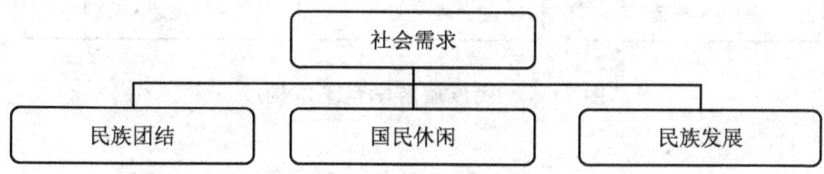

图7-5 社会发展对于民族旅游学科的需求

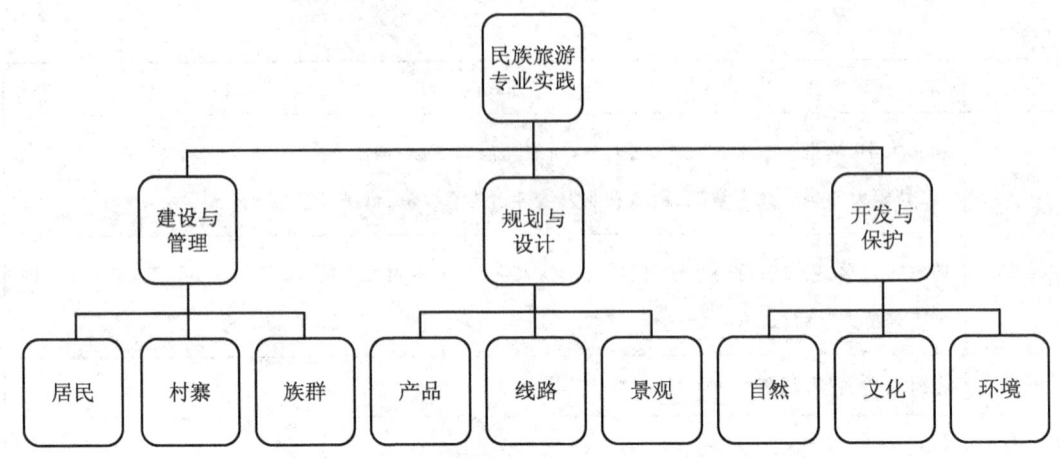

图 7-6 民族旅游专业实践的三大基本领域

(2) 民族旅游学科构成与研究领域

与社会需求和实践相对应,民族旅游学科由三个基本分支构成:1)民族旅游的参与式管理与规范;2)民族与文化中所包涵的各种吸引物;3)民族旅游地及其产品的策划与营销(详见图7-7)。与之相对应的三大支撑专业方向是:一是民族学,二是旅游学,三是经济学。与之相对应的三大核心理论分别为:民族学理论、休闲与旅游理论、经济学理论。三大核心理论的基础理论是:民族社会学、游憩学、区域经济学。

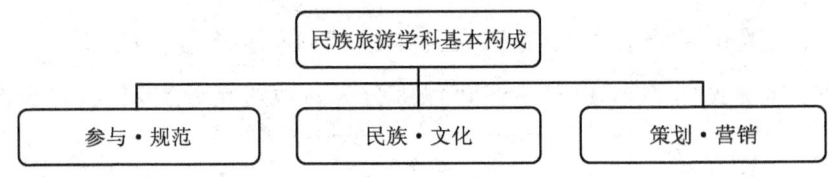

图 7-7 民族旅游学科基本构成

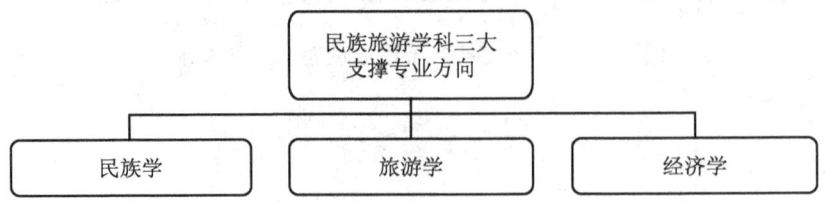

图 7-8 民族旅游学科三大支撑专业方向

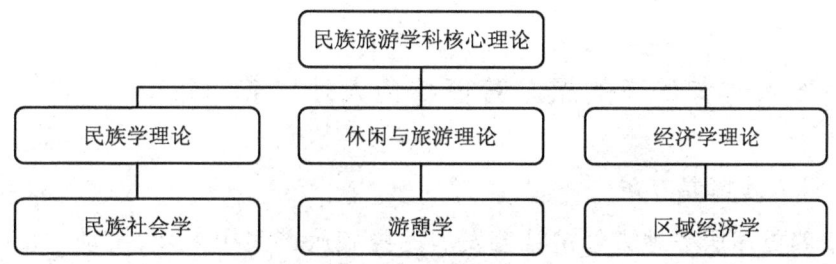

图 7-9 民族旅游学科理论核心

民族旅游学科的研究领域从理论和实践主要包括以下方面（见表 7-28）：

表 7-28 民族旅游学科研究领域

理论研究	实践研究
1）民族旅游方法论研究 2）中国族群理论 3）旅游地性别问题理论 4）地方民族志 5）中国区域文化类型 6）中国民族与区域文化数据库 7）民族旅游学 8）旅游人类学 9）民族旅游核心教材	1）民族旅游与地方扶贫 2）社区参与旅游发展 3）民族旅游、性别发展与旅游促进居民就业 4）民族旅游的利益相关者和多方参与 5）民族旅游发展模式研究 6）各民族地区旅游产业发展现状及趋势 7）民族旅游地和民族文化景区规划与发展 8）民族旅游的产品开发问题 9）竞争、合作与区域民族旅游发展 10）民族旅游与民族团结 11）民族旅游与文化遗产 12）民族旅游的转型升级 13）民族旅游人才培养

四、民族旅游背景下的旅游管理特色人才培养对策

(1) 修订人才培养方案

为了培养更多服务地方经济社会发展的民族旅游实用人才,主动适应形势发展和社会环境的变化,应了解和掌握社会对专业人才的需求及人才培养规格要求,及时调整专业课程设置及修订好人才培养方案。具体修改建议如下:

树立"寓民族文化于教育"的人才培养理念。通过对民族旅游资源的开发利用,深入研究地方经济社会发展对旅游管理人才需求的趋势,以培养学生创新精神与实践能力为出发点,积极探索多样化人才培养模式,构建并完善与社会发展和学校特色相应的人才培养方案——"2+2人才培养方案"。即第1—4学期进行以综合素质和学科基础为主的培养,第5—8学期进行专业分流的培养。课程体系除设立学科专业和主修方向课程外,可特别设置民族旅游政策与法规、民族旅游地开发与营销、民族文化产业策划、地方民族文化、民族旅游规划、民族旅游参与式管理、民族地区文化遗产保护与利用等课程和内容;培养方案上可合理加大实践教学比例,使学生在开发与利用地方民族文化资源的过程中,各种能力不断得到提升。不但创新形成了特色鲜明的"寓民族文化于教育"的人才培养方案,而且增强了学生的地方民族文化素养以及服务地方社会经济发展的能力。利用民族旅游资源,将情景教学、问题教学等教学方式运用于课程教学之中,实现课堂教学与基地教学的有机结合,增强教学的生动性和学生的历史场景感受,有效地激发学生的学习兴趣。

表7-29 民族旅游方面课程增设

学科基础课	民族旅游学
专业课	民族旅游政策与法规、民族旅游地开发与营销、民族文化产业策划、地方民族文化
专业选修课	民族旅游规划、民族旅游参与式管理、民族地区文化遗产保护与利用

建立层次化、模块化、立体化的实验教学体系。在开发利用地方民族文化资源的基础上建构并完善三元(课堂教学—校园文化—社会实践)互动对接的教学新体

系。三元(课堂教学—校园文化—社会实践)互动对接的做法是:课堂教学设置地方民族文化类系列课程;校园文化中,活跃大学生民族文化协会等学生社团,积极开展各种活动;在社会实践方面,建立依托地方民族旅游资源的系列基地,学生按计划分批到基地考察、学习、宣讲。三者环环紧扣,互为补充,建构三元互动对接的教学新体系,在人才培养方面走出一条新路子。

要求旅游管理学生每年至少有2周时间到民族地区进行实践,并对其旅游开发的现状、问题、对策进行探讨分析。毕业设计必须选择民族旅游开发中最突出的问题进行研究,并提出针对性的建议。

(2)成立民族旅游教材编写委员会

建议成立一个民族旅游专业教材编写委员会,研究并制定民族旅游专业教材建设的规划,确定教材编写单位和人员,然后分批分期多层次稳步吸收全国多数院校参与,以反映多方面对教材的需求,在教材建设过程中要突出学科带头人的作用,坚持老中青结合,注意培养提高一批年轻教师的教学水平,同时争取能得到有关出版社的大力支持和合作。

民族旅游教材编写委员会要充分发挥社会各方面的积极性,统筹规划民族旅游教材的建设,把民族旅游专业教材编写工作做好,为开展民族旅游专业人才教育培养和在职培训奠定坚实基础。编委会委员充分发挥作用,组织、规划、编写和出版一批总结民族旅游领域政府管理、企业经营等方面理论和实践经验、展示民族旅游未来发展趋势,引导我国民族旅游业未来发展的高质量、高水平教材。

表7-30 建议规划出版的教材

教材名称	主要内容
民族旅游学	系统介绍民族旅游的学科构成、研究方法、研究内容等。
民族旅游规划	介绍民族地区自然和文化旅游资源应该如何整体规划。
民族旅游参与式管理	重点介绍四大利益主体(政府、旅游企业、居民、旅游者)在民族旅游发展过程中的参与模式。
民族地区文化遗产保护与利用	主要介绍民族地区文化遗产的类型、保护现状、利用情况。

续表

教材名称	主要内容
地方民族文化（民族八省区）	重点介绍宁夏回族、广西壮族、新疆维吾尔族、西藏藏族以及内蒙古自治区、青海省、云南和贵州少数民族聚集区的民族文化。
民族旅游文化产业策划	重点介绍民族文化中歌舞、音乐、手工艺品、饮食、服饰、建筑等产业的策划。
民族旅游政策与法规	重点介绍国家的民族政策、民族地区的法律法规、民族文化禁忌等。
民族旅游地开发与营销	重点介绍民族旅游地产品、市场的开发和推广。

（3）发挥民族旅游专业委员会的作用

民族旅游专业委员会要以学术研究为己任，以民族旅游教育为依托，团结全国有旅游管理专业的大学、院系，组成专家团队，在以下方面做好服务工作：努力促进中国民族旅游研究领域的研究水平的提高，增进人们对民族旅游在民族文化传承与保护、民族旅游文化产业发展、民族地区社会经济发展中作用的认识和重视，注重实地的田野考察，为增强中华民族的自信心和凝聚力，为中国民族旅游学科的发展而努力。促成民族旅游专业委员会成为民族旅游研究人才聚集的中心、民族旅游专业规范提升的基地、引领民族旅游事业发展的平台。

参考文献

1. Dimitrios Buhalis & Rob Law,Tourism Management ,Progress in Tourism Management ,2008,4(29):609－623

2. John Kleinberg2Journal of the American Society for Information Science and Technology[J].2007,58(7):1019－1031.

3. McKenzie Brent, Merrilees Bill. Cross－Cultural Research in Transition Economies—A Marketing Perspective：From Theory to Practice[J]. Journal of East－West Business. 2008,14(2):119－146

4. Naomi Rosh White, Peter B. White. Home and away：Tourists in a Connected World[J]. Annals of Tourism Research,2007, 34(1):88.

5. 王起静.旅游产业经济学[M].北京：北京大学出版社,2006.

6. 王云龙.新兴旅游产业问题研究[M].天津：南开大学出版社,2007.

7. 袁珈玲.广西迈向旅游强省之路[M].成都：电子科技大学出版社,2006.

8. 芮明杰.论产业链整合[M].上海：上海复旦大学出版社,2006.

9. 吴忠军.民族县域旅游经济发展研究[M].北京：中国林业出版社,2007.

10. 甘朝有.旅游心理学（修订版）[M].天津：南开大学出版社,2005.

11. 保继刚,楚义芳.旅游地理学[M].北京：高等教育出版社,2005.

12. 韦良,蒙自良.广西导游[M].桂林：广西师范大学出版社,2009.

13. 戴斌.国有饭店产业重组的价值取向与经典模式[J].北京第二外国语学院学报,2006,131(1)67－74.

14. 杜江.论中国旅游产业功能与产业政策的转变[J].北京第二外国语学院学

报,2005,129(5)1-5.

15. 谢朝武.信息化背景下的旅游产品转型及其优化分析[J].旅游学刊,2002,107(1)4-8.

16. 宋子千,宋志伟.关于旅行社面向商务旅游转型的思考[J].旅游学刊,2008,199(5):75-79.

17. 罗文标.社会网路视角下企业联盟战略的路径选择[J].华南理工大学学报(社会科学版),2006,8(1):38-41.

18. 王志发.当前旅游产业发展的战略思考[J].旅游学刊,2007,26(4):10-14.

19. 杨竹清.重庆乡村旅游产业集群发展初探[J].重庆科技学院学报,2010,(6):22-25.

20. 陈菁.向世界展示的美丽名片——桂林旅游三十年发展回顾.当代广西,2009(1):54-55.

21. 孙淑英.体验旅游的特征及开发策略[J].商业研究,2007,(336):

22. 张宗志,张丽洁.购买行为模式探析[J].特区经济,2007,(03):270-271.

23. 田野.网络时代如何做好旅游产品的品牌营销[J].中国商贸,2011(05):181-182.

24. 李天元.旅游学概论[M].天津:南开大学出版社,2003.

25. 罗永常.基于体验的民族村寨旅游产品设计——以贵州黔东南少数民族村寨为例[J].安徽农业科学,2011,39(13):7976-7978.

26. 谌世龙.关于民族地区非物质文化遗产资源旅游产品化研究——以桂林饮食文化遗产项目为例[J].贺州学院学报,2011,27(02):114-118.

27. 孙毅,杨建.基于顾客满意度因素的购买意图与购买行为模型研究[J].技术经济与管理研究,2006,(02):30-32.

28. 欧清玲,陈章旺.景区旅游产品体验设计与推广研究——基于情感营销视角[J].郑州航空工业管理学院学报,2011.8.

29. 张恩碧.体验及体验消费的本质属性分析[J].消费经济,2007,23(6):

61-64.

30. 汪侠,梅虎.旅游地旅游满意度模型及实证研究[J].北京第二外国语学院学报.2006,(07):1-6.

31. 孙淑英.体验旅游产品的创新设计[J].中国市场,2011,(6):102-104.

32. 李胜利,顾韬.基于游客体验的民俗旅游资源开发模式研究——以陕西关中地区为例[J].干旱区资源与环境,2011,23(11):139-144.

33. 陈向红.四川休闲旅游发展研究[J].乐山师范学院学报,2005(12):88-91.

34. 马惠娣.未来10年中国休闲旅游业发展前景瞭望[J].齐鲁学刊.2002,167(2):19-26.

35. 黄燕玲,黄震方.城市居民休闲度假旅游需求实证研究——以南京为例[J].人文地理,2007(6):60-64.

36. 许晓春,周慧.都市居民的近郊休闲旅游意向特征研究——以长沙市为例[J].北京第二外国语学院学报,2004(1):101-104.

37. 覃琼玉,文军.南宁市城市居民近郊休闲旅游偏好及意向特征研究[J].中国市场,2011(6):98-101.

38. 朱明芳.广东居民旅游休闲需求的实证研究[J].经济特区,2005,(7):175-177.

39. 由亚男.乌鲁木齐居民城市休闲旅游消费文化倾向及影响因素分析[J].新疆财经,2009(4):50-54.

40. 周金玉.都市居民乡村旅游市场需求实证研究——以上海市为例[N].消费导刊,2008-04.

41. 王莹.杭州国内休闲度假旅游市场调查及启示[J].旅游学刊,2006(6):44-45.

42. 王云霞,李国平.产业链研究综述[J].工业技术经济,2006,(10):59-63.

43. 刘富贵.产业链研究现状综合述评[J].工业技术经济,2000,(4):8-11.

44. 孙天成.大力发展我市旅游产业的几点建议[J].蚌埠党校学报,2007,(1):

44-50.

45. 张磊. 河北省旅游产业集群发展模式研究[J]. 辽宁经济管理干部学院学报, 2009, (6): 3-5.

46. 杨竹清. 重庆乡村旅游产业集群发展初探[J]. 重庆科技学院学报, 2010, (6): 22-25.

47. 赵书虹. 试论旅游产业的形态、结构、集群特征和比较优势[J]. 思想战线, 2010, (2): 36-38.

48. 钱津. 乡村旅游的建设和发展[J]. 中州纵横, 2005, (12): 24-30.

49. 依绍华. 私营资本开发旅游景区的理论与实证研究[M]. 北京: 旅游教育出版社, 2004.

50. 袁姝. 民营企业投资旅游景区的 SWOT 分析[J]. 商场现代化, 2007, (36): 173-175.

51. 李小燕. 基于 SWOT 分析的民营旅游企业发展对策研究[J]. 北方经济, 2006, (12): 21-22.

52. 张冰, 金戈. 民营企业投资旅游业的 SWOT 分析及对策——以浙江湖州为例[J]. 特区经济, 2006, (8): 232-234.

53. 袁姝, 徐维祥, 郑胜华. 民营企业投资旅游业的驱动机理研究[J]. 当代财经, 2005, (01): 77-80.

54. 廉同辉, 王金叶等. 猫儿山自然保护区生态旅游开发条件与对策分析[J]. 中南林业科技大学学报(社会科学版), 2008, 2(2): 57-60.

55. 杨主泉, 程道品, 王力峰. 桂林市自然保护区生态旅游可持续发展探讨[J]. 林业调查规划, 2005, 30(6): 61-63.

56. 毕静, 王金叶, 付平. 我国自然保护区的生态旅游开发[J]. 现代农业科技, 2007, (22): 199-202.

57. 高红梅, 黄清. 自然保护区生态旅游的 SWOT 分析[J]. 野生动物杂志, 2007, 28(1): 47-50.

58. 贺昭和, 秦卫华等. 我国自然保护区生态旅游发展存在的问题及对策[J]. 生态环境,2007,16(1):253-256.

59. 陈兆忠.如何提高外来游客的满意度——谈长沙旅行社[J].企业家天地,2008,11:78-79.

60. 李智虎.谈旅游景区游客服务满意度的提升[J].营销企划,2003(4):39-41.

61. 南剑飞,赵丽丽.旅游景区游客满意度测评研究[J].商业现代化,2006,9:48-49.

62. 符全胜.旅游目的地游客满意理论研究综述[J].地理与地理信息科学,2005,21(5):90-94.

63. 赵丽丽,南剑飞.旅游景区游客满意度实施的若干问题分析[J].商业时代,2007,8:94.

64. 曹霞,丁蕾.江苏区域旅游游客满意度评价研究[J].河南科学,2007,25(1):161-164.

65. 李梅.旅游饭店提升顾客满意度对策分析[J].消费导刊,2007,4:6-7.

66. 陈丽荣,苏勤.我国游客满意度研究述评[J].资源开发与市场,2007,23(3):266-268.

67. 张科.导游提高游客满意度策略[J].宜宾学院学报,2006,10:63-65.

68. 许丽君.基于导游情绪曲线的游客满意度研究[J].2007,18(3):419-422.

69. 岑咏霆.顾客满意度测评的模糊综合评判模型[J].辽宁工程技术大学学报(自然科学版),2001,21(5):715-718.

70. 陈伟,朱峰,魏敏.饭店顾客满意度综合评价理论体系及实证研究[J].桂林旅游高等专科学校学报,2003,14(5):45-50.

71. 张言庆.旅游地游客满意度测量的方法和量表[J].经济论坛,2007,11:74-75.

72. 沈向友.旅行社服务质量与游客满意感影响因素分析[J].旅游学刊(双月刊),1999,5:23-30.

73. 范秀成,王玉春.顾客体验与体验营销之探索[J].营销理论与探索,2002,4

(2).

74. 崔国华. 体验营销概念及其策略研究[D]. 武汉大学硕士论文, 2004.

75. 陈敏. 基于体验导向的战略定位与市场定位. 中国流通经济, 2005(8).

76. 杨晓燕, 成爱武. 乡村体验游的深度开发策略——体验营销与网络营销的结合[J]. 安徽农业科学, 2007, 35(29): 9356 - 9390.

77. 徐正林, 邹丽君. 体验营销——乡村旅游发展的新思路[J]. 经济与管理, 2007, 5(21).

78. 张丽华, 周艳. 乡村旅游体验品牌产品营销对策研究[J]. 湖南商学院学报, 2006, (12): 61 - 63.

79. 刘爱雄, 林婷玉. 基于体验经济视角的乡村旅游营销模式探讨[J]. 企业管理, 2007, (11): 83 - 84.

80. 余佳. 苗族芦笙文化的现状及思考[J]. 艺术教育, 2009, (9): 100 - 103.

81. 田金霞, 余勇, 姜红莹. 湘西北少数民族文化与旅游发展研究[M]. 长沙: 湖南大学出版社, 2008.

82. 吴必虎, 余青. 中国民族文化旅游开发研究综述[J]. 民族研究, 2000, 4: 85 - 94.

83. 建昌, 保继刚. 旅游者的行为研究及其实践意义[J]. 地理研究, 1958, 3.

84. 马晓京. 西部地区民族旅游开发与民族文化保护[J]. 旅游学刊, 2000, 5: 50 - 54.

85. 黄芳. 民族地区旅游业可持续发展问题研究[J]. 内蒙古财经学院学报, 1999: 2.

86. 金平斌, 郎富平. 大学生旅游行为特征分析——以杭州市高校为例[J]. 旅游学刊, 2004, 19(4): 19 - 22.

87. 潘华丽. 大学生出游市场研究[J]. 岱宗学刊, 2002, 6(1): 15 - 18.

88. 蒙睿, 刘嘉纬. 在校大学生旅游行为研究[J]. 旅游科学, 2004, 18(2): 15 - 19.

89. 李丽梅, 保继刚. 大学生旅游行为研究——以中山大学为例[J]. 桂林旅游高等专科学校学报,2000,11(4):45-49.

90. 朱仁鹏.在校大学生旅游行为模式的实证研究——以西安高校大学生为例[J].旅游学刊,2008,23(6):63-66.

91. 陈顺明,王兆燕.大学生旅游行为特征分析及市场开发建议——以长沙市高校为例[J].桂林旅游高等专科学校学报,2006,17(2):141-144.

92. 张岚瑜.大学生旅游市场的 SWOT 分析及对策[J].科协论坛,2010,8(2)140-141.

93. 任曼丽.当代大学生旅游消费市场现状及开发策略分析[J].安阳工学院学报,2008,3(3):57-59.

94. 孙晓.大学生旅游行为及其市场细分研究——以河南高校为例[J].河南大学学报,2009,9(3)51-65.

95. 瞿亘.影响大学生旅游目的地选择的因素分析——以桂林为例[J].桂林旅游高等专科学校学报,2006,12(6):649-652.

96. 沈世伟,任小丽.宁波大学生旅游行为的调查与分析[J].宁波工程学院学报,2009,21(4):43-47.

97. 胡英清.中国休闲旅游发展研究新进展[J].广西民族大学学报,2006(2):141.

98. 陆军,陆强.桂林旅游发展的新模式[J].市场论坛,2006(2):49-50.

99. 赵振.双休日休闲旅游市场特征及产品开发[J].人文地理,1999,14(4):46-49.

100. 王云才.略论大都市游憩地的配置[J].旅游学刊,2002,16(2):55.

101. 张红.大城市环城游憩带旅游开发与土地利用研究[D].陕西师范大学,2004,8:109-110.

102. 丁少平.城郊型旅游区的城市化问题对策研究[J].旅游学刊,2006,6(15):7.

103. 陈婷婷,谷全明.休闲旅游的层次性分析[J].全国贸易经济期刊,2009,3(20):103-106.

104. 秦宏莉. 桂林休闲旅游现状及发展战略对策研究[J]. 旅游业研究,2009,11(1):897-898.

105. 孙琨. 城市周边休闲旅游发展模式研究[J]. 西北师范大学硕士学位论文,2006,6(2):61-62.

106. 马惠娣. 未来10年中国休闲旅游业发展前景瞭望[J]. 齐鲁学刊,2002,7(2):19-26.

107. 梁霁. 我国网络营销存在的问题及发展对策[J]. 信息产业,2011,6:106.

108. 康耀武,秦烨,高桂华. 网络营销方式对传统企业发展的影响分析[J]. 营销策略,2012,3:45-46.

109. 李键. 网络经济环境下的旅游营销创新研究[J]. 中国经贸导刊,2011,6:73-74.

110. 惠念非. 解码互联网时代的旅游营销模式[J]. 轻品牌,2011,9:78-80.

111. 骆莹莹. 论网络时代注意力经济对旅游营销的作用[J]. 商场现代化,2011,2:32-33.

112. 张冰华. 浅谈微博时代背景下的网络营销[J]. 市场营销,2012,3:59.

113. 蔡乾鹏. 基于电子商务环境下网络营销发展策略[J]. 科技信息,2011,7:261-262.

114. 赵玉梅. 试论网络营销新特点[J]. 市场营销,2011,5:55.

115. 欧志敏. 中小企业网络营销问题研究[J]. 科技向导,2012,2:135.

116. 李庆雷,廖春花,梁彩霞. 旅游创意营销:消费社会旅游营销理论的创新与发展[J]. 湖北经济学院学报,2011,9:74-80.

117. 崔瀛. 新媒体时代的网络营销[J]. 市场营销,2011,3:144.

118. 彭亚雄. 浅谈网络营销[J]. 商务办公,2012,3:19-21.

119. 郑明高. 产业融合:产业经济发展的新趋势[M]. 北京:中国经济出版社,2011.

120. 石美玉. 从旅游购物视角看旅游与其他产业的融合[J]. 旅游学刊,2011,26(5):9.

121. 赵黎明.经济视角下的旅游产业融合[J].旅游学刊,2011,26(5):7.

122. 吴金梅,宋子千.产业融合视角下的影视旅游发展研究[J].旅游学刊,2011,26(6):29-35.

123. 杨艺.区域文化资源向旅游产品转化的研究——桂林旅游演艺产品的创新发展[J].安徽农业科学,2008,36(27):11902-11904.

124. 玉苗.民族传统文化与地方社会经济发展——以桂林《印象·刘三姐》为例[J].桂海论丛,2009,25(2):66-69.

125. 陆军.实景主题:民族文化旅游开发的创新模式——以桂林阳朔"锦绣漓江·刘三姐歌圩"为例[J].旅游学刊,2006,21(3):37-43.

126. 侯建娜,杨海红,李仙德.旅游演艺产品中地域文化元素开发的思考——以《印象·刘三姐》为例[J].旅游资源研究,2010,3(3):284-287.

127. 张利群.文化交流视野中"刘三姐"文化品牌的建构[J].广西民族研究,2001,(4):57-60.

128. 王磊磊.从《印象·刘三姐》来看文化在演艺活动中的作用[J].商业文化,2010,(9):177.

129. 吴三忙.对区域性旅游集团公司组建的质疑——兼论旅游企业集团化道路的选择[J],石家庄经济学院学报,2005,28(2)29-35

130. 马波.中国公共资源类景区管理制度的演进与创新[J].北京第二外国语学院学报,2004,(1):9

131. 郑向敏.论旅游业发展中社区参与的三个层次[J].华侨大学学报(哲学社会科学版),2002,(4):11-17

132. 戴春芳.对经管类专业实践教学改革的探讨[J],教育探索,2008,(11):17

133. 陈玉英.关于优化旅游产业结构的几点认识[J],旅游科学,2000,(1):28-30

134. 杨振之.论我国旅游业产业结构的优化调整[J],云南民族学院学报(哲学社会科学版),2002,19(5):12-20

135. 高维忠.新时期优化我国旅游产业结构的途径探讨[J],经济师,2003,

(4):11

136. 尤慧. 国内旅游消费结构存在问题及优化研究[J],江苏商论,2006(8):62-63

137. 唐留雄. 中国旅游产业转型与旅游产业政策选择[J],财贸经济,2006,12(2):101-103

138. 丁宗胜. 旅游业转型政府继续发挥主导作用[J],哈尔滨商业大学学报(社会科学版),2006,(2):23-27

139. 夏卫红,刘嗣明. 转型时期中国旅游业的发展模式选择[J],桂林旅游高等专科学校学报,2008,19(2):11-18

140. 李志飞. 湖北省旅游业结构调整与优化升级对策研究[J],经济地理,2000,20(2):11-19

141. 李德明. 安徽省国际旅游产业结构分析与优化[J],资源开发与市场,2004,20(5):55-57

142. 厉无畏,创意产业:城市文化的创新与实践[J],旅游学刊,2004,100(3):112-115

143. 李亚兵. 区域旅游产品结构优化设计研究-以甘肃省为例[J],干旱区资源与环境,2005,19(4):88-91

144. 金准. 产品结构变动对旅游流空间结构的优化效应分析——以杭州为例[J],旅游学刊,2006,21(7):123-126

145. 李刚. 基于点-轴理论的辽宁省旅游地系统空间结构研究[J],辽宁师范大学学报(自然科学版),2006,29(2):20-28

146. 高斌,井志侠,秦纪强,戴捡慧. 上海静安区中小学体育馆对外开放的政府购买模式分析[J],[2滁州学院学报,2011,13(2):22-28

147. 宋咏梅,孙根年. 论体验旅游的理论架构和塑造原则[J],社会科学家,2006,(6):22-32

148. 郑菊芬. 城市主题公园旅游体验经济效益研究[J],黑河学刊,2012,(2):113-118

149. 袁鹏. 关于旅游产品的文化特征及其可持续发展对策研究[J],企业导报,

2009,(1);22-34

150. 仇文洁.资源型旅游产品科学内涵提升分析[J],资源环境与发展,2007,(4)

151. 黄建清,韦倩虹.广西花山旅游区旅游产品开发及创新研究[J],资源环境与展,2007,(4)

152. 黄晶,吕维霞,刘宇青.旅游目的地供应链管理对游客满意度的影响因子分析[J],旅游论坛,2010,(4):401-406

153. 张圣.旅游目的地营销策略初探[J],商场现代化,2006,(31)

154. 匡林.目的地营销:统领中国旅游市场工作的主线索[J],旅游学刊,2006,21(6)

155. 伍延基.旅游目的地营销中值得深入探讨的两个问题[J],旅游学刊,2006,21(8)

156. 李宏.对旅游目的地形象概念的两种理解,旅游学刊[J],2006,21(6)

157. 宋子斌,安应民,郑佩.旅游目的地形象之IPA分析——以西安居民对海南旅游目的地形象感知为例[J],旅游学刊,2006,21(10)

158. 于代松.旅游业的持续发展与绿色营销[J],成都理工学院学报,2000,s1

159. 郭琰.加强旅游景区的宣传营销工作[J],河南师范大学学报(哲学社会科学版),2004,31(4)

160. 郭鲁芳.旅游目的地成功实施整合营销传播的关键因素[J],旅游学刊,2006,21(8)

161. 刘绍华,路紫.浅议旅游目的地营销系统的区域整合功能——以大连旅游网[J],旅游学刊,2004,19(2)

162. 柴海燕.旅游电子商务Web2.0营销探析[J],江苏商论,2007,(11):56-58

163. 陈健昌,保继刚.旅游者的行为研究及其实践意义[J],《地理研究》1988,(3)

责任编辑：孙延旭

图书在版编目(CIP)数据

广西旅游产业转型与升级研究／杨主泉著． -- 北京：旅游教育出版社，2013.5

（旅游学术研究丛书）

ISBN 978-7-5637-2600-4

Ⅰ.①广… Ⅱ.①杨… Ⅲ.①旅游业发展—研究—广西 Ⅳ.①F592.767

中国版本图书馆 CIP 数据核字（2013）第 066558 号

旅游学术研究丛书

广西旅游产业转型与升级研究

杨主泉　著

出版单位	旅游教育出版社
地　　址	北京市朝阳区定福庄南里1号
邮　　编	100024
发行电话	(010)65778403 65728372 65767462(传真)
本社网址	www.tepcb.com
E - mail	tepfx@163.com
印刷单位	北京京华虎彩印刷有限公司
经销单位	新华书店
开　　本	787 毫米×1092 毫米　1/16
印　　张	17
字　　数	212 千字
版　　次	2013 年 5 月第 1 版
印　　次	2013 年 5 月第 1 次印刷
定　　价	48.00 元

（图书如有装订差错请与发行部联系）